西方人文论丛

Collection of Western Humanities

本书受四川大学文学与新闻学院学术著作出版资金资助

观念的纠缠
从空间生产到城市传播

Entanglement of Ideas
From the Production of Space
to Urban Communication

郭旭东 ◎ 著

图书在版编目（CIP）数据

观念的纠缠：从空间生产到城市传播 / 郭旭东著.
——成都：四川大学出版社，2025.7. ——（西方人文论丛）.
ISBN 978-7-5690-7872-5

Ⅰ．C912.81；G206

中国国家版本馆 CIP 数据核字第 202546LC24 号

书　　名：	观念的纠缠：从空间生产到城市传播
	Guannian de Jiuchan: Cong Kongjian Shengchan dao Chengshi Chuanbo
著　　者：	郭旭东
丛 书 名：	西方人文论丛
出 版 人：	侯宏虹
总 策 划：	张宏辉
丛书策划：	侯宏虹　张宏辉　余　芳
选题策划：	刘一畅
责任编辑：	刘一畅
责任校对：	庄　溢
装帧设计：	墨创文化
责任印制：	李金兰
出版发行：	四川大学出版社有限责任公司
地　址：	成都市一环路南一段 24 号（610065）
电　话：	（028）85408311（发行部）、85400276（总编室）
电子邮箱：	scupress@vip.163.com
网　址：	https://press.scu.edu.cn
印前制作：	四川胜翔数码印务设计有限公司
印刷装订：	成都金阳印务有限责任公司
成品尺寸：	148 mm×210 mm
印　　张：	11.75
插　　页：	1
字　　数：	267 千字
版　　次：	2025 年 8 月 第 1 版
印　　次：	2025 年 8 月 第 1 次印刷
定　　价：	68.00 元

扫码获取数字资源

四川大学出版社
微信公众号

本社图书如有印装质量问题，请联系发行部调换

版权所有 ◆ 侵权必究

「目录」

序　幕　/ 001

导　论
城市传播研究的空间理论基础　/ 009

第一章
空间生产理论的缘起：以列斐伏尔的活动为中心　/ 033
　　第一节　列斐伏尔空间生产理论的形成背景　/ 035
　　第二节　新马克思主义空间理论的诞生　/ 050

第二章
两条道路的交汇点：空间生产理论与城市传播研究　/ 071
　　第一节　"城市化"：一种传播学解读　/ 073
　　第二节　"城市传播"：一个开放的论域　/ 083
　　第三节　何以兼容：空间生产理论与城市传播研究　/ 105

第三章
现实空间论：作为"空间实践—传播语境"的城市 / 127

第一节　社会空间、关系空间与"可沟通城市" / 129

第二节　传播媒介、技术革新与"媒体城市" / 140

第四章
符号空间论：作为"空间再现—传播内容"的城市 / 163

第一节　新马克思主义空间理论视域下的城市形象传播 / 165

第二节　列斐伏尔的城市符号观 / 180

第三节　戈特迪纳的城市符号学理论 / 213

第五章
互动空间论：作为"再现空间—互动媒介"的城市 / 241

第一节　城市社会关系二元论 / 243

第二节　空间三元辩证法与城市传播中的三元传播关系 / 278

第三节　三元传播的乡村实验：借鉴梁漱溟的乡村关系论 / 310

结　语 / 331

参考文献 / 339

后　记 / 365

序幕

对于故乡巴门①,恩格斯没有留下多少好印象。少年时期,恩格斯将巴门看作"一个在文学方面毫无希望的城市",它的"朦胧"和"神秘"让心怀浪漫主义情结的少年恩格斯倍感压抑。② 1842年11月,在父亲的授意下,恩格斯离开巴门,到曼彻斯特的家族工厂学习经商。这座"巨大的工厂城市"③,同时也是"社会主义者最多的地方"④,将资本主义非人的一面暴露在恩格斯面前,也让他看到工人反抗资产阶级压迫的力量。

带着"在二十一个月内从亲身的观察和亲身的交往中"⑤所得的一手材料,恩格斯于1844年8月启程返回巴门,准备撰写一本"关于英国无产者状况的书"⑥。返乡途中,他在巴黎短暂停留,并拜访了当时正在巴黎流亡的马克思。这是一次历史性会面,也是两人长期合作的开始,恩格斯后来回忆道:"当我1844年夏天在巴黎拜访马克思时,我们在一切理论领域中都显出意见完全一致,从此

---

① 巴门旧属莱茵省,因纺织工业发达,故有"小曼彻斯特"之称;同时,"它还是一个在19世纪早期繁荣起来的严格的虔信派的中心"。参见(英)戴维·麦克莱伦:《恩格斯传》,臧峰宇译,北京:中国人民大学出版社,2017年,第3—4页。
② 恩格斯:《致弗里德里希·格雷培(1839年2月19日)》,载《马克思恩格斯全集(第四十七卷)》,北京:人民出版社,2004年,第128页。
③ 恩格斯:《英国工人阶级状况》,载《马克思恩格斯全集(第二卷)》,北京:人民出版社,1957年,第301页。
④ 恩格斯:《英国工人阶级状况》,载《马克思恩格斯全集(第二卷)》,北京:人民出版社,1957年,第529页。
⑤ 恩格斯:《英国工人阶级状况》,载《马克思恩格斯全集(第二卷)》,北京:人民出版社,1957年,第278页。
⑥ 恩格斯:《致马克思(1844年11月19日)》,载《马克思恩格斯全集(第四十七卷)》,北京:人民出版社,2004年,第328页。

就开始了我们共同的工作。"① 通过与马克思面对面的交流,恩格斯更加坚定了自己的著书计划。

在回到巴门,处理了一系列家庭琐事后,恩格斯便着手写作。1845 年 3 月,他的《英国工人阶级状况》在巴门完稿,他在书中描绘了英国工人阶级的"苦难和斗争""希望和要求的真实情况",并以此鼓舞他的德国同胞。② 与此同时,马克思也在布鲁塞尔完成了《关于费尔巴哈的提纲》。这两部于 1845 年春天问世的著作,既是青年马克思、恩格斯"各自单独地"探索资本主义症结的产物③,同时也显露出他们共同的"新世界观"的雏形,即"绝不是国家制约和决定市民社会,而是市民社会制约和决定国家……共产主义现在已经不再意味着凭空设想一种尽可能完善的社会理想,而是意味着深入理解无产阶级所进行的斗争的性质、条件以及由此产生的一般目的"④。

1845 年 4 月,恩格斯再次离开巴门,到布鲁塞尔与马克思相聚。他们在 7 月中旬来到恩格斯曾经居住过的曼彻斯特旅行,如同多年前一样,"这个城市给他们提供了极好的机会去认识英国的工

---

① 恩格斯:《关于共产主义者同盟的历史》,载《马克思恩格斯全集(第二十八卷)》,北京:人民出版社,2018 年,第 274 页。
② 恩格斯:《英国工人阶级状况》,载《马克思恩格斯全集(第二卷)》,北京:人民出版社,1957 年,第 273 页。
③ 马克思、恩格斯:《神圣家族,或对批判的批判所做的批判》,载《马克思恩格斯文集(第一卷)》,北京:人民出版社,2009 年,第 254 页。
④ 恩格斯:《关于共产主义者同盟的历史》,载《马克思恩格斯全集(第二十八卷)》,北京:人民出版社,2018 年,第 274—275 页。

业发展和英国无产阶级的生活状况"①。他们对这座城市的考察以及在这里进行的阅读和研究工作,为日后撰写《德意志意识形态》奠定了关键的经验和理论基础。

在此,"城市"又一次成为激发两位年轻思想家写作灵感的源泉,也成为即将破壳而出的历史唯物主义的奠基之所。事实上,对于来自巴门这座保守的莱茵城市的恩格斯来说,如果没有1842年至1844年的曼彻斯特之旅,没有对巴门和曼彻斯特两座城市社会状况的直观比较,他的"新世界观"的形成恐怕还要推后,他在《英国工人阶级状况》中所描绘的、被资本家和工厂主统治而将工人排挤到脏乱街巷的城市景象,就难以具有如此触动人心的力度。正如恩格斯所说的那样,他对曼彻斯特的了解,"就像对自己的故乡一样"②。

也正是通过对两座城市的比较,恩格斯意识到,如果说在曼彻斯特,"工人由于蒸汽力和机器的应用以及分工而受到的屈辱在这里一定会达到极点……同时无产阶级摆脱这种屈辱的企图,在这里也一定会达到极点并带有高度的自觉性"③,那么巴门的情况则"全然不同","在这里没有像他在曼彻斯特曾看到的富于战斗性的、意

---

① (法)奥古斯特·科尔纽:《马克思恩格斯传(第三卷):历史唯物主义的形成》,管士滨译,北京:生活·读书·新知三联书店,1980年,第174页。
② 恩格斯:《英国工人阶级状况》,载《马克思恩格斯全集(第二卷)》,北京:人民出版社,1957年,第323页。
③ 恩格斯:《英国工人阶级状况》,载《马克思恩格斯全集(第二卷)》,北京:人民出版社,1957年,第322—323页。

识到自己阶级利益的无产阶级,而只是一大群被动的、在贫困中艰难度日的工人"①。恩格斯由此愈发强烈地感受到,推翻资本主义社会统治的希望,就在城市工人阶级的生力军中,而巴门与曼彻斯特恰恰象征着工人阶级从懵懂走向自觉、从"听天由命"走向"城市革命"的两个不同阶段。

一个多世纪后,当"外省人"② 亨利·列斐伏尔(Henri Lefebvre)在巴黎街头徘徊时,也产生了与恩格斯相近的感受。只不过,作为生长于20世纪的马克思主义者,他还要将恩格斯的预言向前推进一步:不是工业社会造就大城市并刺激城市工人觉醒,而是"城市社会"本身成为缔造后工业时代资本主义社会的根基,"今天的社会正经历着一次转型……只有通过都市实践的自觉构型及其自身的合理性,以替代现在已经充分实现的工业实践,都市现象的认识论才能变成一门科学"。③ 列斐伏尔将这一"社会转型"论的诞生溯源至恩格斯的《英国工人阶级状况》,因为正是在这本书中,"恩格斯发现了城市的秩序和混乱,并认识到其重要意义。它们揭示了整个社会"④。

---

① (法)奥古斯特·科尔纽:《马克思恩格斯传(第三卷):历史唯物主义的形成》,管士滨译,北京:生活·读书·新知三联书店,1980年,第72—73页。
② 列斐伏尔生于法国西南部朗德省的阿热莫,后赴巴黎索邦大学求学。出于历史原因,巴黎人惯以"外省人"称呼出身于巴黎之外的其他法国人。
③ (法)亨利·列斐伏尔:《都市革命》,刘怀玉、张笑夷、郑劲超译,北京:首都师范大学出版社,2018年,第158页。
④ Henri Lefebvre, *Marxist Thought and the City*. Translated By Robert Bononno. Minneapolis: University of Minnesota Press, 2016, pp. 13—14.

受恩格斯启发，列斐伏尔于20世纪下半叶着手推进一门新理论、新"科学"的建构，其主要成果汇集为1974年出版的《空间的生产》一书。17年后，该书英文版面世，迅速引起英语学界轰动。在一众英美学者的推动下，一股"空间转向"热潮随之席卷西方社会科学研究的诸多领域。尽管列斐伏尔的后继者通常将"空间转向"的起点定位于20世纪六七十年代，即列斐伏尔等欧洲学者尝试翻转"时间"与"空间"优先性地位之始，但在列斐伏尔那里，这一"转向"的开端或许远早于此——它在青年恩格斯离乡来到曼彻斯特那一刻便已悄然发生。

导论

城市传播研究的空间理论基础

一、重拾经典的理由

"物质劳动和精神劳动的最大的一次分工,就是城市和乡村的分离。"① 19 世纪以来,伴随着工业革命时代"大工厂城市惊人迅速地成长"②,城市逐渐取代乡村成为人们社会生产、生活的中心场所和劳动力、资本、土地汇聚之地。彼得·克拉克(Peter Clarke)在考察欧洲城市发展史时便有言道:从 19 世纪初开始,"城市的生产和需求成为欧洲经济的主导,城市优先的思维改变了政治议程,欧洲文化生活也随之城镇化"③。而西方资本主义城市的中心性地位既是资本主义社会制度衍生的结果,同时也深刻地影响着资本主义社会自身的演进历程,"向城市集中是资本主义生产的基本条件"④,资本主义城市的发展"反映了资本主义来临所造成的各种深刻的社会变迁"⑤。

正因如此,19 世纪以来西方资本主义社会所面临的种种社会问题,在资本主义城市中均有较为集中的体现,尤其是资本主义社

---

① 马克思、恩格斯:《德意志意识形态(节选)》,载《马克思恩格斯文集(第一卷)》,北京:人民出版社,2009 年,第 556 页。
② 恩格斯:《英国工人阶级状况》,载《马克思恩格斯全集(第二卷)》,北京:人民出版社,1957 年,第 301 页。
③ (英)彼得·克拉克:《欧洲城镇史:400—2000 年》,宋一然、郑昱、李陶等译,北京:商务印书馆,2015 年,第 221 页。
④ 恩格斯:《反杜林论》,载《马克思恩格斯全集(第二十六卷)》,北京:人民出版社,2014 年,第 313 页。
⑤ (英)安东尼·吉登斯:《社会学:批判的导论》,郭忠华译,上海:上海译文出版社,2016 年,第 76 页。

会关系中压迫阶级与被压迫阶级之间难以弥合的二元矛盾,在资本主义城市中得到了更加具体的反映:"城镇设施改善的主要目的是服务于富裕阶层……潮湿、粉尘和恶臭等工业污染问题充斥下层社会社区。"① 在此背景下,西方资本主义城市中的社会分化和社会冲突日益加剧,一面是上层资产阶级通过控制城市空间生产谋取私人利益,一面则是广大城市居民的生活环境日趋紧张艰苦。

进入 20 世纪以来,资本主义城市社会关系的二元矛盾并未因技术进步或战争创伤而获得根本改变。资本主义社会制度在 20 世纪的"幸存",致使资本主义城市也在 20 世纪保持了其一贯的压迫与剥削本性。在此背景下,以批判发达资本主义城市为己任的新马克思主义空间理论②应运而生,其出发点在于结合 20 世纪下半叶发达资本主义城市发展的具体状况,对马克思、恩格斯的城市观进行补充与发展。其理论根基,即亨利·列斐伏尔在 20 世纪 70 年代提出的空间生产理论。

由空间生产理论肇始的新马克思主义空间理论,为人们理解发达资本主义城市的一般特性提供了批判的思想资源,进而催生出席卷西方社会科学诸多领域的"空间转向"思潮。"空间转向"响应

---

① (英)彼得·克拉克:《欧洲城镇史:400—2000 年》,宋一然、郑昱、李陶等译,北京:商务印书馆,2015 年,第 288 页。
② 本书在论述过程中,为论述方便,有时也用"空间理论"一词指称"新马克思主义空间理论",以"空间理论学者"一词指称"新马克思主义空间理论学者"。

列斐伏尔从"从空间中事物的生产"转向"空间本身的生产"的呼吁①，颠覆了西方社会科学研究者以"时间"凌驾于"空间"的思维惯性。它强调空间因素在社会发展中所发挥的关键作用——空间不仅是承载人或事物的容器，更是与人或事物相互建构、相互渗透的社会产物。

在传播学领域，城市传播研究（urban communication research）于21世纪初的兴起，正是得益于"空间转向"思潮影响。其首倡者致力于将城市空间本身视作人类传播活动的中介或行动者，一个"权力交锋的场域，社会关系汇聚的地方"②，而非大众传播的简单容器。然而，及至当下，城市传播研究对空间生产理论及新马克思主义空间理论的理解和把握仍不够深入：一方面，尽管相关研究对空间理论中若干经典概念"信手拈来"，但并不充分理解其理论形成的思想脉络乃至核心诉求，故而时常出现语境错置式的理论挪用；另一方面，相关研究对空间理论中真正有助于更新、丰富当前城市传播观念的理论资源的掌握尚显不足，未能深入其发展脉络之中挖掘对于思考城市传播问题有益的理论观点。

基于此，本书的研究对象聚焦于新马克思主义空间理论中的城市传播观念，尝试挖掘、阐明"空间生产"与"城市传播"之间的

---

① （法）亨利·列斐伏尔：《空间：社会产物与使用价值》，王志弘译，载包亚明主编：《现代性与空间的生产》，上海：上海教育出版社，2003年，第47页。
② 孙玮：《城市传播：地理媒介、时空重组与社会生活》，载孙玮主编：《中国传播学评论（第七辑）》，上海：复旦大学出版社，2017年，第6页。

观念纠缠。由此，既可助力城市传播研究把握空间理论中被研究者长期忽视、又与城市传播问题紧密相关的理论观点，亦能填补城市传播研究学术史和思想史"主流"之外的"灰色地带"，进而以空间理论扩充城市传播研究的理论基础。

此外，本书也将进一步从空间理论对西方发达资本主义城市的批判中汲取可供我国城市传播研究与实践借鉴的"反面经验"。这些"反面经验"虽立足于对发达资本主义城市种种"错误"的审视，但它们"至少为任何一种有意图的行为亦即一种实践提供根据"，若没有这些"反面经验"，"我们从无知状态到实际理解状态的转变将是无法想象的"。[①]

二、空间理论与"空间转向"

（一）界定新马克思主义空间理论

新马克思主义空间理论的形成可追溯至20世纪70年代以后，其时开创并统治城市社会学领域数十年之久的城市研究芝加哥学派的关注焦点发生转变，其研究重心逐渐从城市转向更广泛的社会议题。由此一来，城市研究也就亟需新的思想资源补充，以应对第二次世界大战后西方城市发展的复杂情势。这样一种新的思想资源，必须找到属于自己的新的、适当的"理论对象"，"城市空间是不能直接被了解或解释的，而必须从一个由理论性所产生的对象的角度

---

① （美）海登·怀特：《话语的转义》，董立河译，郑州：大象出版社，2011年，第25页。

来分析"①。在这个意义上,新马克思主义空间理论的产生正迎合了城市社会学自我发展的需要。与此同时,"空间转向"作为一股影响西方社会科学诸多领域直至今日的思想潮流,亦从中应运而生。

若从较为狭义的角度来看,"空间转向"思潮的兴起几乎全然得益于新马克思主义空间理论的产生和发展。实际上,最早明确提出"空间转向"这一说法并进行系统论证的学者爱德华·索亚(Edward W. Soja)便是新马克思主义空间理论学者的代表人物之一。② 在索亚看来,刺激社会理论"空间转向"的首要原因在于过往社会理论偏重于时间性、历史性阐述,将"空间化"简单理解为时间、历史作用下的结果,对空间性概念和空间问题多有忽视。作为后现代思想"旗手"的米歇尔·福柯(Michel Foucault)已经注意到空间长期以来被忽视的处境,他批判那种将空间视为"反动"、将时间视为"进步"的观点,指出是"空间决定历史的发展,而且历史反过来在空间中重构并积淀下来"③。在此基础上,索亚进一步提出,"理论意识中的这种历史决定论"已经"扼杀人们对社会生活空间性的一种旗鼓相当的批判敏感性"④。在福柯为空间正名之后,西方世界"时间优先于空间"的理论传统才终于得以调整,

---

① 包亚明主编:《现代性与都市文化理论》,上海:上海社会科学院出版社,2008年,第4页。
② 强乃社:《空间转向及其意义》,《学习与探索》2011年第3期。
③ (法)米歇尔·福柯:《权力的眼睛:福柯访谈录》,严锋译,上海:上海人民出版社,1997年,第152页。
④ (美)爱德华·W. 苏贾:《后现代地理学》,王文斌译,北京:商务印书馆,2004年,第16页。

"学者们一致呼吁对批判想象需要进行广泛的空间化,其态度之明确前所未有,这给对空间熟视无睹的古老传统带来了很大的挑战"①。而在福柯发出呼吁之时,法国左翼阵营中思想活跃的理论家列斐伏尔业已从马克思主义思想出发对空间问题展开理论思辨,试图以空间生产理论纠正传统社会理论将时间凌驾于空间之上的偏见。

和福柯不同,列斐伏尔对空间问题、城市问题的关注是以马克思主义思想为基础的。如其所言:"城市和城市问题在马克思和恩格斯的著作中均有所提及,但两位科学社会主义的缔造者从未将相关观点系统化。它们并没有形成一个建立在既有的方法论或特定学科基础之上的理论体系。"②而列斐伏尔在空间尺度上对马克思主义思想的完善和补充,恰恰致力于"对空间性进行唯物主义解读……发展马克思主义地理学和历史地理唯物主义"③。

在列斐伏尔看来,马克思对空间问题、城市问题的忽视有其历史必然性,"他(列斐伏尔)将城市从马克思主义中消失的原因,解释为是对工业资本主义时期城市实际地位的一种准确反映"④。与

---

① (美)爱德华·W. 苏贾:《后现代地理学》,王文斌译,北京:商务印书馆,2004年,第17页。
② Henri Lefebvre, *Marxist Thought and the City*. Translated By Robert Bononno. Minneapolis: University of Minnesota Press, 2016, p. xv.
③ (美)爱德华·W. 苏贾:《后现代地理学》,王文斌译,北京:商务印书馆,2004年,第74—75页。
④ (美)艾拉·卡茨纳尔逊:《马克思主义与城市》,王爱松译,南京:江苏教育出版社,2013年,第93页。

此同时，列斐伏尔自己则从其所处的时代语境出发，继承马克思主义思想的批判精神，对发达资本主义城市规划及其技术统治论和意识形态化倾向展开批判。

列斐伏尔对空间问题、城市问题的论述开启了社会理论"空间转向"的热潮，本书之所以将"空间转向"的起始时间定为20世纪70年代，正是因为列斐伏尔的空间生产理论恰在此时初步形成。① 在列斐伏尔之后，大卫·哈维（David Harvey）同样就马克思对空间与城市问题的忽视表达了自己的看法。在《社会正义与城市》（*Social Justice and the City*）一书中，哈维将其研究的中心目标明确为"为马克思主义重新发现城市、为城市重新发现马克思主义……扩大和扩展马克思主义论资本主义积累的著作，赋予它一个明确的空间维度"②。在哈维看来，马克思实则已注意到资本主义社会城市建设对人的生存环境和日常生活秩序的破坏，但矛盾的是，这种对空间和城市的观照常常迷失在其对时间和历史的分析之中。③ 这也致使"马克思资本积累理论的地理维度长期以来一直被人们所忽视"，基于此，哈维试图为马克思主义思想，尤其是为其资本积

---

① 列斐伏尔在20世纪上半叶至60年代对法国比利牛斯山间乡村与城市社会的观察，促使他对城市研究逐渐产生兴趣，参见 Gallia Burgel, Guy Burgel & M. G. Dezes, "An Interview with Henri Lefebvre," Translated by E. Kofman. *Environment and Planning D: Society and Space*, vol. 5, 1987.
② （美）艾拉·卡茨纳尔逊：《马克思主义与城市》，王爱松译，南京：江苏教育出版社，2013年，第103页。
③ （美）大卫·哈维：《希望的空间》，胡大平译，南京：南京大学出版社，2006年，第24页。

累理论提供一种"空间动力学"视角①，进而将空间和城市因素重新纳入历史唯物主义的范畴之中。

曼纽尔·卡斯特（Manuel Castells）早期对空间问题、城市问题的理解则与列斐伏尔不尽相同。在《城市问题》（*The Urban Question*）一书中，卡斯特指出，列斐伏尔的人本主义马克思主义②思想过于理想化地看待"城市革命"的作用。但在卡斯特眼中，人们自发的"城市革命"并不能将人类从资本主义社会的压迫中解放出来，创造出适宜于日常生活的"栖居"环境。这显示出卡斯特早期的结构主义马克思主义立场，从这一立场出发，他对资本主义社会中人的自发性充满不信任感，不相信人的个体活动能够超脱于客观社会结构的限制。但在《城市问题》出版近十年后问世的《城市与草根》（*The City and the Grassroots*）一书中，卡斯特则一反

---

① （美）大卫·哈维：《资本的城市化》，董慧译，苏州：苏州大学出版社，2017年，第30页。

② 人本主义马克思主义是新马克思主义思想的重要一支，其以马克思1845年前的著作为蓝本勾勒马克思主义思想主旨，进而将实现"人的全面发展""完整的人"（或"总体人"）、从异化和威权中解放人与社会视为马克思主义社会革命试图达成的根本目标。列斐伏尔早在20世纪40年代便将恢复人本主义马克思视为其批判理论的使命所在，如其所言，"如果我们要继续展开针对人的现实的方法研究，那么，重新发现马克思著述中的一些主要观念（异化、拜物教、神秘）是绝对必要的，如果要面对具体的人本主义，重新发现马克思著述中的一些主要观念同样是不可或缺的"。需要注意的是，人本主义不等于个人主义，资本主义社会中的个人主义导致人发展为原子化、非人格化、功利主义的个体，人与人之间相互分离，这些"一盘散沙式的人"虽自诩"独特"，实则"一粒沙子与另一粒沙子并无区别"，"资产阶级的个人主义意味着枯燥无味的、荒谬可笑的个人重复"。相反，人本主义的目的在于创造新人、"完整的人"，他是具体的、非异化的人，"他全面发展，全面战胜了异化……完整的人的概念来自马克思的一些简短评论，如'作为一个完整的人，人以整体的方式拥有他的完整本质'"。参见（法）亨利·列斐伏尔：《日常生活批判（第一卷）》，叶齐茂、倪晓晖译，北京：社会科学文献出版社，2017年，第164、140、61页。

先前立场，接受了列斐伏尔式的人本主义马克思主义，并指出"空间形式和其他任何事物一样，由人类行动所生产"①。由此，卡斯特将城市社会运动作为自己的研究重心，试图通过对城市社会运动的分析，揭示资本主义城市中阶级斗争形态的新变化。②

时至今日，列斐伏尔、哈维和卡斯特已被后来者普遍视为新马克思主义空间理论的"三驾马车"，是谈及新马克思主义空间理论时绕不开的三位关键思想家。在他们之后，爱德华·索亚、马克·戈特迪纳（Mark Gottdiener）等学者继续对新马克思主义空间理论进行发展。其中，索亚深受列斐伏尔观点影响，并将其社会空间观应用于对美国城市规划的分析，进而使"空间研究逐渐脱离了边缘、零散的状态，为未来数十年的相关研究开启了一条新路"③；戈特迪纳则在社会学领域以新马克思主义空间理论为中心建立起"新城市社会学"④的研究体系，发展了城市符号学等具体可操作的城

---

① Manuel Castells, *The City and the Grassroots*. London: Edward Arnold, 1983, pp. 311—312.
② 关于卡斯特认识论转变的原因，以及哈维、卡斯特空间理论与列斐伏尔之异同的讨论，详见本书第一章第二节。
③ 王志刚：《历史唯物主义与空间政治思想：以索亚为例》，《天津社会科学》2014 年第 4 期。
④ 新城市社会学兴起于 20 世纪 70 年代，它通过挑战城市社会学的生态学"正统思想"得以建立和发展。新城市社会学的诞生可视为新马克思主义空间理论在城市研究领域渗透的结果。莎伦·佐金（Sharon Zukin）认为，新马克思主义空间理论使城市社会学摆脱"各自为战、杂乱无章的不成熟"状态，使城市研究更加"严密精确"。在此影响下，新城市社会学成为"统一的智性世界观的一个组成部分……它关注的是在对城市衰败、资本外逃、红线勾销、政府补贴以及二元制劳动力市场进行实证观察的基础上得出的内在联系与结构特征"。参见（澳）德波拉·史蒂文森：《城市与城市文化》，李东航译，北京：北京大学出版社，2015 年，第 45 页。

市研究方法，为扩大新马克思主义空间理论在英语世界城市研究中的影响力作出了重要贡献。

基于以上几位新马克思主义空间理论学者的思想共同点，笔者对新马克思主义空间理论的核心观点试做如下阐发，即赋予马克思主义思想以"空间"视角，从社会空间观出发，将资本主义城市空间视为政治性、策略性和意识形态性兼具的社会建构物，进而揭示资本主义社会压迫者与被压迫者二元关系的深层矛盾。因此，马克思主义、社会空间观和批判精神三点的结合，是新马克思主义空间理论区别于其他空间理论、城市理论的关键所在。

尽管新马克思主义空间理论学者之间难免存在理论观点上的差异乃至分歧，但其根基始终建立在列斐伏尔的空间生产理论之上。由此，即便我们很难以"学派"之名将新马克思主义空间理论学者笼统归于一端，但以"流派"指称这一研究群体则颇为适切。所谓"流派"，指的是"在学术史的书写中，史家为了叙述方便，对同一学科内相似理论基础，或相似研究风格的学者所做的类型归纳"[①]。与"学派"不同，"流派"既无自发的共同体意识，亦无明确的内部层级，且"流派"成员之间的对话可以跨越时空。

在这个意义上，前文提及的列斐伏尔、哈维、卡斯特、索亚、戈特迪纳等学者，在新马克思主义空间理论发展演化的不同节点皆做出过重要贡献，实际上已经具有"流派"的样貌。此外，虽然新

[①] 施爱东：《中国民俗学的学派、流派与门派》，《清华大学学报（哲学社会科学版）》2020年第6期。

马克思主义空间理论没有形成诸如城市研究芝加哥学派、洛杉矶学派一样的"学派"之实,但这也使它得以避免陷入"有赖于主动接受占据支配地位的流派的信条"[①]的境地。由此,我们才能领略到不同新马克思主义空间理论学者各自观点的差异和特色,以及他们之间充满启发性的争论。

(二)传播研究的"空间转向"

进入21世纪以来,无论在国外还是国内传播学界,传播研究的"空间转向"已成为关注空间问题、城市问题的传播学者对传播学发展方向的共同研判。这意味着,"越来越多的传播学者认识到,人类对地理空间的感知和经验,离不开传播媒介扮演的角色;任何形态的传播实践,也必然在特定的地理空间中生成与展开……大量传播学者沿着不同学术路径,从不同面向探究传播与空间性的相互影响,构成了传播学的'空间转向'"[②]。如果说过往的传播研究通常将传播媒介视为超越时间距离的中介,认为传播实践主要在时间尺度上发生,那么传播研究的"空间转向"则将传播学者的目光转向空间领域。在此,"用时间消灭空间"的逻辑被时间与空间的并置替代。如多琳·马西(Doreen Massey)所言:"时间和空间必须放到一起来思考……(这)不意味着它们是同一的,而是意味着对

[①] (美)C. 赖特·米尔斯:《社会学的想象力》,李康译,北京:北京师范大学出版社,2017年,第143页。
[②] (美)保罗·C. 亚当斯、安德烈·杨森:《传播地理学:跨越学科的桥梁》,李森、魏文秀译,《新闻记者》2019年第9期。

其中之一的想象会在对另一方的想象中得到回响，意味着时间和空间是相互隐含的。"① 在这个意义上，传播研究理应破除时间与空间概念的二分，在思考新传播技术如何超越时间距离改造人们传播体验的同时，也需将传播实践所依托的空间因素考虑在内。

实际上，在传播学史中，传播学者对空间问题、城市问题的讨论已有先例可循。早在20世纪50年代，哈罗德·伊尼斯（Harold Innis）便在其著作《传播的偏向》中将传播媒介的属性划分为时间偏向性和空间偏向性两种，人类传播媒介演进的历史就是从时间偏向性媒介向空间偏向性媒介发展的历史。在伊尼斯看来，传播媒介的时间偏向性推动了知识的纵向传播，促成口头传统的传播方式诞生；传播媒介的空间偏向性则推动了知识的横向传播，促成文字传统的传播方式诞生。传播媒介的这两种属性都应当得到人们重视，如其所言，"稳定的社会需要这样一种认识：时间观念和空间观念维持恰当的平衡……我们不仅关心对广袤空间的控制能力，而且关心对长时段的控制能力。"② 伊尼斯对传播媒介时空偏向性的认识，离不开其对大宗初级产品流通展开的政治经济学研究，他在一系列研究中将传播媒介的技术条件与文明产生相联系的观点，则为后来关注空间问题的传播研究提供了"物质性"的分析视角。

---

① （英）多琳·马西：《保卫空间》，王爱松译，南京：江苏教育出版社，2013年，第24—25页。
② （加）哈罗德·伊尼斯：《传播的偏向》，何道宽译，北京：中国传媒大学出版社，2018年，第103页。

戴维·莫利（David Morley）在其早期受众民族志研究中已关注到传播与空间的关系问题。莫利探讨了电视如何与人们的日常生活空间相互渗透，以及隐含在家庭空间与电视观看背后的权力关系问题。此后，他将自己对媒介与空间关系的思考置于更广阔的社会语境中进行考量，关注传播的物质性、流动性和虚实空间的互动性等。如其所言：传播研究不可"完全集中于信息传输中的象征、机构和技术维度"，而应当提倡"一种不那么以媒体为中心的范式，这种范式实际上将媒介和传播问题置于更广阔的物质环境和背景内来讨论"。[①] 莫利的观点反映出传播研究"空间转向"的一个重要宗旨，即将传播研究的研究对象从"信息"转移到"物质"，将传播研究的关注重心从媒体中心主义转移到人与人或人与环境的沟通实践上来。

由此可见，传播研究对空间问题的关注由来已久。然而，传播研究"空间转向"这一提法则直至 21 世纪初才被一些有志于推动传播学范式演化的学者广泛提及。在大部分关注空间问题的传播学者看来，传播研究"空间转向"实际上是 20 世纪 70 年代发展而来的社会理论"空间转向"在传播学领域的延伸。如胡翼青、谌知翼便认为："20 世纪 70 年代，随着西方社会理论空间转向的发生，空间的传播政治经济学路径得到激活，为之做出贡献的正是几位赫赫

---

① （英）戴维·莫利：《传播与运输：信息、人和商品的流动性》，王鑫译，《新闻记者》2020年第 3 期。

有名的西方马克思空间理论代表学者。"① 此处的"空间的传播政治经济学路径得到激活",实际上就是"空间转向"思潮汇入传播学领域的结果。

但即便如此,很长一段时间以来,传播学者对空间问题、城市问题以及孕育了"空间转向"思潮的新马克思主义空间理论的关注仍较为欠缺。如孙玮所言:"席卷 20 世纪后半叶学术思想界的空间理论狂潮并未在传播与媒介研究领域得到响亮的回响……传播媒介与空间的主题是有待大力开拓的研究领域。"② 国外传播地理学者安德烈·杨森(André Jansson)和杰斯帕·弗克海默(Jesper Falkheimer)同样认为:空间理论与传播理论、媒介理论相结合的潜力尚未得到充分开发,因此有必要推进"媒介研究的空间转向",将相关研究关注的问题聚焦于"传播如何产生空间,以及空间如何产生传播"。③ 而对于传播研究来说,要实现真正意义上的"空间转向",并与其他社会科学研究领域的"空间转向"思潮进行对话,就务须充分借鉴和汲取以空间生产理论为基底的新马克思主义空间理论的思想资源。

当然,20 世纪下半叶的空间理论资源并不仅限于新马克思主义空间理论,如在城市规划领域产生重要影响的简·雅各布斯

---

① 胡翼青、谌知翼:《超越传统,回归媒介:论传播政治经济学的三种新路径》,《湖南师范大学社会科学学报》2020 年第 6 期。
② 孙玮主编:《中国传播学评论(第四辑)》,上海:复旦大学出版社,2009 年,第 4 页。
③ André Jansson & Jesper Falkheimer, eds. *Geographies of Communication: The Spatial Turn in Media Studies*. Goteborg: Nordicom, 2006, p. 7.

(Jane Jacobs)、莎伦·佐金（Sharon Zukin）等人的思想观点，同样对20世纪下半叶的城市研究领域产生了至为深远的影响。那么，相较于其他空间理论、城市理论，新马克思主义空间理论之于传播研究的独特意义体现在哪些方面？

首先，新马克思主义空间理论区别于其他空间理论、城市理论的特征之一，就在于其坚定地立足于马克思主义立场。如理查德·皮特（Richard Peet）所言，新马克思主义空间理论将空间视为人所创造的社会关系的产物，是"使社会具体化的每一个历史整体的具体表达"，因此对空间的分析就需要"考虑经济因素、政治因素和意识形态系统，它们的联合，以及它们所产生的社会实践对其所产生的塑造作用"。[①] 而这种将空间视为各种社会因素的复杂建构物的观点，以及由此形成的对城市社会的历史唯物主义分析方式，正是新马克思主义空间理论区别于其他空间理论、城市理论的关键所在。

其次，相较于20世纪下半叶的其他空间理论、城市理论，新马克思主义空间理论的思想脉络较为连贯，研究者组成及其彼此间联系更为清晰。在思想脉络上，新马克思主义空间理论无不遵循自列斐伏尔以来将马克思主义思想与空间问题、城市问题进行嫁接的原则。在研究者组成方面，新马克思主义空间理论虽无"学派"之实，但以列斐伏尔、哈维、卡斯特三位学者为骨干，以索亚、戈特

[①] （美）理查德·皮特：《现代地理学思想》，周尚意等译，北京：商务印书馆，2007年，第143页。

迪纳等学者为后继的学术群体构成格外清晰。可以说，经过几十年的发展，新马克思主义空间理论的提倡者们已逐渐形成一个"无形学院"式的学术共同体。

最后，出于填补传播思想史"灰色地带"的目的，我们也有必要对新马克思主义空间理论中蕴含的传播观念，尤其是其城市传播观念进行阐发。如刘海龙所言，传播思想史的"'灰色地带'不是'陌生地带'……它不是新近才被发现的（尽管它并不排除新证据），而是我们熟视无睹，被主流话语收编的那些部分"。[①] 实际上，对于今天关注空间问题、城市问题的传播学者而言，新马克思主义空间理论并非完全"陌生"的存在，传播学者在阐释空间与城市问题时，已有意识地将新马克思主义空间理论纳入视野，或将其中某一概念作为分析工具进行使用。但长期以来，新马克思主义空间理论作为整体却并未得到传播学者应有的重视。这一方面体现在传播学界对新马克思主义空间理论中蕴含的传播观念、城市传播观念尚缺乏较为系统、专门的梳理和探讨；另一方面则体现在主流传播研究仍将城市传播研究视为一个需要以实证研究为重心的领域，而未能向空间思想的历史纵深更进一步。但显而易见的是，正是那些曾在空间思想史中留下重要印记的经典空间理论，造就了当代空间思想的基本面貌。因此，即便在数字媒介技术日新月异的今天，我们在探讨空间与传播的关系问题时，在考察城市传播现象时，仍不能

[①] 刘海龙：《重访灰色地带：传播研究史的书写与记忆》，北京：北京大学出版社，2015年，第11页。

忽视新马克思主义空间理论作为一种经典理论的当代价值。

三、传播观念研究的方法论

本书作为一项传播观念研究，在研究方法方面，着重于对新马克思主义空间理论学者的经典文本进行细读和阐释。王金礼认为："'思想史'研究的基础是文本。文本细读具有两种方式，或者将文本视为一个相对封闭而自足的话语体系，读解的目标倾向于文本意义的还原与确证；或者将文本置放在一个更大的话语、知识体系与社会语境中，对文本进行阐释性或批判性阐释。"[①] 本书所采取的文本细读方式便以前一种方式为基础，通过对新马克思主义空间理论经典文本的思想内涵进行读解和还原，逐步揭示"空间生产"与"城市传播"的思想交汇点。此即胡翼青在《再度发言：论社会学芝加哥学派传播思想》一书中所采取的"去语境化"文本解读方法，"就是将作者的理论与其具体时代背景剥离，放到思想史的高度分析其普适性的理论贡献与意义"[②]，这种研究方法可归结为"研讨原著、以文献资料为基本素材的解释学的研究方式"[③]。

诚然，本书也尽力尝试将新马克思主义空间理论经典文本置于

---

① 王金礼：《文本的细读与思想史的深描——首届中外新闻传播思想史高峰论坛综述》，《现代传播》2014年第3期。
② 胡翼青：《再度发言：论社会学芝加哥学派传播思想》，北京：中国大百科全书出版社，2007年，第19页。
③ 胡翼青：《再度发言：论社会学芝加哥学派传播思想》，北京：中国大百科全书出版社，2007年，第16页。

其相应的知识和社会语境中加以考量,一方面探究其思想渊源及后世影响,另一方面追索理论背后的社会历史动力及理论本身在当代语境中的适用性。但正如胡翼青在其芝加哥学派传播思想史研究中面对的问题,新马克思主义空间理论中蕴含的城市传播观念散见于新马克思主义空间理论学者的著述之中,我们很难对其所仰赖的知识和社会语境,尤其是城市化语境形成统一的认识和把握。这也正是"群体"研究的不易之处。故而本书在论述过程中,为使"材料聚拢、思路理顺"以"易于陈述"①,便将新马克思主义空间理论所依托的社会历史语境一概置于发达资本主义②这一资本主义发展的特定阶段。

此外,本书也有意识地通过对新马克思主义空间理论的"去语境化"和"再语境化",在当代城市发展背景下理解和发展其理论观点。如贝尔纳·米耶热(Bernard Miege)所言:"在探寻传播思想的形成过程时,研究者不能宣称自己掌握着某种专有权。这一思想完全是'社会的',它深深地根植于当代社会之中,根植于当代社会所发展出的中介技术和媒介化技术之中,也根植于在当代社会

---

① 李欣然:《处变观通:郭嵩焘与近代文明竞争思路的开端》,北京:北京大学出版社,2020年,第2页。
② "发达资本主义"并不是一个含义明确的概念,刘康认为:"上世纪(20世纪)六七十年代,欧美社会已经进入发达资本主义阶段,以电脑和高科技产业为主导的后工业化、生产的全球分工、跨国资本引领的全球化时代正在开端。这个时代同时也是全球政治与文化大动荡的革命时代。"而20世纪六七十年代也是新马克思主义空间理论学者最为关注的一个资本主义发展阶段。参见刘康:《西方理论在中国的命运——詹姆逊与詹姆逊主义》,《文艺理论研究》2018年第1期。

所生产的意识形态之中。"① 基于此，对于传播观念研究而言，研究者理应在论述过程中结合自身所处的知识和社会语境对理论本身进行再阐释，从而更深刻地理解经典理论的含义并勾勒出经典理论的当代价值。

最后，本书在具体写法上，考虑到空间理论中具有代表性的观点在几位重要学者的著作中都有不同程度的提及，所以在具体论述过程中，并未采取传播思想史研究中常见的以思想家为单元的论述方式（可称之为"单元式写法"），而是以空间生产理论与城市传播研究的三重观念联结为框架，以一个个具体的城市传播问题为线索，串联起不同思想家在某一具体问题上或相近或相异的观点（可称之为"问题式写法"）。这种论述方式将新马克思主义空间理论中的城市传播观念作为一个多元且连续的整体展开探讨，因此更适于对"空间生产"与"城市传播"两种概念之间潜在关联的阐释，同时也可规避"单元式写法"中不同思想家之间相近观点的重复论述，避免叙述上的混乱。

四、研究内容概述

本书的论述框架建立在"空间生产"与"城市传播"的观念纠缠之上。具体而言，城市传播学者将城市空间视为传播语境、传播内容和互动媒介的观点，与列斐伏尔空间生产理论中的空间三元论

---

① （法）贝尔纳·米耶热：《传播思想》，陈蕴敏译，南京：江苏人民出版社，2008年，第76页。

相互映衬，即传播语境对应"空间实践"（spatial practice），传播内容对应"空间再现"（representations of space），互动媒介对应"再现空间"（representational spaces）。从"观念的纠缠"出发，本书亦构想了一种以三元性为基础的城市传播关系模式，它契合了新马克思主义空间理论与城市传播研究对理想化的城市传播关系的愿景。

本书内容拟分为以下五章展开：

第一章以列斐伏尔的活动为中心，探讨了空间生产理论兴起的社会历史背景。通过对马克思主义在法国的传播情况、1968年"五月风暴"以及马克思、恩格斯城市观的简要描述，本章尝试锚定列斐伏尔空间生产理论形成的知识与社会语境，及促成其关注城市问题的直接原因。同时，本章也对列斐伏尔与哈维、卡斯特等新马克思主义空间理论学者之间的观念异同进行了概括性阐述。

第二章首先以信息传递、意义沟通和社会关系建构三点对"传播"与"城市传播"的概念含义进行界定，并就城市传播研究建制化与国际化历程进行回溯。随后，通过将新马克思主义空间理论的空间三元论与城市传播研究视域下的"城市"概念进行对照，本章梳理出"空间生产"与"城市传播"的三重观念联结，即作为"空间实践－传播语境"的城市空间、作为"空间再现－传播内容"的城市空间，以及作为"再现空间－互动媒介"的城市空间。本书还以此为线索，串联起后文各章节的论述内容。

第三章围绕作为"空间实践－传播语境"的城市空间展开论

述，聚焦城市空间作为城市传播活动之物质载体的一面。首先，本章从"社会空间"和"关系空间"概念出发，对空间生产理论视域下城市空间的社会属性进行考察，并分析了城市社会空间与城市传播学者提出的"可沟通城市"（the communicative city）概念之间的关联性。随后，本章对空间理论学者的技术观与城市传播学者的技术观加以类比，探讨了技术革新与城市空间生产之间的内在联系。

第四章围绕作为"空间再现－传播内容"的城市空间，即城市管理者主导的城市空间展开论述。首先，本章探讨新马克思主义空间理论学者对资本主义城市形象传播策略的批判。随后，本章考察了新马克思主义空间理论中的城市符号学观点，并着重介绍了列斐伏尔的城市符号观，以及戈特迪纳以社会符号学为基底的城市符号学理论，由此揭示城市空间意义生成的本质。

第五章围绕作为"再现空间－互动媒介"的城市空间，即城市使用者主导的城市空间展开论述。本章指出资本主义城市中城市管理者与城市使用者之间的沟通困境实则是资本主义社会压迫者与被压迫者二元矛盾的具体化，这种二元矛盾并未因数字城市的兴起而消解。由此，本章从马克思、列斐伏尔的三元关系论出发，提出以三元传播关系替代二元传播关系的构想，并借鉴梁漱溟的乡村建设实践，探讨在城市传播环境中建立三元传播关系的可能路径。

第一章

空间生产理论的缘起：以列斐伏尔的活动为中心

法国马克思主义思想家亨利·列斐伏尔是新马克思主义空间理论学者中公认的先驱人物。甚至可以说，新马克思主义空间理论在列斐伏尔之后的任何发展，都是基于对列斐伏尔及其空间生产理论不断地再审视，或者"没完没了地'阅读'"①。如艾拉·卡茨纳尔逊（Ira Katznelson）所言："20 世纪 70 年代初，当大卫·哈维和曼纽尔·卡斯特作为两个极富影响的力图使马克思主义回归城市议题的城市学家崛起时，他们无可避免地聚焦于列斐伏尔的写作。在那时，只有他打破了马克思主义在城市方面的沉默。"② 因此，本章对空间生产理论缘起的梳理，实际上就是对列斐伏尔空间生产理论发轫的知识与社会语境的追溯。

第一节　列斐伏尔空间生产理论的形成背景

一、马克思主义在法国知识界的传播

具有深厚革命历史传统的法国社会是马克思主义思想传播与生根的天然土壤，如法国作家弗朗索瓦·莫里亚克（Francois

---

① （美）理查德·皮特：《现代地理学思想》，周尚意等译，北京：商务印书馆，2007 年，第 256 页。
② （美）艾拉·卡茨纳尔逊：《马克思主义与城市》，王爱松译，南京：江苏教育出版社，2013 年，第 89 页。

Mauriac)所言,"在法国,我们呼吸的空气都是带有批判性的"①。一般认为,马克思主义在法国知识界真正产生影响,始于20世纪30年代亚历山大·科耶夫(Alexandre Kojeve)对黑格尔思想及其影响马克思主义的那些方面的独特解读。② 在科耶夫笔下,"主奴辩证法"是理解黑格尔思想的关键,"无论人类历史中发生了什么,尤其是那些看似最可怕和最极端的事件,必然是主奴辩证法进一步展开的结果,这就是历史的意义"。③ 在他看来,主人与奴隶之间的生死斗争,其本质是压迫阶级与被压迫阶级之间的斗争。主人为满足欲望和获得承认而剥削、压迫奴隶,他"残酷无情……只能作为动物活着"④;相反,奴隶则具有真正的"人性",他是"一切人的、

---

① (美)托尼·朱特:《未竟的往昔:法国知识分子,1944—1956》,李岚译,北京:中信出版社,2016年,第325页。
② 需要说明的是,马克思主义思想进入法国的确切时间早在20世纪30年代之前。如马克思本人便曾于19世纪40年代在巴黎驻足开展研究;19世纪60年代,第一国际巴黎支部业已开始活动;19世纪70年代,由马克思亲自校订的《资本论》法文版在法国问世;俄国十月革命之后,法国社会各界对马克思主义的关注更是迅速升温,并促成法国共产党的成立。因此,本节对马克思主义思想在法国传播情况的探讨,主要聚焦于马克思主义思想在法国知识分子圈内真正产生重大影响的开端,而这一开端通常被追溯至科耶夫在20世纪30年代发起的"法国黑格尔复兴运动",该运动的起点便是科耶夫"1933—1939年……在巴黎高等实践学院主持的《精神现象学》研讨班"。科耶夫在此研讨班上向法国知识分子推介了马克思主义思想,"可以说,科耶夫的研讨班上汇聚了被马克思主义所吸引的一批法国左翼思想精英,他们试图从中找到法国社会的药方和自身行动的准则"。参见肖琦:《法国左翼知识精英对黑格尔的接受和形塑(1920—1960)——巴塔耶与科耶夫的思想论争》,载复旦大学当代国外马克思主义研究中心编:《当代国外马克思主义评论(第17辑)》,北京:人民出版社,2018年,第456页。
③ (美)托尼·朱特:《未竟的往昔:法国知识分子,1944—1956》,李岚译,北京:中信出版社,2016年,第101页。
④ (法)科耶夫:《黑格尔导读》,姜志辉译,南京:译林出版社,2005年,第58页。

社会的、历史的进步的源泉"①。科耶夫的黑格尔解读具有明显的马克思主义色彩,他"对黑格尔的阅读坚决否定了自由主义的观念,而确立了马克思的阶级斗争概念的基础"②。这直接造成法国思想界对马克思主义的接受普遍以阶级斗争概念为重心,对被压迫的劳动阶级报以深刻同情。

同样是在20世纪30年代,时为法国共产党人的列斐伏尔率先将马克思的《1844年经济学哲学手稿》引介到法国思想界。③ 他以从手稿中解析得来的"总体人"(或"完整的人")概念"驳斥所有关于人的片面观点",尤其是对经济还原论式的马克思主义观点进行了纠正,将"人与自然的历史斗争"确立为"自然的人类基础",④ 将消除异化的人视为马克思主义的使命所在。在列斐伏尔那里,"总体人"便是"非异化"的人,是"能动的主体与客体"的统一,是"超越了与客体的对立关系的活跃的主体",并自由地"将自然置于自己的控制之下"。⑤ 由此,我们不难发觉列斐伏尔的

---

① (法)科耶夫:《黑格尔导读》,姜志辉译,南京:译林出版社,2005年,第22页。
② (美)马克·波斯特:《战后法国的存在主义马克思主义》,陈硕译,南京:南京大学出版社,2015年,第10页。
③ 佩里·安德森(Perry Anderson)在回顾20世纪上半叶马克思主义在欧洲各国的接受情况时指出,列斐伏尔是把马克思手稿译成法文的"第一人","他的译本是同古特曼(Herbert Guterman)合作完成的,出版于1933年;而列斐伏尔在1934年至1935年缩写的《辩证唯物主义》一书,则是根据1844年手稿把马克思的全部著作进行新的重建的第一部主要理论著作"。参见(英)佩里·安德森:《西方马克思主义探讨》,高铦、文贯中、魏章玲译,北京:人民出版社,1981年,第67页。
④ (美)马克·波斯特:《战后法国的存在主义马克思主义》,陈硕译,南京:南京大学出版社,2015年,第52—53页。
⑤ Henri Lefebvre, *Dialectical Materialism*. Translated by John Sturrock. Minneapolis: University of Minnesota Press, 2009, pp. 149—150.

马克思主义思想中鲜明的人本主义底色，这也促成了他与第二次世界大战后在法国兴起的存在主义马克思主义思潮之间的联系。

第二次世界大战结束后，曾在战时法国本土积极组织抵抗运动的法国共产党在法国民间和思想界名声日隆。彼时，"大批学者、作家和艺术家加入共产党。那个时候，它有抵抗纳粹入侵的光荣历史，有苏联胜利的荣耀，更重要的是，它坚定地深入工人阶级之中"①。列斐伏尔也曾作为法国共产党一员加入反法西斯抵抗运动，并在此期间对法国康庞山谷中的农民社会进行了细致的调查，这直接引发了他在战后的社会学转向以及对城市问题的兴趣。但随着战争结束，列斐伏尔与法国共产党的紧密联系也濒临瓦解。尽管在外界看来，他仍是法国共产党最具代表性的哲学家和马克思主义在法国最重要的传播者，但他与党内斯大林派之间的矛盾却已愈演愈烈。到了1956年，匈牙利事件的爆发和苏共二十大的召开，以及法国共产党在阿尔及利亚战争期间与苏联和法国当局妥协的立场，最终导致其与法国主流知识分子渐行渐远，而列斐伏尔此时作为党

---

① （法）T. 昂得莱尼：《马克思主义在法国——托尼·昂得莱尼教授在中山大学的演讲》，王晓升译，《世界哲学》2007年第5期。

内反对派一员，亦于1958年与法国共产党彻底决裂。①

法国共产党的妥协立场也使马克思主义在法国的传播陷入困境，以往同情法国共产党的民众和知识分子开始纷纷"指责它重复了斯大林主义的教条"②。如过去曾坚定地同法国共产党站在一起的萨特（Jean-Paul Sartre）等人，便着手在法国共产党之外寻找一条更适合其人本主义立场而非决定论式的马克思主义道路。萨特由此开创了在20世纪下半叶的法国乃至全世界产生广泛影响的存在主义马克思主义思潮，其宗旨是"在马克思主义内夺回人"③，以此强调人在其自身处境中的自我决定权力。在这一点上，萨特实则走上了与列斐伏尔相近的道路，他们都从马克思所向往的人的全面发展的理想中发掘出一种人本主义的意味。因此，尽管列斐伏尔曾于20世纪40年代批判萨特在《存在与虚无》中透露出的颓废资产阶级

---

① 哈维认为，列斐伏尔与法国共产党的决裂，根本原因在于他始终不认可法国共产党所走的斯大林主义道路。1956年苏共二十大《赫鲁晓夫报告》的出炉，则进一步加深了列斐伏尔与不承认斯大林主义错误的法国共产党之间的矛盾。列斐伏尔在党内发起了一场内部反对运动，但最终于1958年被开除出党。戴维·麦克莱伦（David Mclellan）也将法国共产党对党内知识分子的束缚和排挤归咎于斯大林主义在党内的统治地位，"直到20世纪50年代中期，法国共产党的知识分子无论在政治上、还是在哲学上，都受到荒谬可笑的斯大林主义的禁锢。在政治上，法国共产党不得不服从莫斯科的利益，在国内政策方面往往推行一条保守主义路线；在哲学上，除了重复斯大林制定的辩证唯物主义的规律，便无所作为"。参见 David Harvey. "Afterword," In Henri Lefebvre, *The Production of Space*. Translated by Donald Nicholson-Smith. Oxford: Blackwell, 1991, p. 428；（英）戴维·麦克莱伦：《马克思以后的马克思主义》，李智译，北京：中国人民大学出版社，2016年，第305页。
② （法）T. 昂得莱尼：《马克思主义在法国——托尼·昂得莱尼教授在中山大学的演讲》，王晓升译，《世界哲学》2007年第5期。
③ （美）马克·波斯特：《战后法国的存在主义马克思主义》，陈硕译，南京：南京大学出版社，2015年，第244页。

的"非理性主义"气息，但在与法国共产党决裂后，即从斯大林主义的束缚中挣脱之后，列斐伏尔逐渐注意到自身思想与萨特的存在主义马克思主义的联系，他"发现自己不可避免地接近了存在主义者……不断求助于萨特《存在与虚无》中的早期观点以及他在《唯物主义与革命》中对辩证唯物主义的批评"①。

与法国共产党决裂后，列斐伏尔同欧洲其他国家的许多马克思主义知识分子一样，逐渐淡出对党内政治的讨论，"完全转移到了大学——既是外界政治斗争的避难所又是流亡地"②，这为他摆脱党内政治的思想约束，独立地思考和发展马克思主义思想创造了条件。与其他马克思主义知识分子不同的是，进入大学后的列斐伏尔在坚持哲学思辨并将关注焦点转向社会上层建筑的同时，也并未放弃对社会现实问题的观察与分析。在担任斯特拉斯堡大学（1961—1965）和巴黎楠泰尔大学（1965—1973）教师期间，他对农村和城市问题的兴趣再次被激活。而1968年"五月风暴"的爆发，则在列斐伏尔内心重新点燃了革命希望的火种。他将城市街垒中学生与工人们的抵抗运动视为破解"资本主义幸存"难题的突破口。只不过这一次他不再将革命的矛头对准资产阶级统治者和法国共产党党内的斯大林派，而是指向被上层资产阶级所掌控的城市空间生产策略。

---

① （美）马克·波斯特：《战后法国的存在主义马克思主义》，陈硕译，南京：南京大学出版社，2015年，第202页。
② （英）佩里·安德森：《西方马克思主义探讨》，高铦、文贯中、魏章玲译，北京：人民出版社，1981年，第66页。

二、"五月风暴"与列斐伏尔的"城市革命"

从 1968 年 3 月开始，一场令知识分子和法国共产党始料未及的全国性学生、工人运动席卷法国多个城市。① 这场运动从巴黎近郊的巴黎楠泰尔大学兴起，并"迅速转变为一场近 900 万人的工人罢工、学生罢课浪潮"②。他们没有既定的组织，缺乏稳定的领导，亦无清晰的斗争目标，以至于在萨特眼中，他们"一无所求，也要求所有——换句话说就是，他们要求的是自由"③。

当年 5 月，运动进入高潮，作为运动中心的巴黎成为"一个熔炉，一个焦点""一个节日之城"④，学生、工人在此聚集，宣泄着他们对法国种种社会问题的不满。尽管法国统治者强烈呼吁以强势的中央决策遏制运动蔓延，但收效甚微。时任法国总统戴高乐在意识到局势无法控制的情况下，独自逃往国外，并做好辞职准备。在理查德·沃林（Richard Wolin）看来，"五月风暴"意味着平民

---

① 关于 1968 年运动的起因，知识界尚无定论，运动亲历者安琪楼·夸特罗其（Angelo Quattrocchi）指出，"五月革命为可见之物（面包）与不可见之物（一个新秩序）而战"，可见法国经济增长的放缓和僵化的社会秩序是促使 1968 年运动爆发的重要原因。此外，民权运动的勃兴、越南战争、冷战局势和大众媒体的发展也对 1968 年运动形成了间接的刺激，参见（意）安琪楼·夸特罗其、（英）汤姆·奈仁：《法国 1968：终结的开始》，赵刚译，北京：生活·读书·新知三联书店，2001 年，第 3 页。
② （美）理查德·沃林：《五月风暴与马克思主义的回应》，任培艺译，《国外理论动态》2018 年第 8 期。
③ （英）莎拉·贝克韦尔：《存在主义咖啡馆》，沈敏一译，北京：北京联合出版公司，2017 年，第 34 页。
④ Henri Lefebvre, *The Production of Space*. Translated by Donald Nicholson-Smith. Oxford: Blackwell, 1991, p. 386.

"参与政治"反抗精英"专家治国论"的胜利,它是"一种从精英手中抢夺'政治'控制权的尝试"。① 在这个意义上,戴高乐时代匆匆谢幕,不啻为 1968 年运动的阶段性胜利。

这场突如其来的运动不仅在法国掀起巨大波澜,同时也迅速扩展至许多欧洲和北美洲国家,成为一场世界性的反文化运动的催化剂。艾瑞克·霍布斯鲍姆(Eric Hobsbawm)在评价这一"20 世纪后期的文化革命"时指出,它"是一场个人战胜社会的革命,换言之,是一场打破了人类与社会交织的纹理的革命"。② 在这场运动当中,上一辈老资产阶级强加给其后代的资产阶级道德和行为规范,连同以法国共产党为代表的旧左派温吞的革命步调一起受到攻击,向往第三世界革命气氛的青年一代在(多少被他们曲解的)马克思主义思想引领下,投入一场反权威、反文化、反资产阶级道德的运动之中。但从这场运动的后续影响来看,它最终仍然未能冲垮西方资产阶级统治的大厦,甚至于它本身便只是资本主义社会的自我革新而已,"是资产阶级早期的经济革命和政治革命的残余能量从政治和经济层面向文化和生活方式层面的转移和延伸"③。因此,这场运动并未如一些西方马克思主义者所预期的那般,在 20 世纪下半

---

① (美)理查德·沃林:《东风:法国知识分子与 20 世纪 60 年代的遗产》,董树宝译,北京:中央编译出版社,2017 年,第 3 页。
② (英)艾瑞克·霍布斯鲍姆:《极端的年代:1914—1991》,郑明萱译,北京:中信出版社,2017 年,第 413 页。
③ 程巍:《中产阶级的孩子们:60 年代与文化领导权》,北京:生活·读书·新知三联书店,2006 年,第 23 页。

叶的西方资本主义世界催生出以阶级斗争为纲领的、真正意义上的社会革命;相反,它以内部革命、自我革命的方式进一步延续了资产阶级统治的生命力,进而也给西方马克思主义者对资本主义社会的批判提出了新要求。然而,对于当时卷入运动的列斐伏尔来说,"五月风暴"的到来一时间似乎让他看到了消灭"幸存"的资本主义社会的曙光。

1968年运动的爆发开始于列斐伏尔所任教的巴黎楠泰尔大学,他的学生龚本第(Cohn-Bendit)作为学生运动的领袖,将这场最早仅限于巴黎楠泰尔大学校园内的运动发展为"扩展到工人阶级并导致法国社会完全瘫痪的、遍及整个法国的学生起义"[1]。在这场运动所吸纳的思想来源中,列斐伏尔及在其影响下形成的法国"论辩派"[2]的观点占有着一个相当重要的位置。龚本第承认,列斐伏尔关于在日常生活中推进文化革命的观点,以及他所提供的认识马克思主义的不同视角,影响了1968年3月巴黎楠泰尔大学校园内的学生运动。[3]此外,在安迪·梅里菲尔德(Andy Merrifield)看来,列斐伏尔之所以能在1968年的运动中发挥影响,也是因为他有能

---

[1] (美)马克·波斯特:《战后法国的存在主义马克思主义》,陈硕译,南京:南京大学出版社,2015年,第337页。
[2] "论辩派"是法国"新工人阶级"理论家发起的一个马克思主义思想集团,它"以《论辩》评论杂志为中心,受到法兰克福学派和列斐伏尔著作的影响,探究马克思关于取消哲学的观点是否恰当;并且还探讨:在一个像重视劳动一样重视休闲、像重视政治与经济那样重视文化上层建筑的社会中,异化的本性是什么"。参见(英)戴维·麦克莱伦:《马克思以后的马克思主义》,李智译,北京:中国人民大学出版社,2016年,第316页。
[3] Andy Merrifield, *Henri Lefebvre: A Critical Introduction*. New York: Routledge, 2006, p. 40.

力"将年长的社会主义者和年轻的抗议者汇聚起来,让他们分析同样的问题,并在街头采取行动"①。

列斐伏尔在支持"五月风暴"的同时,其思想本身亦深受这场运动影响。可以说,正是这场突如其来的、由学生和工人们自发组织和参与的反抗运动,刺激列斐伏尔将批判资本主义社会的焦点从日常生活转向城市空间。正如哈维所认为的那般,1968年运动促使列斐伏尔将"日常生活的城市状况"视为"革命情绪和政治演变的核心","五月风暴"中学生和工人们的街头行动则使列斐伏尔认识到城市空间在政治斗争中发挥的重要作用,由此,"日常生活,这个在1968年之前引起他注意的话题,以及马克思主义理论和革命政治,都必须被置于空间生产的背景下重新加以解释"。②

在这种情况下,"城市革命"成为动摇资本主义社会统治的必然选择,城市成为"新的争论的舞台,重塑了马克思主义的实践"③。基于此,"城市革命"的意义便在于"补充了马克思主义关于在工业组织体系中进行革命的理想而使其完整",为颠覆发达资本主义社会的"颠倒世界"提供了不可或缺的支持。④ 由此,列斐

---

① Andy Merrifield, *Henri Lefebvre: A Critical Introduction*. New York: Routledge, 2006, p. 43.
② David Harvey. "Afterword," In Henri Lefebvre, *The Production of Space*. Translated by Donald Nicholson-Smith. Oxford: Blackwell, 1991, pp. 430—431.
③ Andy Merrifield, *Henri Lefebvre: A Critical Introduction*. New York: Routledge, 2006, p. 80.
④ (法)亨利·列斐伏尔:《都市革命》,刘怀玉、张笑夷、郑劲超译,北京:首都师范大学出版社,2018年,第113页。

伏尔经由参与和观察1968年运动，对实现社会革命的条件产生了新的认识，其核心便在于对作为现代性中心场所的城市空间的争夺。由此出发，列斐伏尔在20世纪70年代初完成了其最重要的空间理论著作《空间的生产》(The Production of Space)。

当然，列斐伏尔思想的"空间转向"并非在"五月风暴"中一蹴而就。他对乡村空间和城市空间的观察与思考早在20世纪四五十年代便已开始。通过对空间问题的密集讨论，列斐伏尔的马克思主义思想逐渐带上了浓厚的社会学色彩。他试图超越理性主义对思想与行动的分离，进而"重建理论与实践之间必不可少的联系"[①]，而空间问题正是他重建理论与实践之联系的主要着眼点。

三、列斐伏尔对乡村与城市空间的社会学观察

本·海默尔（Ben Highmore）认为，列斐伏尔之所以对空间问题产生兴趣，与其人生经历有着不可分割的关系，"他出生于法国西南部阿热莫这个小镇上，随后他总是不断地在乡村与城市之间变换住所，尽管在巴黎度过了他一生的大部分时光，但是在关键时刻他总是不断地回到法国的比利牛斯山脉……正是法国比利牛斯山脉发展不均衡的现代化城市提供了视觉的和理论的'契机'，这些

---

① （美）马克·波斯特：《战后法国的存在主义马克思主义》，陈硕译，南京：南京大学出版社，2015年，第219—220页。

契机唤起了他对日常生活和现代性的批判性解释"①。因此可以说，正是在乡村与城市之间不断穿梭和生活的切身经验，促使列斐伏尔对现代资本主义城市空间生产的政治性、策略性本质产生了格外清醒的判断。

战争年代，列斐伏尔对比利牛斯山脉附近康庞山谷中乡村社区的观察与研究，是其空间问题意识得以形成的开端。在康庞山谷，列斐伏尔尝试融入当地人的生活，"他认识了山上的牧羊人，研究了他们，了解了他们的仪式、民间传说和生活方式，甚至在他们的日常生活中发现了一种原始的共产主义"②。后来，他于1954年在巴黎通过答辩的博士论文便是以对康庞山谷的研究为主题，可以说，正是这段山中隐居的经历激发了列斐伏尔对日常生活中隐含的空间问题的兴趣。在对康庞山谷的研究中，列斐伏尔还发展出了一种当时看来颇为独特的空间研究方法，即"渐进－逆退"法（regressive-progressive）。这一方法以当下的空间现状为出发点，继而向这一空间产生的原点回溯，由此试图"揭示它迄今未被理解的方面和瞬间（moments）"③。在具体操作上，他一方面采用"参与式观察"了解当地居民的生活风俗和空间活动，另一方面通过调

---

① （英）本·海默尔：《日常生活与文化理论导论》，王志宏译，北京：商务印书馆，2008年，第190页。
② Andy Merrifield, *Henri Lefebvre: A Critical Introduction*. New York: Routledge, 2006, p. 4.
③ Henri Lefebvre, *The Production of Space*. Translated by Donald Nicholson-Smith. Oxford: Blackwell, 1991, p. 65.

查历史档案发掘这种生活风俗和空间活动经历了怎样的演变过程。这种研究思路在列斐伏尔后来的城市空间研究中也有显著的体现。

除对法国乡村社会的研究之外，列斐伏尔也曾在早年以一名出租车司机的身份对城市空间进行"参与式观察"。哈维认为："这段经历深深影响了列斐伏尔对空间和城市生活本质的思考"，同时也促使他将理论重心转移到社会现实问题，而不至于陷入象牙塔式的对哲学概念的纯粹思辨之中。[1] 事实上，在战后法国，列斐伏尔更经常地被视为一名社会学家，他的乡村社会学研究使其获得了进入法国国家科学研究中心从事研究的机会。在这段时间里，他得以四处游历，考察世界各地的土地改革情况。而面对世界各地不约而同快速推进的城市化进程，列斐伏尔的研究兴趣也逐渐从乡村转向城市空间。尤其是 20 世纪 60 年代初比利牛斯山脉附近穆朗等城市的新城建设，对列斐伏尔空间问题意识的形成产生了直接影响。在他看来，穆朗是一座以勒·柯布西耶（Le Corbusier）的"居住机器"论[2]为中心建设起来的城市，在这里，功能性空间将人们区隔开来、

---

[1] David Harvey. "Afterword," In Henri Lefebvre, *The Production of Space*. Translated by Donald Nicholson-Smith. Oxford: Blackwell, 1991, p. 426.
[2] 勒·柯布西耶在《走向新建筑》中提出了"住宅是居住的机器"这一观点，在他看来，"经济规律强制性地支配着我们的行动，而我们的观念只有在合乎这规律时才是可行的。住宅的问题是一个时代的问题。社会的平衡决定于它"。但在列斐伏尔看来，柯布西耶的这一观点意味着人与真实空间的撕裂，他在塑造一种"合理化"建筑的同时，也是在无意识地实施一种"意识形态化"策略，"一个关于自然、阳光和绿色的意识形态话语成功地向此时的人们——尤其是勒·柯布西耶自己——隐藏了该建筑真正的意义和内容"。参见（法）勒·柯布西耶:《走向新建筑》，陈志华译，西安：陕西师范大学出版社，2004 年，第 195 页；Henri Lefebvre, *The Production of Space*. Translated by Donald Nicholson-Smith. Oxford: Blackwell, 1991, pp. 303—304.

彼此远离，人的一切行动都被要求以效率和盈利为目的。城市规划者和城市管理者组成同盟，从城市建设中为自己攫取经济或政治利益，并以"面包和安全"为幌子控制人们的思想与行动自由。[①] 穆朗由此成为列斐伏尔眼中现代资本主义城市建设的典型代表，它体现了资本主义统治逻辑对人的个性和日常生活的压抑，它将城市居民贬为推动城市运转的齿轮，并不断压榨他们的生活与交流空间。

出于对资本主义现代化城市建设的"恐惧"，列斐伏尔从20世纪60年代开始便投入更多精力于城市社会学研究当中。在巴黎楠泰尔大学任教期间，他还与人合作建立了"城市社会学研究所"，这是法国最早的常设城市研究单位之一。[②] 正是在这里，列斐伏尔与居伊·德波（Guy Debord）等情境主义者接触，这促使他"从社会学角度深入而实证地研究了消费资本主义、都市化等新的现实社会问题"[③]。德波有关"革命的城市规划"的观点也对列斐伏尔的空间生产理论产生了一定启发。"革命的城市规划"意味着对人的价值和吁求的重新审视，以及在此基础上对城市领土的重建，它"为人类穿越真实生活的旅程铺平道路"[④]。列斐伏尔对资本主义社会统治下的抽象空间的批判，其目标之一便在于建立一种遵循普通人日

---

① Andy Merrifield, *Henri Lefebvre: A Critical Introduction*. New York: Routledge, 2006, p. 61.
② Gallia Burgel, Guy Burgel & M. G. Dezes, "An Interview with Henri Lefebvre," Translated by E. Kofman. *Environment and Planning D: Society and Space*, vol. 5, 1987.
③ 刘怀玉：《现代性的平庸与神奇》，北京：北京师范大学出版社，2018年，第229页。
④ 包亚明主编：《现代性与都市文化理论》，上海：上海社会科学院出版社，2008年，第201页。

常生活节奏的真实空间,以帮助人们摆脱资本主义社会意识形态支配。

至此,列斐伏尔的研究重心也彻底从 20 世纪四五十年代及之前的日常生活批判,转向对资本主义城市空间生产策略的审视。在梅里菲尔德看来,这意味着列斐伏尔已从过去所聚焦的"时间性"领域抽身,而将目光拓展至时间与空间的联系或混合之中——它们共同塑造了当下的"情境"——由此完成了自身思想的"空间转向"。[①] 而作为马克思主义者的列斐伏尔考察资本主义城市空间的目的,则是为了据此回应马克思所预言的社会革命何以在 20 世纪发达资本主义国家没有成为现实的问题。"五月风暴"让他短暂地看到了革命复苏的希望,同时也令他更强烈地感受到将革命理论与实践相联系的紧迫性。尽管这场运动最终以失败告终,但列斐伏尔对城市街垒中的革命斗争仍旧抱有积极的预期。因为他已通过对资本主义城市空间连续多年的社会学观察,印证了马克思所认定的压迫阶级与被压迫阶级之间二元矛盾的存在。在此基础上,列斐伏尔开始着手填补马克思主义思想中欠缺的空间意识。用他的话说,即"在马克思的思想中,城市问题还是相当新的。他有几段话是关于城镇和乡村的关系以及分工的,但并没有走得很远"[②]。这正是列斐

[①] Andy Merrifield, *Henri Lefebvre: A Critical Introduction*. New York: Routledge, 2006, p.35.
[②] Gallia Burgel, Guy Burgel & M. G. Dezes, "An Interview with Henri Lefebvre," Translated by E. Kofman. *Environment and Planning D: Society and Space*, vol.5, 1987.

伏尔将马克思主义与空间问题、城市问题嫁接的理论动机所在。

第二节 新马克思主义空间理论的诞生

一、马克思、恩格斯的空间思想及其可发展性

佩里·安德森（Perry Anderson）认为，西方马克思主义是"第一次世界大战后欧洲资本主义先进地区无产阶级革命失败的产物，它是在社会主义理论和工人阶级实践之间愈益分离的情况下发展起来的"[①]。随着马克思的革命预言在20世纪初的"落空"，欧洲的马克思主义知识分子们纷纷着手在新的时代环境下发展马克思主义思想本身，以破解资本主义社会何以未被其内在矛盾吞噬，反而在20世纪幸存乃至获得"增长"的难题。这体现出马克思主义思想本身的"可发展性"特点，它"像任何科学一样是发展的……马克思的根本性发现促使了其他的新发现得以成为可能"[②]。马克思主义思想的这种"可发展性"亦如同其他"思想整体"一般，"其意义不取决于这一发展同被当作其真理的起点或终点的关系，而取决于在这一发展过程中该思想的变化同整个意识形态环境的变化以及

---

① （英）佩里·安德森：《西方马克思主义探讨》，高铦、文贯中、魏章玲译，北京：人民出版社，1981年，第117页。
② （法）路易·阿尔都塞：《保卫马克思》，顾良译，北京：商务印书馆，2016年，第44页。

同构成意识形态环境基地的社会问题和社会关系的变化的关系"①。

基于此,列斐伏尔凭借对资本主义城市空间的多年观察,加之1968年运动的外部刺激,逐渐在马克思主义视域下,将"空间生产"确定为资本主义社会得以在当代幸存的根本原因。如其所言,"一个世纪以来,资本主义已经发现它能够削弱自身的内部矛盾,因此,在《资本论》写作一百多年后,资本主义成功实现了'增长'。我们不知它付出的代价,但我们知道它的方法,即占据空间、生产空间"②。在资本主义社会支配下的"空间生产",通过对空间部署的控制、对空间规划知识的垄断,强加于个体"增长主义"的价值观和行为准则,进而将资本主义社会固有的压迫阶级与被压迫阶级之间的剥削关系不断地再生产出来。用索亚的话说,即"由社会生产的空间,就是各具有主导性的生产关系得到再生产之所在。这些具有主导性的生产关系以一种具体的和人造的空间性形式得到再生产,而这种空间性已继续被一种不断推进中的资本主义所'占有'"③。换言之,在发达资本主义社会,空间成了生产关系再生产的场所和中介。而城市空间作为"对现代性空间化以及对日常生活的战略性'规划'的概括性比喻",如今成为列斐伏尔空间生产理论关注的焦点,在他看来,正是借助城市空间的发展,"才使得资

---

① (法)路易·阿尔都塞:《保卫马克思》,顾良译,北京:商务印书馆,2016年,第43页。
② Henri Lefebvre, *The Survival of Capitalism*. Translated by Frank Bryant. New York: St. Martin's Press, 1976, p.21.
③ (美)爱德华·W. 苏贾:《后现代地理学》,王文斌译,北京:商务印书馆,2004年,第140页。

本主义得以延续，得以成功地再生产其基本的生产关系"。①

如前所述，在列斐伏尔眼中，马克思对城市问题的关注十分有限，"在马克思主义的核心，似乎有一种观点，认为社会应该围绕大约 15000 位居民的小生产单位——一个工人城市——进行重组"②。因此，20 世纪发达资本主义国家发展迅猛的大型城市建设，对于身处 19 世纪西欧资本主义社会的马克思来说自然是一个相对较新的话题。从 19 世纪语境出发，马克思对城市的论述，主要围绕城乡分离与社会分工演变之间的联系展开。在《德意志意识形态》中，马克思指出，人类历史上"物质劳动和精神劳动的最大的一次分工，就是城市和乡村的分离。城乡之间的对立……贯穿着文明的全部历史直至现在"，相较于乡村的"隔绝和分散"，城市则"表明了人口、生产工具、资本、享受和需求的集中这个事实"。③在马克思那里，城市承载着人类社会自古代到中世纪再到资本主义时代不断演变的生产力、生产资料和生产关系。工业城市和乡村的分离意味着"资本和地产的分离……是资本不依赖于地产而存在和发展的开始，也就是仅仅以劳动和交换为基础的所有制的开始"④。

---

① （美）爱德华·W. 苏贾：《后现代地理学》，王文斌译，北京：商务印书馆，2004 年，第 77 页。
② Gallia Burgel, Guy Burgel & M. G. Dezes, "An Interview with Henri Lefebvre," Translated by E. Kofman. *Environment and Planning D: Society and Space*, vol. 5, 1987.
③ 马克思、恩格斯：《德意志意识形态（节选）》，载《马克思恩格斯文集（第一卷）》，北京：人民出版社，2009 年，第 556 页。
④ 马克思、恩格斯：《德意志意识形态（节选）》，载《马克思恩格斯文集（第一卷）》，北京：人民出版社，2009 年，第 557 页。

因此，工业城市可以被视为"封建生产方式的解体向资本主义的转移"①的中介，它取代了过去自然形成的城市，表明了城市对乡村的胜利、资本家对土地所有者的胜利。②

由此可见，对马克思而言，城市只是作为资本主义社会生产力发展和生产关系变革的副产品被加以讨论，城市的首要意义仅在于它在城乡分离以及资产阶级战胜土地所有者的过程中扮演的角色。如彼得·桑德斯（Peter Saunders）所言，"在马克思主义对资本主义和社会主义转型的分析中，城市只具有次要的意义……现代社会研究的主要对象是资本主义而非城市主义……在现代资本主义背景下，城市只是一个没有研究价值的常识性概念"③。这表明在马克思的论述当中，城市仅仅是其观察资本主义发展趋势的背景，它仅仅为资产阶级和无产阶级的活动提供物质场所，而非资本主义内在矛盾形成的根本原因。这也是新马克思主义空间理论学者普遍认为马克思忽视城市问题，或者说未将城市问题放在社会批判应有位置的原因所在。

需要注意的是，尽管马克思在论述中对城市问题着墨不多，但恩格斯在其《英国工人阶级状况》《论住宅问题》等著作中对英国

---

① （美）艾拉·卡茨纳尔逊：《马克思主义与城市》，王爱松译，南京：江苏教育出版社，2013年，第155页。
② 马克思：《1844年经济学哲学手稿》，载《马克思恩格斯全集（第三卷）》，北京：人民出版社，2002年，第287页。
③ （英）彼得·桑德斯：《社会理论与城市问题》，郭秋来译，南京：江苏凤凰教育出版社，2018年，第15页。

工业城市工人阶级生存困境的调查，为马克思主义与城市问题的连接做出了重要贡献，"他出色地证明了秩序与混乱的奇怪混合如何解释城市，以及空间如何揭露社会的本质"[1]。恩格斯通过调查发现，英国工业城市的居民大多为工人阶级，且他们的工作和生活不可避免地受到城市环境的影响，"大城市中的工商业最发达，所以这种发达对无产阶级的后果也在这里表现得最明显"[2]。而大城市带给工人阶级的后果，归根结底是富有的资产阶级对贫穷的无产阶级的剥削。财产的过度集中造成市场垄断、工资下降，无产阶级的生活条件不断恶化，并被人为地同富人隔离开来。相较于富有的资产阶级可以住在"郊外房屋或别墅"，享受着"新鲜的对健康有益的乡村空气"，无产阶级则只能住在"肮脏的小宅子"中，在"极其肮脏贫困"的环境中工作和生活。[3]

然而，恰恰是对工人、无产阶级的人为区隔，使他们能够集中起来，进而形成反抗剥削与压迫的阶级意识，如恩格斯所言，"工人和资本家的对立愈尖锐，工人中的无产阶级意识也愈发展，愈明朗化"[4]。这种阶级意识的发展将令工人阶级认识到，现代工业城市

---

[1] Henri Lefebvre, *Marxist Thought and the City*. Translated By Robert Bononno. Minneapolis: University of Minnesota Press, 2016, p. 11.
[2] 恩格斯：《英国工人阶级状况》，载《马克思恩格斯全集（第二卷）》，北京：人民出版社，1957年，第301页。
[3] 恩格斯：《英国工人阶级状况》，载《马克思恩格斯全集（第二卷）》，北京：人民出版社，1957年，第327页。
[4] 恩格斯：《英国工人阶级状况》，载《马克思恩格斯全集（第二卷）》，北京：人民出版社，1957年，第529页。

带给他们的生存困境只有通过"消灭资本主义生产方式",并"由工人阶级自己占有全部生活资料和劳动资料"才能消除。① 恩格斯对资本主义工业城市的调查和批判对列斐伏尔等空间理论学者产生了重要启发。因为,正是在恩格斯那里,工业城市成了"研究资本和劳动力之间关系的具体细节的最佳场所"②,且"城市空间和社会关系被当作资本主义生产的爆炸式增长和工人阶级的意识和政治可能性到来之间的关键调节器"③。在这个意义上,恩格斯的观点可被视为连接马克思主义与城市问题的先声,在传统马克思主义与新马克思主义空间理论之间扮演着承前启后的中介角色。如梅里菲尔德所言:"他(恩格斯)是第一位城市马克思主义者。他奠定了基础,指出了城市化在资本主义生产方式的历史和变革中的重要性。"④

然而,在列斐伏尔看来,由于马克思和恩格斯对资本主义社会语境中"生产"范畴的认识都仅限于一种"狭义的生产",即经济学意义上的产品、商品的生产,⑤ 因此,尽管他们不同程度地关注到城市问题,但只是将之视为资本主义社会生产活动的背景,而未从"广义的生产"角度,对城市空间被资产阶级占有、建构和生产

---

① 恩格斯:《论住宅问题》,载《马克思恩格斯文集(第三卷)》,北京:人民出版社,2009年,第307页。
② (美)马克·戈特迪纳、雷·哈奇森:《新城市社会学》,黄怡译,上海:上海译文出版社,2018年,第100页。
③ (美)艾拉·卡茨纳尔逊:《马克思主义与城市》,王爱松译,南京:江苏教育出版社,2013年,第141页。
④ Andy Merrifield, *Metromarxism*. New York: Routledge, 2002, p.48.
⑤ Henri Lefebvre, *The Production of Space*. Translated by Donald Nicholson-Smith. Oxford: Blackwell, 1991, p.69.

的一面进行考察,更没有将城市置于资本主义社会问题的中心来讨论。与马克思、恩格斯不同,列斐伏尔思考城市问题的前提,便是将城市空间本身视为一种生产使用价值的产品和用于交换的商品,①它是在资产阶级的操纵下被生产和再生产的。如其所言,"'商品世界'及其特征,以前只存在于在空间中被生产出来的商品和物,存在于它们的循环与流通中,现在它则作为一个整体支配着空间,空间因而获得了物、货币的自主(或看似自主)的现实"②。在这里,我们看到了马克思、恩格斯与列斐伏尔的社会批判之出发点的不同。

在列斐伏尔看来,对资本主义社会的生产分析应当"由空间中事物的生产转向空间本身的生产……这是源于生产力自身的成长,以及知识在物质生产中的直接介入……这种转变导致一个重要的结果:现代经济的规划倾向于成为空间的规划"③。正是在这一思路引领下,列斐伏尔开始把城市空间及其规划置于"商品世界"视域下

---

① 关于产品和商品的区别,马克思写道:"一个物可以有用,而且是人类劳动产品,但不是商品。谁用自己的产品来满足自己的需要,他生产的虽然是使用价值,但不是商品。要生产商品,他不仅要生产使用价值,而且要为别人生产使用价值,即生产社会的使用价值(而且不只是简单地为别人。中世纪农民为封建主生产作为代役租的粮食,为神父生产作为什一税的粮食。但不管是作为代役租的粮食,还是作为什一税的粮食,都并不因为是为别人生产的,就成为商品。要成为商品,产品必须通过交换,转到把它当作使用价值使用的人的手里)。"参见马克思:《资本论(第一卷)》,载《马克思恩格斯全集(第四十四卷)》,北京:人民出版社,2001年,第54页。
② Henri Lefebvre, *The Production of Space*. Translated by Donald Nicholson-Smith. Oxford: Blackwell, 1991, p.337.
③ (法)亨利·列斐伏尔:《空间:社会产物与使用价值》,王志弘译,载包亚明主编:《现代性与空间的生产》,上海:上海教育出版社,2003年,第47页。

进行考察，并将马克思对资本主义商品生产的批判运用到对空间商品及其规划知识的批判之上，以此探察资本主义社会在20世纪得以幸存的原因。用卡茨纳尔逊的话说，这意味着列斐伏尔实现了从"去空间化的马克思主义"到"重新空间化的马克思主义"的转向，这一转向"寻求为马克思主义重新捕获城市空间的某些主题与分析——将城市空间理解为客观的建构与关系的空间"。[①]

列斐伏尔在马克思主义视野中引入城市问题的努力凝结为其空间生产理论，进而催生出席卷西方社会科学诸多领域的"空间转向"思潮。然而，在《空间的生产》英译本出版前的很长一段时间内，列斐伏尔的理论观点在英语世界的影响力实际上较为有限。尽管哈维、卡斯特等学者已注意到列斐伏尔空间生产理论的独特价值，但其空间理论著作在英语世界的译介，却直至20世纪90年代方才开始。也正是从这时起，或者更准确地说，从其《空间的生产》英译本于1991年问世开始，"空间转向"才真正意义上成为一股在西方思想界产生广泛影响的学术思潮。

二、列斐伏尔的后继者：哈维、卡斯特、戈特迪纳

20世纪下半叶，发达资本主义国家的城市化进程在经济利益驱使下持续加速。在埃比尼泽·霍华德（Ebenezer Howard）、勒·柯布西耶等城市规划专家、建筑专家跨越半个世纪的规划理念引领

[①] （美）艾拉·卡茨纳尔逊：《马克思主义与城市》，王爱松译，南京：江苏教育出版社，2013年，第35页。

下，资本主义世界的现代城市建设越发体现出"有序的、逻辑的、规划过的"① 特点。但这种强调效率、功能和理性秩序的现代城市，却在 20 世纪 60 年代后陷入危机。一方面，城市规模向周边地区的过度扩张导致城市郊区化趋势加剧，其代价便是"掏空城市中心"②，富人和中产阶级流入郊区，聚居在城市中心的贫穷居民、少数族裔、外来移民等则成为城市发展的隐患，恶劣的生活环境、过低的生活质量促使这些被忽视的群体成为反抗现代城市规划乃至资本主义制度的生力军；另一方面，以经济效益最大化为核心目标的城市建设，也导致城市固有的地方文化和日常生活秩序遭到破坏，在简·雅各布斯眼中，城市规划专家遵循正统规划知识对城市空间的改造，尤其是对街道和社区空间的压榨，已使城市"活力枯萎、千篇一律"③。

随着发达资本主义国家城市危机的加剧，曾在 20 世纪上半叶的城市社会学领域占据统治地位的芝加哥学派城市生态学研究也面临着诸多挑战。如戈特迪纳所言，遵循"中心－扩散"模式和技术决定论的城市生态学者"在研究多中心的大都市区域的复杂性时，面临着大量的障碍，而多中心的大都市区域的复杂性，目前成为了

---

① （美）维托尔德·雷布琴斯基：《嬗变的大都市》，叶齐茂、倪晓晖译，北京：商务印书馆，2016 年，第 48 页。
② （美）戴维·哈维：《叛逆的城市》，叶齐茂、倪晓晖译，北京：商务印书馆，2014 年，第 10 页。
③ （加）简·雅各布斯：《美国大城市的死与生：纪念版》，金衡山译，南京：译林出版社，2006 年，第 201 页。

美国以及全球的城市社会的特征"①。因此，城市研究需要一种新的理论资源对 20 世纪下半叶的城市社会和城市更新策略进行分析。列斐伏尔的空间生产理论正是在这一背景下逐渐受到英语世界城市研究者的关注。他对城市变化的"经济、政治和历史"分析，让人们看到了思考城市问题的另一种可能。在这里，"城市形式的变化"不再仅仅是"交通运输和通信技术改变的结果"②；相反，它与资本主义制度及其维持自身社会霸权的行动紧密关联。

由此，马克思主义与城市问题的连接以空间生产理论、新马克思主义空间理论或"新城市社会学"的姿态进入城市研究的视野中心。而在列斐伏尔之外，在英语世界对发展和传播新马克思主义空间理论贡献尤为突出的便是哈维与卡斯特。卡茨纳尔逊认为：哈维和卡斯特是整个 20 世纪 70 年代和 80 年代新马克思主义空间理论"最持久的形象"③。佐金则从两人的观念差别中区分出新城市社会学的两种一般方法，"对卡斯特来说，生产、消费、交换和机构这四个'城市结构要素'是由生产资料的再生产和劳动力在任一既定社会形态中的再生产决定的；对哈维来说，'资本主义的城市进程'

---

① （美）马克·戈特迪纳、雷·哈奇森：《新城市社会学》，黄怡译，上海：上海译文出版社，2018 年，第 94 页。
② （美）马克·戈特迪纳：《城市空间的社会生产》，任晖译，南京：江苏凤凰教育出版社，2014 年，第 77 页。
③ （美）艾拉·卡茨纳尔逊：《马克思主义与城市》，王爱松译，南京：江苏教育出版社，2013 年，第 36 页。

是通过资本积累和阶级斗争的相互作用而产生出来的"①。可见，卡斯特更重视工业生产活动对城市结构的改造，哈维则强调资本主义社会关系对城市进程的影响。此外，他们也同时将城市空间视为响应资本需求的产物，他们对城市社会的霸权阶级、不平等关系、意识形态控制和消费主义等问题的探讨，表明"城市不仅是为资本积累而建造的环境，而且也是一个维持社会再生产的环境"②。

  哈维和卡斯特的城市观的形成，无不受益于对列斐伏尔及其空间生产理论的接受、继承与发展。据梅里菲尔德观察，列斐伏尔的空间生产理论从 20 世纪 70 年代中期开始逐渐渗透到英语国家的城市研究和地理学领域；到 20 世纪 80 年代初，一个以列斐伏尔思想为中心的新马克思主义空间研究群体初步形成。梅里菲尔德甚至认为，"与其说是列斐伏尔影响了英语世界的地理学和城市研究主张，不如说是英美空间理论家重振了列斐伏尔萎靡不振的空间事业，成就了他的身后名"③。尽管梅里菲尔德的这种说法多少带有英美中心

---

① Sharon Zukin, "A Decade of the New Urban Sociology," *Theory and Society*, vol. 9, no. 4, 1980.
② Sharon Zukin, "A Decade of the New Urban Sociology," *Theory and Society*, vol. 9, no. 4, 1980.
③ Andy Merrifield, *Henri Lefebvre: A Critical Introduction*. New York: Routledge, 2006, p. 102.

主义的预设①，但应当承认，列斐伏尔的空间思想真正在世界范围内产生影响，在很大程度上的确得益于其后继者——哈维、卡斯特、戈特迪纳等人——对其观点的引用和阐发。1991年，在哈维的推动下，列斐伏尔最重要的空间理论著作《空间的生产》英文译本终于在其原著写就17年后得以问世，而列斐伏尔则在此译本问世后不久便与世长辞。梅里菲尔德认为，正是从1991年开始，列斐伏尔在英语学界的地位迅速攀升，"《空间的生产》英译本的出版是20世纪90年代批判人文地理学发展历程中的一件大事，它引发了对社会和空间理论彻底的重新评估"②。

作为批判人文地理学代表人物的哈维，也是英语学界较早接触列斐伏尔著作的学者之一。他从地理学角度出发，尝试以列斐伏尔的空间生产理论克服笼罩现代地理学的"环境决定论"阴影，借此"将地理从濒危的、不相关的，或者更糟的是成了区域科学穷亲戚的领域中挽救回来"③。从列斐伏尔对"工业社会将被城市社会取代"的论断中，哈维认识到发达资本主义国家的城市建设已"从产

---

① 实际上，英语世界对列斐伏尔著作的翻译与研究"一度落后于西班牙语、德语、瑞典语、葡萄牙语、日本语等学界，直到20世纪90年代末期情况才有所改变。据不完全统计，到20世纪90年代末，列斐伏尔主要著作的英译本也不过10种左右；西班牙语译本则有16种之多，德语译本有17种，日语译本更有20余种"。目前汉语学界翻译的列斐伏尔著作已有十余种。参见刘怀玉：《现代性的平庸与神奇》，北京：北京师范大学出版社，2018年，第6页。
② Andy Merrifield, *Henri Lefebvre: A Critical Introduction*. New York: Routledge, 2006, p. 103.
③ （美）理查德·皮特：《现代地理学思想》，周尚意等译，北京：商务印书馆，2007年，第127页。

业工人生产需求的表达,转变成由国家权力支持的金融资本对生产过程总体性控制权的表达",因而"城市成为受资本主义社会关系控制的再生产的所在地"。①

在列斐伏尔思想的基础上,哈维更专注于探讨空间形式与社会关系的相互构造。而在新自由主义占主导的发达资本主义社会语境中,城市空间形式已成为金融资本谋利的工具,它的首要任务是为扩大上层资产阶级的资本积累服务,它"意味着剩余商品和服务的地理循环、人员的流动,以及货币经济意义上投资、货币和信贷的循环"②。与此同时,哈维也借鉴列斐伏尔的"城市革命""城市权利"概念,对由城市社会不平等加剧所引发的城市社会运动报以关注。在他看来,"城市权利远远超出我们所说的获得城市资源的个人的或群体的权利,城市权利是一种按照我们的期望改变和改造城市的权利"③。他进而将 20 世纪下半叶发达资本主义国家的城市社会运动视为阶级斗争的变体,如其所言,"阶级斗争的策略不得不像资本主义自身一样具有流动性和活力……阶级意识是城市社会运动复杂竞争之中出现的最高形式"④。这也是马克思主义能适用于资

---

① (美) 大卫·哈维:《资本的城市化》,董慧译,苏州:苏州大学出版社,2017 年,第 86 页。
② David Harvey, *Social Justice and the City*. Athens: The University of Geogia Press, 2009, p.246.
③ (美) 戴维·哈维:《叛逆的城市》,叶齐茂、倪晓晖译,北京:商务印书馆,2014 年,第 4 页。
④ (美) 大卫·哈维:《资本的城市化》,董慧译,苏州:苏州大学出版社,2017 年,第 223 页。

本主义城市分析的原因之一。

此外，相较于列斐伏尔对资本主义城市的分析偏重于对其上层建筑、文化结构和知识体系的批判，哈维显然更关注资本主义城市的资本运作方式，也就是说，"列斐伏尔把城市化视为资本主义通过不断创造和扩展新的空间形式而得以生存的地方，哈维则强调空间的生产依赖于工业资本主义的投资和需求的增长"①。正是在这一点上，哈维与列斐伏尔空间思想的核心差异显现出来，即"列斐伏尔认为，空间组织已经成为决定整个系统平衡或崩溃的支点"，而"对哈维来说，工业仍然是资本主义发展的动力，也是资本主义社会变革的主要根源"。②换言之，二人的分歧在于，发达资本主义社会是否已完成了从工业社会向城市社会的过渡的问题，而对这一问题的不同回应，也造成两人的城市研究重心的根本不同，即便他们在坚持对资本主义城市的政治经济学批判和意识形态批判这一点上毫无疑问是站在一起的。

相对于哈维而言，卡斯特对列斐伏尔空间思想的接受经历了一个从批评到认同的转变过程。桑德斯认为，这代表了卡斯特本人的城市空间观从"整体论"向"个体论"的转变，或者说从结构主义马克思主义向人本主义马克思主义立场的转变。在《城市问题》一

---

① （英）安杰伊·齐埃利涅茨：《空间和社会理论》，邢冬梅译，苏州：苏州大学出版社，2018年，第111页。
② （英）彼得·桑德斯：《社会理论与城市问题》，郭秋来译，南京：江苏凤凰教育出版社，2018年，第234页。

书中，卡斯特站在列斐伏尔的反面，他以一种阿尔都塞式的结构主义马克思主义视角，指出对资本主义城市的空间批判不应以"个体主体的（意识形态）范畴"为出发点，而应立足于"将他们构建为主体的社会整体问题"。① 卡斯特对列斐伏尔观点的批评，显示出结构主义马克思主义与人本主义马克思主义两种马克思主义思想之间的对立。在坚持人本主义立场的列斐伏尔看来，结构主义的"'人的终结'的基本宣言，对人类主体的否定，只不过是最新异化形式的意识形态上的合法化"②，它甚至成了为"官僚主义的意识形态"构建合法性的工具。③ 而结构主义马克思主义的先驱阿尔都塞（Louis Althusser）则从"认识论断裂"之后的马克思思想出发，认为所谓"人本主义"只是一种意识形态建构，它已被1845年之后的马克思抛弃，"援引马克思的话来复辟人本学或人道主义的理论，任何这种企图在理论上始终是徒劳的……它只能建立起马克思以前的意识形态大厦，阻碍真实历史的发展"④。

因此，相较于作为人本主义马克思主义者的列斐伏尔在城市空间分析中关注城市居民的"生活体验"，作为结构主义马克思主义者的卡斯特则更在意城市社会自身的"结构与客观层面"，认为人

---

① （英）彼得·桑德斯：《社会理论与城市问题》，郭秋来译，南京：江苏凤凰教育出版社，2018年，第150页。
② （美）马克·波斯特：《战后法国的存在主义马克思主义》，陈硕译，南京：南京大学出版社，2015年，第231页。
③ Andy Merrifield, *Henri Lefebvre: A Critical Introduction*. New York: Routledge, 2006, p.87.
④ （法）路易·阿尔都塞：《保卫马克思》，顾良译，北京：商务印书馆，2016年，第197页。

的个性和活动受到社会结构的决定性影响。① 卡斯特进而将"集体消费"或"马克思主义者所说的劳动力再生产的集体资料的组织",而非将个体的能动性视为推动城市空间生产的主要因素,因此,"无论是谁要研究一个城市,就必须研究资本、生产、分配、政治、意识形态等"。② 换言之,在此时的卡斯特看来,马克思主义视域下的"城市问题",应当将城市本身视为社会生活与阶级关系的容器,视为资本主义社会整体的组成部分之一。用梅里菲尔德的话说,卡斯特似乎在列斐伏尔的空间思想中抓住了一丝"空间拜物教"的气息,以至于颠倒了城市与社会的先后关系、因果关系。③

但这种反人本主义的结构主义认识论后来逐渐被卡斯特摒弃。在《城市问题》出版近十年后问世的《城市与草根》一书中,卡斯特一反先前立场,"重返"列斐伏尔之观念,"赞同把人类主观能动性的作用作为社会分析和解释的核心"④。此时的卡斯特将他过往的结构主义认识论视为"无用的抽象理论",缺乏可信的经验证据支撑,进而指出"理论应建立在可靠的研究之上,并避免匆忙提出任

---

① (澳)德波拉·史蒂文森:《城市与城市文化》,李东航译,北京:北京大学出版社,2015年,第44页。
② Manuel Castells, *The Urban Question*. Translated by Alan Sheridan. London: Edward Arnold, 1977, p.440.
③ Andy Merrifield, *Henri Lefebvre: A Critical Introduction*. New York: Routledge, 2006, p.101.
④ (英)彼得·桑德斯:《社会理论与城市问题》,郭秋来译,南京:江苏凤凰教育出版社,2018年,第162。

何形式化的概念框架"①。这种认识论转变②使卡斯特将个体的能动性视为影响城市空间生产的决定性因素,如其所言,"空间形式和其他任何事物一样,是被人类行动所生产,并根据一种既定生产方式和特定发展模式表达和执行统治阶级的利益……同时,被剥削阶级、被压迫阶级和受虐待妇女的抵抗也将在空间形式上留下印记"③。卡斯特由此将自己的理论焦点放在城市社会运动上面。如同列斐伏尔一般,他拒绝将民众的自发性视为某种对资本主义制度的逆来顺受;相反,他认可城市社会运动中民众自发性所具有的积极意义,并将民众参与视为建设新城市和促进城市社会转型的重中之重,乃至提出了"民众创造城市"④的口号。他也不再排斥列斐伏尔勾勒的城市乌托邦,而是强调"乌托邦的视角会动摇体制机构的短视行为,迫使人们去思考不可想象的事,因而增强他们不可避免的社会转型意识和社会控制意识"⑤。

至 20 世纪末,随着《空间的生产》英译本的出版,以及哈维、

---

① Manuel Castells, *The City and the Grassroots*. London: Edward Arnold, 1983, p. xvii.
② 卡茨纳尔逊认为:卡斯特的认识论转变可归因于他作为"城市社会运动的一个实证分析家,后一佛朗哥西班牙马德里市民运动的积极参与者,旧金山同性恋运动的观察者"的亲身经历,"马德里市民运动摆脱西班牙共产党,力争界定自己独立自主的斗争,使卡斯特与列宁主义的传统分道扬镳。而在旧金山周围同性恋者所展开的斗争领域,使他相信有关城市的意义,存在各种重要的冲突基础,以前马克思主义对这种基础必然保持缄默"。参见(美)艾拉·卡茨纳尔逊:《马克思主义与城市》,王爱松译,南京:江苏教育出版社,2013 年,第 133 页。
③ Manuel Castells, *The City and the Grassroots*. London: Edward Arnold, 1983, pp. 311—312.
④ Manuel Castells, *The City and the Grassroots*. London: Edward Arnold, 1983, p. 336.
⑤ (美)曼纽尔·卡斯泰尔:《信息化城市》,崔保国等译,南京:江苏人民出版社,2001 年,第 395 页。

卡斯特等人的积极推动，列斐伏尔的空间生产理论及新马克思主义空间理论在美国学界的影响逐渐扩大。美国城市研究者戈特迪纳早在20世纪70年代便接触了列斐伏尔的社会空间观点，并意识到其空间思想在哲学和城市社会学意义上的重要性。在他看来，"列斐伏尔是从一个批判的马克思主义观点对城市进行新思考的当之无愧的创造性源泉"①。戈特迪纳于1985年出版的著作《城市空间的社会生产》正是将列斐伏尔空间生产理论引入对美国城市社会之考察的尝试。在该书中，戈特迪纳将列斐伏尔空间生产理论的价值归结为四个方面，其一是"将马克思、恩格斯研究工业城市资本主义时使用的经济学范畴，诸如租金、利润或不平衡发展等应用到了城市分析中"；其二是"将房地产投资视为'资本二次循环'，这是一个获取利益和财富的部分独立的领域"；其三是反对将空间视为"社会活动的中性背景"，而是将空间理解为"社会活动的条件和产物，再生产着社会关系和生产关系"；其四则在于认识到了"空间中的政府和国家行为的重要性"。②

在此基础上，戈特迪纳构建起一个以列斐伏尔的社会空间观点为核心的"新城市社会学"理论体系，"它认为房地产发展是大都市区域变化的主导力量……认为政府干预和政治家们对增长的兴趣

---

① （美）马克·戈特迪纳、雷·哈奇森：《新城市社会学》，黄怡译，上海：上海译文出版社，2018年，第104页。
② Panu Lehtovuori. "Gottdiener, Mark," In Ray Hutchison, ed. *Encyclopedia of Urban Studies*. Los Angeles: Sage, 2010, p. 320.

是大都市变化中的一个主要因素……认为文化取向的角色对理解大都市生活来说是关键性的"①。可见,戈特迪纳在借鉴和吸收列斐伏尔空间生产理论的同时,也注意到20世纪下半叶以来西方尤其是美国城市社会发生的若干新变化,如房地产行业的发展、政府干预的加剧、全球城市的扩张等。除此之外,戈特迪纳也深受列斐伏尔的城市符号观影响,对城市空间的意义生成过程产生了极大兴趣。他和亚历山德罗斯·拉哥波罗斯(Alexandros Ph. Lagopoulos)合编的《城市与符号:城市符号学导论》(*The City and The Sign: An Introduction to Urban Semiotics*)是英语世界较早译介欧洲城市符号学理论的著作。在该书中,戈特迪纳提出了他以社会符号学为基底、综合形式分析与意识形态批判的城市符号学理论体系。

戈特迪纳在引介和应用列斐伏尔空间生产理论的同时,也注意到列斐伏尔的观点对马克思主义自身发展的影响,这尤其体现为列斐伏尔将发达资本主义社会关系的基本矛盾归结为抽象空间与具体空间之矛盾,并以此替代(或并列于)马克思主义意义上的阶级矛盾。戈特迪纳认为,在这一点上,列斐伏尔实际已"与马克思主义的分析分道扬镳……因为后者强调阶级冲突作为在资本主义历史中的根本的力量"②。也正因如此,列斐伏尔的空间生产理论并非对马

---

① (美)马克·戈特迪纳、雷·哈奇森:《新城市社会学》,黄怡译,上海:上海译文出版社,2018年,第114—115页。
② (美)马克·戈特迪纳、雷·哈奇森:《新城市社会学》,黄怡译,上海:上海译文出版社,2018年,第106页。

克思主义的僵化继承，而是结合发达资本主义社会语境对马克思的观点本身进行了必要的改造和发展。有学者因之将戈特迪纳与列斐伏尔的关系，比作列斐伏尔与马克思的关系，"戈特迪纳和列斐伏尔都从前辈思想家那里承接了其批判方向和关键概念，并基于自身所处的社会情势与知识语境对其加以发展"①。戈特迪纳也由此被视为新马克思主义空间理论阵营中继"列斐伏尔、卡斯特、哈维之后的又一位关键人物"②。

综上所述，笔者认为：尽管新马克思主义空间理论学者内部时常出现一些观点分歧，但在其思想成熟阶段，他们的城市空间观点则无不贯彻列斐伏尔空间生产理论的宗旨。正是在这一基础上，本书在论述新马克思主义空间理论中的城市传播观念时，并未将其拆解为各个不同学者的观点集锦，而是以"空间生产"为线索，将新马克思主义空间理论当作一个不可分割的观念整体展开论述。概而言之，作为整体的新马克思主义空间理论，共享着一套始于列斐伏尔空间生产理论的分析城市问题的原则，即人本主义、批判精神、政治经济学方法，以及最重要的，将城市空间本身视为一种具有政治性、策略性和意识形态性的社会空间。

---

① Panu Lehtovuori. "Gottdiener, Mark," In Ray Hutchison, ed. *Encyclopedia of Urban Studies*. Los Angeles: Sage, 2010, p. 322.
② 黄怡:《新城市社会学：1970年代以来西方城市社会学的范式转变》,《同济大学学报（社会科学版）》2011年第6期。

第二章

两条道路的交汇点：空间生产理论与城市传播研究

作为两个具有理论继承性的研究领域，空间生产理论与城市传播研究的理论观点必然存在若干盘互交错之处，这尤其体现在两者对"城市"概念的认知层面。通过探究空间生产理论和城市传播研究各自"城市"观的核心特征，我们可在两者之间建立关联，并据此将"空间生产"与"城市传播"之间的观念纠缠归结为三个方面，即作为"空间实践－传播语境"的城市空间、作为"空间再现－传播内容"的城市空间，以及作为"再现空间－互动媒介"的城市空间，进而以此为基础构建起后文各章节的论述框架。

此外，为进一步厘清关键概念，本章第一节尝试对"城市化"概念进行一种传播学层面的解读，并简要介绍了空间理论学者所处的 20 世纪下半叶发达资本主义城市发展的大致情况。第二节就"传播"与"城市传播"概念进行界定，将"传播"概念的含义界定为信息传递、意义沟通，以及社会关系建构。基于此，"城市传播"即指所有发生在城市空间之中、以人或事物为主体的信息传递、意义沟通和社会关系建构活动。

第一节 "城市化"：一种传播学解读

一、"城市化"的含义及其传播学意涵

如前所述，城市空间是新马克思主义空间理论学者集中关注的一种空间类型。自工业革命以来，"城市战胜乡村"的趋势便在不断加速。这一方面造成乡村土地资源被迅速扩张的城市空间和资本主义大工业吞没、兼并，另一方面则促使乡村劳动力不断涌入城市寻找工作机会以维持生计。而对于工业城市来说，乡村土地、劳动力资源向城市汇集，也是其维持自身发展的必要步骤，"大工业城市如果不是时时刻刻都有健康人、新鲜的血液不断从邻近农村流入，那就会在短期内失去自己的劳动人口"①。这一劳动力从乡村流入城市的过程，即我们所知的"城市化"过程，其含义简单来说，就是农村人口向城市人口不断迁移和转变，这是一个"全社会人口逐步接受城市文化的过程，是人口集中的过程，也是城市人口占全社会人口比例提高的过程"②。

然而，由城市化所催生的劳动力、土地资源的汇聚，在为工业城市建设注入"新鲜血液"的同时，也不可避免地破坏了当地固有的地方文化和日常生活秩序，"剪断了人与地方性连接的纽带"③。与此同时，上层资产阶级灌输的抽象理性主义、增长主义意识形态侵入人们生活、工作的方方面面，以至于城市社会中的任何活动都被捆绑在为经济增长服务的既定路线之上。

由此，在新马克思主义空间理论学者看来，资本主义城市化运动的本质便是上层资产阶级维护自身利益的手段，它是"对现代性

---

① 马克思：《1844 年经济学哲学手稿》，载《马克思恩格斯全集（第三卷）》，北京：人民出版社，2002 年，第 237 页。
② 郑也夫：《城市社会学》，北京：中信出版社，2018 年，第 144 页。
③ （美）段义孚：《恋地情结》，志丞、刘苏译，北京：商务印书馆，2017 年，第 39 页。

空间化以及对日常生活的战略性'规划'的概括性比喻,而正是这一切,才使得资本主义得以延续,得以成功地再生产其基本的生产关系"①。资本主义城市化运动一方面通过吸收剩余资本、剩余劳动力以实现稳定的增长和积累,规避或拖延资本主义社会危机的到来;另一方面则通过吸引乡村人口向城市流动、对社会劳动进行组织、扩大城市相对于乡村的文化"优越性",来巩固少数资产阶级相对于多数无产阶级的权威地位。如哈维所言,"资本的城市化预先假定了资产阶级有能力支配城市发展。这就意味着资本家阶级不仅凌驾于国家机器之上,而且还凌驾于整体国民之上——整体国民的生活方式、劳动力、文化价值、政治价值以及他们的世界观"②。因此,在新马克思主义空间理论学者眼中,资本主义城市化运动不仅关乎人口集中、技术进步和经济增长,更涉及城市社会关系中不同阶层之间的沟通、协作与冲突,其基本形式表现为上层资产阶级与整体国民之间的矛盾关系。从这一点来看,城市化进程中实际也隐含着一系列传播学问题。

在传播学意义上,人、事物与信息的流动均可被视为一种传播行为。作为传播行为的流动为空间的生产创造了条件,如保罗·亚当斯(Paul Adams)所言,"离开流动我们将无法认识空间,无论

---

① (美)爱德华·W. 苏贾:《后现代地理学》,王文斌译,北京:商务印书馆,2004年,第77页。
② (美)戴维·哈维:《叛逆的城市》,叶齐茂、倪晓晖译,北京:商务印书馆,2014年,第67页。

是哪一种流动……没有流动,空间根本无法存在"①。然而,尽管亚当斯也注意到"加速的流动不可避免地带来了各种空间的打破和改变"②,但他仅仅是从城市信息网络扩张的角度来理解这种流动行为带来的影响,未能就城市与乡村这两个相互对立的空间范畴之间的流动、转换展开探讨。

因此,对于传播学者来说,新马克思主义空间理论对资本主义城市化进程的观察与批判,可以成为他们思考城市空间内外流动现象的思想资源。在新马克思主义空间理论视域下,随着城市化进程的不断深入,资本主义社会关系中压迫阶级与被压迫阶级之间的二元冲突亦不断激化。哈维由此指出,在资本主义城市化进程中,资本积累和阶级斗争是密不可分的两个主题,是"同一事物的不同侧面,观察资本主义活动总体性的不同窗口"③。故而,二元性矛盾是发达资本主义城市传播关系的基本矛盾,同时也是造成20世纪60年代后发达资本主义社会陷入严重"城市危机"的根本原因。

二、20世纪下半叶发达资本主义城市发展状况概述

如果说从20世纪上半叶到20世纪下半叶,西方资本主义城市

---

① (美)保罗·亚当斯:《媒介与传播地理学》,袁艳译,北京:中国传媒大学出版社,2020年,第41页。
② (美)保罗·亚当斯:《媒介与传播地理学》,袁艳译,北京:中国传媒大学出版社,2020年,第49页。
③ (美)大卫·哈维:《资本主义制度下的城市化进程:分析框架》,张玫玫译,载汪民安、陈永国、马海良主编:《城市文化读本》,北京:北京大学出版社,2008年,第111页。

建设理念经历了从福特主义向凯恩斯主义的转型,那么20世纪下半叶,尤其是20世纪60年代以后,西方资本主义城市的发展则进一步从凯恩斯主义的限制中挣脱,进入了由金融资本主导的新自由主义阶段。

凯恩斯主义城市的兴起源于福特主义城市在应对资本主义经济萧条时的失败,即"以大规模生产"为基础的"产业资本主义"城市的衰落,这迫使资本主义统治阶级转变资本积累方式,转向"小规模小批量"的"弹性积累"或"弹性生产"(如"转包"),① 此举为金融资本介入商品生产并实现全球流动创造了更有利的条件。而由此衍生的凯恩斯主义城市则强调政府调控之必要,以此为金融资本流动提供更为稳定且有利于增长的环境,它"被塑造成为一个消费工艺品,它的社会、经济和政治生活有组织地围绕着国家支持、债务融资消费的主题而展开。城市政治的焦点从面对阶级问题的阶级联盟转向更为分散的利益集团,这些利益集团关心的主题是消费、分配以及空间生产和空间控制"②。

凯恩斯主义城市试图将大规模工业生产中过度积累的资本和劳动力投入社会公共基础设施的生产建设,却由此引发了政府债务的持续增长。而美国通过债务货币化来缓解债务压力的举措,又进一

---

① (美)迈克尔·迪尔:《洛杉矶学派和芝加哥学派:欢迎参加辩论》,彭微译,载汪民安、陈永国、马海良主编:《城市文化读本》,北京:北京大学出版社,2008年,第103页。
② (美)大卫·哈维:《资本的城市化》,董慧译,苏州:苏州大学出版社,2017年,第203—204页。

步造成剧烈的通货膨胀,引发商品、资产和货币贬值。这最终导致20世纪60年代发达资本主义世界普遍的"城市危机",其特点为经济增长与社会发展之间的联系被切断,资本主义生产力的发展无法促进人们日常生活质量的改善,列斐伏尔因而将之视为"发达资本主义最核心、最根本的危机,因为对空间使用的争夺和日常生活的控制是资本与社会需求之间冲突的核心"①。佐金对"城市危机"的具体表现进行了描述,她写道:"较为富裕的白人从市区搬去了郊区,公立学校、公园和街道破落不堪且缺乏控制。官员们担心政府必须提供的公共服务的预算与他们能从穷人身上收到的税款之间的资金缺口将会越来越大;中心城区富有魅力的景致对比被房东、居民和企业遗弃的破败社区景象,这种灾难性的感觉落差也让官员们头疼不已。"② 由此可见,在"城市危机"刺激下,发达资本主义城市正朝着"去中心化""郊区化"的方向迅速发展,并在此过程中遗留大量的"城市病"。

所谓城市"郊区化",简单来说就是指原本居住在城市中心的中产阶级市民,逐渐不满于生态日益恶化、人口日益拥挤的中心城区生活环境,而采取向郊区撤离的策略。19世纪末至20世纪初,"郊区化"曾被视为工业城市发展和转型的一种必要手段,但20世纪下半叶由"城市危机"引发的"郊区化"现象,则在疏解城市中

---

① (英)彼得·桑德斯:《社会理论与城市问题》,郭秋来译,南京:江苏凤凰教育出版社,2018年,第143页。
② (美)莎伦·佐金:《裸城》,丘兆达、刘蔚译,上海:上海人民出版社,2015年,第5页。

心压力、实现城市多中心增长的同时，也导致了贫困、隔离、不平等等多种社会问题。20世纪60年代以来，美国多个主要大城市"遭遇了纵火、抢劫和社会动乱。在随后的十年里，城市犯罪率直线上升，商务活动从城里迁了出来，城市人口持续衰减"①。随之而来的便是发达资本主义城市中心的迅速衰落，一方面，中产阶级和富人对空间的消费从城市中心转向郊区，导致城市中心基础设施的闲置和消费场所的停摆；另一方面，聚居在城市中心的穷人、少数族裔"被隔离在新的繁荣之外，并受到极大的负面影响，从而导致他们的反抗"②。

对于为上层资产阶级利益服务的资本主义城市管理者来说，为了摆脱"城市危机"的阴影，改变城市资本的生产方式和积累方式就变得至关重要。在此背景下，进入20世纪70年代，凯恩斯主义城市的主导地位逐渐被新自由主义城市取代。在新自由主义城市中，"政府放松对跨国资本的管制，降低对企业和富人的税率，并减少穷人的社会权利"③。这意味着政府干预的减少，金融资本流动的限制减少，而在强大的资本力量操控下，城市居民的城市权利则更被漠视和压抑。用列斐伏尔的话说，即"今天人们可能进入了另

---

① （美）维托尔德·雷布琴斯基：《嬗变的大都市》，叶齐茂、倪晓晖译，北京：商务印书馆，2016年，第77页。
② （美）戴维·哈维：《叛逆的城市》，叶齐茂、倪晓晖译，北京：商务印书馆，2014年，第10页。
③ （英）艾伦·吉尔伯特：《贫困、不平等和社会隔离》，任姝欢译，载（英）彼得·克拉克主编：《牛津世界城市史研究》，陈恒、屈伯文等译，上海：上海三联书店，2019年，第421页。

一个时期，以回到所谓的'私有的'首创性为特征，即银行家和开发商的首创性"①。为了保护"银行家和开发商"的利益，城市管理者放开对城市资本流动的管控，同时减少了对社会基础设施的投入，缺乏经济资本和政治权力的城市居民参与城市空间生产的渠道被进一步堵塞。如哈维所言，所谓新自由主义的意识形态，就是指"在金融机构和人民福祉发生冲突时，把人民撇在一边"②。由此，发达资本主义城市的一切社会活动都需以经济增长为中心，而城市居民的日常生活质量却难以得到质的提升，他们的城市权利亦无法获得保障。

20世纪下半叶的技术进步和全球化趋势则进一步加剧了新自由主义城市中阶级分化的二元矛盾。一方面，技术进步创造的剩余价值被资本家剥夺为私人财产，普通人要么感受不到技术进步的具体影响，要么在技术进步的浪潮中陷入更深层的自我异化。另一方面，全球化趋势的发展在加速资本与商品流通的同时，也加剧了世界不同城市区域的发展不平衡现象，在发达资本主义国家如美国内部，是"阳光地带"和"铁锈地带"的发展不平衡；在全球范围内，则是全球中心城市与地方城市之间的发展不平衡，这无疑是由资本"趋利避害"本性所致。

---

① （法）亨利·列斐伏尔：《空间与政治》，李春译，上海：上海人民出版社，2015年，第118页。
② （美）戴维·哈维：《叛逆的城市》，叶齐茂、倪晓晖译，北京：商务印书馆，2014年，第26页。

与此同时，20世纪下半叶发达资本主义城市从凯恩斯主义城市向新自由主义城市的转变，也带来城市规划理念从抽象理性规划向倡导性规划的转型。发端于19世纪工业城市建设的抽象理性规划理念，自20世纪以来已受到各路城市研究者的广泛批评。其中，尤以本雅明（Walter Benjamin）对19世纪由奥斯曼（Eugène Haussmann）主导的巴黎城市规划的批评最受瞩目，他直言奥斯曼的城市规划是"用伪造的艺术目标来高扬技术的必要性"[1]，以现代性的抽象理性主义秩序遏制人们自由创造的冲动。20世纪以来，城市规划理念在抽象理性主义的道路上继续前进。20世纪上半叶主导西方城市规划领域的三大支配性构想，即"查尔斯·马尔福德·鲁滨逊（Charles Mulford Robinson）的城市美化国民运动、埃比尼泽·霍华德的田园城市观念、勒·柯布西耶的公园里的高楼形象"[2]，无不是对奥斯曼式规划理念的继承，并最终催生出专业化的城市规划学科。但随着20世纪下半叶资本主义世界"城市危机"的到来，城市研究者逐渐认识到这种抽象理性规划对城市原有的地方文化、社区氛围和日常生活秩序造成了毁灭性破坏。著名城市观察家简·雅各布斯便深刻认识到这一问题，进而对抽象理性规划进行了抨击，并提出以恢复地方、社区与街道生活为中心重建现代城

---

[1] （德）瓦尔特·本雅明：《巴黎，19世纪的首都》，刘北成译，北京：商务印书馆，2013年，第54页。
[2] （美）维托尔德·雷布琴斯基：《嬗变的大都市》，叶齐茂、倪晓晖译，北京：商务印书馆，2016年，第14页。

市的构想。如其所言,"城市规划……的伪科学甚至还没有突破那种一厢情愿、轻信迷信、过程简单和数字满篇带来的舒适感,尚未开始走上探索真实世界的冒险历程"①。这意味着在雅各布斯眼中,现代规划专家始终未能理解和把握在真实生活中运转的城市。

在雅各布斯的影响下,倡导性规划逐渐成为新自由主义城市规划的主流理念。所谓倡导性规划,指的是"主张规划师应该代表弱势阶层的声音,把规划服务送到低收入、少数族裔的社区"②。但倡导性规划在具体实施过程中却面临诸多难以克服的现实问题,在列斐伏尔看来,其中最根本的问题便是倡导者无法真正为底层穷人发声。如其所言,"当相关的'使用者'不说话时,谁能代替他们说话?当然不是某个专家、某个空间的专家或代言人;不存在这样的专家,因为没有人有权利替那些同此处直接相关的人说话",因此,倡导性规划所体现的是对"交流"的盲目推崇,并以之遮蔽了"使用"的维度。③ 在发达资本主义社会的新自由主义城市中,底层穷人的发声意愿没有被充分调动起来,他们争取城市权利的觉悟仍然处于被压抑的状态,而由政府指派的"倡导规划师"终究是执行政府政策的中介,他们看似融入城市社区,但其实并未抛却"专家"

---

① (加)简·雅各布斯:《美国大城市的死与生,纪念版》,金衡山译,南京:译林出版社,2006年,第10页。
② 张庭伟:《规划理论作为一种制度创新——论规划理论的多向性和理论发展轨迹的非线性》,《城市规划》2006年第8期。
③ Henri Lefebvre, *The Production of Space*. Translated by Donald Nicholson-Smith. Oxford: Blackwell, 1991, pp. 364—365.

身份。这种种桎梏最终导致倡导性规划在发达资本主义城市中的失败，它没能根本性地解决"城市使用者的沉默"问题，也没真正超越抽象理性规划的局限。

综上所述，20世纪下半叶西方发达资本主义城市经历了从凯恩斯主义到新自由主义的发展过程。凯恩斯主义城市的兴起引发了20世纪60年代发达资本主义社会严重的"城市危机"，由"去中心化""郊区化"引发的"城市病"导致城市发展和社会生活的混乱无序，以及不同社会阶层之间日益加剧的不平等关系。20世纪70年代后，凯恩斯主义城市被新自由主义城市取代，但后者同样未能帮助发达资本主义城市摆脱困局，技术进步和全球化的红利仍然被资本家、开发商以及为其服务的城市管理者任意支配。倡导性规划的出现实际上仍是抽象理性规划的延续，它并未从根本上消解发达资本主义城市中管理者与使用者、精英与民众之间的二元性矛盾。20世纪下半叶，发达资本主义城市中种种社会问题的出现和不断恶化，促使新马克思主义空间理论学者将批判目光聚焦于城市空间和城市社会，并据此揭示发达资本主义社会关系内在的矛盾根源。

第二节 "城市传播"：一个开放的论域

一、"传播"的含义：信息传递、意义沟通与社会关系建构

传播学者对"communication/传播"含义的界定历来说法不

一。李金铨认为，communication 在英文语境中的含义可归纳为三种，即"沟通、交通与传播"，且"它在拉丁文中与 community（社区）同个字源"，因此具有"透过社区内人们面对面的沟通，彼此分享信息和情感，以建立深刻的了解"的含义。① 在此基础上，当研究者尝试为传播学研究重新划定边界时，一种重回 communication 语义本身的呼吁便成为具有人文精神的传播学者们的共识。如约翰·杜翰姆·彼得斯（John Durham Peters）便指出，传播研究应该涉及三大领域，即"卡茨－拉扎斯菲尔德的经验主义媒介效果研究，凯瑞－杜威的人本主义传播与文化研究，以及霍尔－马克思的意识形态批判研究"，其分别探讨"媒体与理智、民主与文化、意识形态与权力"问题。② 在这个意义上，communication 含义的丰富性成为传播学研究立足的基点，而传播学研究对不同研究领域的整合则进一步拓展了其被经验主义传统所遏制的想象力。

然而，在中国学界，将 communication 一词译为"传播"，则在相当一段时间内限制了中国传播学者理解传播问题的方式。对此，学界早有批评，如刘海龙提出"传播"概念的"误置"问题，即"1978 年之后中国学术界所建构的'传播'概念，其实不是英

---

① 李金铨:《传播研究的典范与认同》,《书城》2014 年第 2 期。
② John Durham Peters, "Genealogical Notes on 'The Field'," *Journal of Communication*, vol. 43, no. 4, 1993.

文中的 communication，而是 mass communication（大众传播）"①。黄雅兰则通过梳理 communication 的汉译传播史，发现 communication 的汉译命名在中国传播学界历来是一个饱受争议的问题，而今学界对"传播"译名的习用更多只是约定俗成的结果。②由此，潘忠党认为："既然已经约定俗成，我们就接受'传播'这个对 communication 的汉译，将之理解为人与人之间的社会交往（或互动），以及使然交往、在交往中、通过交往而形成的社会关系、身心体验和意义。"③从潘忠党的定义出发，可见"传播"概念在指涉信息的单向传递过程之外，更关注多向的交往活动的表现和意义，并聚焦于由各类交往活动所催生的社会关系。

由此，传播学者理应如黄旦所强调的那般，意识到"传播不能仅仅被理解为传递信息的载体与工具，传播是一种建构意义的社会实践，是凝聚地方共同体经验的精神建构与文化再造"④。基于此，孙玮认为，城市传播学者也应当将"传播"问题牵涉的主要面向归之于"信息传递""公共交往"和"意义生成"三个方面，进而考察"城市生活的社会关系"何以建构，对"城市传播的制度、机制建设，城市传播的公共交往理念的建构以及公共设施的安排，城市

---

① 刘海龙：《中国传播研究的史前史》，《新闻与传播研究》2014 年第 1 期。
② 黄雅兰：《以 communication 的汉译看传播研究在中文世界的知识旅行》，《新闻与传播研究》2019 年第 9 期。
③ 潘忠党：《走向反思、多元、对谈的传播学》，《国际新闻界》2018 年第 2 期。
④ 孙玮：《重构传播：基于城市研究的分析》，载黄旦主编：《城市传播：基于中国城市的历史与现实》，上海：上海交通大学出版社，2015 年，第 6 页。

传播的社会实践与市民行动的展开，城市文化、城市精神的建构"等具体问题展开研究。①"媒介"在传播研究中的含义也需要得到拓展，从主流传播学视域下作为"单向的信息手段"的"大众媒体"，转向作为"象征传递和流通的手段的集合"的广义"媒介"。②

综上所述，为了进一步说明"城市传播"概念所指涉的问题域和研究对象，本书拟从三个相互联系的方面对"传播"概念的含义和领域进行界定，即信息传递、意义沟通与社会关系建构。其中，作为信息传递的"传播"意指经验主义传播研究所关注的大众传播和媒体效果问题，作为意义沟通的"传播"聚焦不同主体间互动沟通的方式、实践与符号意义，作为社会关系建构的"传播"则着力于探索传播、沟通活动背后隐含的政治经济策略和意识形态建构。可以说，"城市传播"概念的兴起正是建立在"传播"概念的这种多义性基础之上，当前城市传播研究所涉及的研究问题和研究对象皆可从这三个方面找到对应的落脚点。

二、"城市传播"的含义

城市传播研究的兴起可追溯至 20 世纪末及 21 世纪初的美国，其主要推动者是"城市传播基金会"（Urban Communication Foundation）

---

① 孙玮：《"上海再造"：传播视野中的中国城市研究》，《杭州师范大学学报（社会科学版）》2013 年第 2 期。
② （法）雷吉斯·德布雷：《普通媒介学教程》，陈卫星、王杨译，北京：清华大学出版社，2014 年，第 4 页。

这一非营利性组织。在城市传播基金会官方网站"关于城市传播基金会"(About UCF)的页面上，有一部分内容专门谈到了"城市传播"的概念界定和关涉对象："'城市传播'反映了一个新兴的研究领域。它提供一种观察城市及其转型的崭新视角……它将城市概念化为'复杂的人际互动环境''塑造人类行为的空间和地方景观'以及'复杂的技术环境'……城市的本质是社区，Community 和 Communication 的共同词根凸显了二者的关联。而如今越发紧迫的是提高传播研究者和公共行动者对参与城市事务的热情"[1]。这一"城市传播"概念定义基本延续了城市传播研究开创者加里·冈伯特（Gary Gumpert）和苏珊·德鲁克（Susan J. Drucker）的主张，即"强调'传播'在创造、维持和改变城市过去和未来的状况中扮演的角色"[2]，并将城市视为传播、沟通活动的中介，具有连接人、地方与传播技术的功能。

相较于此，乔琪娅·艾洛（Giorgia Aiello）和西默内·托索尼（Simone Tosoni）则在讨论城市传播研究方法论的文章中直言，"城市传播"概念目前还没有一个单一、明确的定义，城市传播研究者可以接受"各种学术传统和概念框架"，其中，尤以詹姆斯·凯瑞（James W. Carey）的传播仪式理论、罗杰·西尔弗斯通

---

[1] Urban Communication Foundation, "About UCF," no date, https://urbancomm.org/about-ucf-1.
[2] Gary Gumpert & Susan Drucker, "The Urban Dilemma: A communication analysis and a call for papers," *Communication Research*, vol. 21, no. 2, 1994.

(Roger Silverstone)将媒体置入日常生活中的观点、列斐伏尔的空间生产理论，以及芝加哥学派生态学视角的经验主义城市研究对城市传播研究者影响最大。[1] 尽管无法为"城市传播"概念给出一个准确的定义，但在他们看来，城市传播研究关注的问题却具有一定普遍性，即关注"城市中人们通过象征性的、技术的和（或）物质的方式与他人和他们所处的城市环境产生联系的方式"[2]。基于此，他们将城市视为"语境""媒介"和"内容"三种功能的综合体。

其中，作为"语境"的城市，以物质空间的姿态支撑着人与物乃至社会文化的流动，如刘易斯·芒福德（Lewis Mumford）便认为，"城市通过它集中物质的和文化的力量，加速了人类交往的速度，并将它的产品变成可以储存和复制的形式"[3]；作为"内容"的城市，为城市管理者提供了从抽象的意义生产或技术控制的角度掌握城市空间主导权的手段，最终使城市管理者及其所代表的"社会集团"得以将城市空间"据为一种最有价值的资产"[4]；作为"媒介"的城市，则为城市中人与人、人与环境的沟通互动创造条件，并以此维系地方性的社会关系与社会生活图景，如斯科特·麦夸尔

---

[1] Giorgia Aiello & Simone Tosoni, "Going About the City: Methods and Methodologies for Urban Communication Research," *International Journal of Communication*, vol. 10, 2016.
[2] Giorgia Aiello & Simone Tosoni, "Going About the City: Methods and Methodologies for Urban Communication Research," *International Journal of Communication*, vol. 10, 2016.
[3] （美）刘易斯·芒福德：《城市发展史》，宋俊岭、倪文彦译，北京：中国建筑工业出版社，2005年，第580页。
[4] （美）曼纽尔·卡斯泰尔：《信息化城市》，崔保国等译，南京：江苏人民出版社，2001年，第252页。

(Scott McQuire)便以"媒体城市"概念强调现代城市的"关系空间"属性,它"通过建立在不同节点与区段间的相互关联来呈现意义"①,由此使城市成为社会关系的中介。列斐伏尔的空间生产理论同样将城市空间视为一种媒介物,如其所言,"空间仅仅是一个中介、环境或手段,是一个工具或媒介"②。城市传播研究者继承了这种"中介化"的城市观,冈伯特、德鲁克认为,"城市空间可以说是最古老的传播和媒介形式之一"③。塞亚·雷德尔(Seija Ridell)和弗劳克·泽勒(Frauke Zeller)则提出"中介化城市主义"(Mediated urbanism)概念,将城市比作"万花筒",这意味着其视城市本身为"概念性的透镜",城市研究者则应着力于"探索城市环境中的'技术-中介化'和'媒介-饱和度',以及人们在城市中的活动和交互"。④

在国内,孙玮、谢静也将"城市传播"视为一种媒介学意义上的"中介化实践","这个中介化的解释……即德布雷所言的中介,是'处于中间介入两者之间的、使两者发生关系的第三者,如果没有这个中介,这种关系就不会存在'",在此基础上,"城市与媒介

---

① (澳)斯科特·麦奎尔:《媒体城市》,邵文实译,南京:江苏教育出版社,2013年,第35页。
② (法)亨利·列斐伏尔:《都市革命》,刘怀玉、张笑夷、郑劲超译,北京:首都师范大学出版社,2018年,第80页。
③ Gary Gumpert & Susan J. Drucker, "Communicative Cities," *The International Communication Gazette*, vol. 70, no. 3—4, 2008.
④ Seija Ridell & Frauke Zeller, "Mediated urbanism: Navigating an interdisciplinary terrain," *The International Communication Gazette*, vol. 75, no. 5—6, 2013.

的关系不再局限于真实－再现，而是互相嵌入、交织融合；传播不仅是信息传递的符号互动过程，也是编织人类关系网络的实践"。① 孙玮由此强调城市本身作为一种"交流系统"和"媒介"②，所发挥的连接实体空间与人类活动进而"编织关系网络"③ 的作用。这一思路破除了去物质化、去主体化的后现代符号论在城市传播研究中的思想迷障，在国内城市传播研究中产生了广泛影响。如黄骏便"从虚拟与现实交织的视角出发，力求打破城市传播中以大众传播媒介为主体的城市形象研究的主体格局，更加注重城市实体公共空间中的中介与人的沟通关系"④。戴宇辰则更进一步，从物本身的能动性出发，理解城市的"物质"建构问题，探索城市中"物质性"与"社会性"因素的交织，由此"将城市传播理解为一种'社会－物质实践'"⑤。

基于此，从"传播"概念本身的多义性出发，"城市传播"的概念含义可界定如下：其一，"城市传播"指涉城市中信息发送者的信息制作、发布与传递活动，此处的信息发送者不仅指大众媒体，也包括其他掌握信息发送、传递手段的社会机构；其二，"城市传播"指涉城市空间中以人或事物为中心的、不同行动者之间的

---

① 孙玮、谢静：《城市传播：传播研究的范式创新》，《中国社会科学报》，2015 年 9 月 10 日，第 3 版。
② 孙玮：《城市传播的研究进路及理论创新》，《现代传播》2018 年第 12 期。
③ 孙玮：《传播：编织关系网络——基于城市研究的分析》，《新闻大学》2013 年第 3 期。
④ 黄骏：《虚实之间：城市传播的逻辑变迁与路径重构》，《学习与实践》2020 年第 6 期。
⑤ 戴宇辰：《"物"也是城市中的行动者吗？——理解城市传播分析的物质性维度》，《新闻与传播研究》2020 年第 3 期。

沟通活动，包括人与人、人与物、人与环境之间的沟通与交流，这些沟通活动以城市实体空间为中介，从而使城市实体空间成为连接人、环境、传播技术与国家/社会的纽带；其三，"城市传播"也指向一种社会关系建构，即城市管理者与城市使用者之间围绕城市实体空间的控制权和意义解释权展开的斗争，前者试图通过资本运作和意识形态操纵支配后者，而后者则为捍卫自身城市权利发起抵抗运动。

三、城市传播研究的建制化与国际化

在托马斯·库恩（Thomas Kuhn）看来，"范式"产生于"科学共同体"集体性的认知规范和实践活动之中，"一种范式是、也仅仅是一个科学共同体成员所共有的东西……反过来说，也正由于他们掌握了共有的范式才组成了这个科学共同体"①。城市传播研究作为一种城市研究或传播研究范式，其孕育、生成和发展的整个过程同样离不开科学共同体的推动作用。在最早将城市传播研究作为一个传播学分支提出的美国学界，城市传播研究的产生与发展便得力于"城市传播基金会"这一非营利性学术组织的支持，而围绕该学术组织形成的科学共同体，则长期占据着美国乃至英语世界城市传播研究的"主流"。因此，对城市传播研究学术史的考察，理应将围绕"城市传播基金会"形成的科学共同体作为主要关注对象。

---

① （美）托马斯·S. 库恩：《必要的张力：科学的传统和变革论文选》，纪树立、范岱年、罗慧生等译，福州：福建人民出版社，1981年，第291页。

而其先驱冈伯特和德鲁克所做的学术工作，更是构成了英语世界城市传播研究学术史发展的核心线索。

早在20世纪90年代，冈伯特和德鲁克便预见到在城市研究和传播研究之间建立联系的重要意义。在他们的号召下，1995年第6期《传播研究》（Communication Research）推出"传播与城市景观"（Communication and the Urban Landscape）专刊，该期专刊的编辑按语中如是写道："（本期）除了意在连接研究城市相关问题的城市学者和传播学者之外，也希望提升我们（传播学者）对一般社会问题特别是城市问题的关注。"[①] 实际上，早在1994年第2期《传播研究》发布的征稿启事中，冈伯特、德鲁克便呼吁城市研究与传播研究两个学术领域展开对话，特别是鼓励对城市问题关注较少的传播学研究者进入这一对话过程。[②]

冈伯特和德鲁克对当代城市发展持一种复杂心态："城市中繁忙的街道、市场、公园、步道和广场提供给我们一种重要的社会生活，这种社会生活定义了城市文化的特征。然而，从电话到计算机等媒体技术的商业和公共使用，似乎已使组织内、群体内的沟通远离了城市生活的结构。"在此基础上，他们呼吁从传播学视角切入对城市景观展开跨学科研究，而对传播与城市景观之关系的探讨所

---

① Sandra J. Ball-Rokeach & Charles R. Berger, "Editors' Note," *Communication Research*, vol. 22, no. 6, 1995.
② Gary Gumpert & Susan Drucker, "The Urban Dilemma: A communication analysis and a call for papers," *Communication Research*, vol. 21, no. 2, 1994.

包含的话题则可能有:"公共 vs 私人生活、城市与媒体发展的关系、特定的城市人口、城市景观的象征功能、社会网络、性别多样性、政治和城市空间、公共仪式、公共空间中的表演、城市环境中的传播规则"等。①

由此可见,此时冈伯特和德鲁克尽管对城市传播研究的总体框架尚缺乏清晰明确的构想,但对该领域可能涉及的研究问题已做出较为具体的界定。这些问题或是聚焦于城市空间中人们的生活、交流方式,或是讨论城市与大众媒体之间的关联,或是考察城市空间中的传播秩序和仪式表演,抑或是将城市景观本身作为对象而探究其象征功能的生成演变。可以确定的是,在这些研究问题背后无不蕴含着一个共同的、从传播学视角考察城市问题的基本宗旨,即思考人或事物及其传播/沟通实践在城市空间生产中所处的位置,如冈伯特、德鲁克所言:"一种传播视角一定要被置入城市规划者的观念,它将使社会互动的价值融入管理机构的众多规则和政策之中……我们认为——也是我们希望本期《传播研究》所传达的——传播视角可以有助于城市克服其当下面临的危机……我们相信传播学者能够在复兴城市生活的过程中发挥作用。"②

在此意义上,冈伯特、德鲁克在 20 世纪 90 年代所预见的城市

---

① Gary Gumpert & Susan Drucker, "The Urban Dilemma: A communication analysis and a call for papers," *Communication Research*, vol. 21, no. 2, 1994.
② Gary Gumpert & Susan J. Drucker, "Introduction—The Urban Dilemma: A Communication Reality," *Communication Research*, vol. 22, no. 6, 1995.

研究与传播研究建立联系的可能性,实则可以说是 20 世纪下半叶城市研究的人本主义转向、日常生活转向在传播学尺度上的延伸和拓展。他们试图从传播/沟通的视角出发,论证城市化进程对城市居民的日常生活和社会关系造成的影响,特别是城市中的边缘人群在高度理性化的城市空间中面临的困境。这些理念为随后更为规范化、系统化的城市传播研究确立了基本的问题意识。然而,在冈伯特、德鲁克等人 1995 年的预想中,并未明确指出建立一个独立的城市传播研究领域的可能性和必要性。因此,城市传播研究作为一个新传播研究领域的出现时间还需延后,直至 2003 年及其后一系列"城市传播"研讨会的召开、"城市传播基金会"的成立,以及"城市传播读本"(The Urban Communication Reader)丛书的出版。

2003 年,一场以"转型中的城市"为主题的小型研讨会在波士顿爱默生学院召开。参加此次研讨会的学者被冈伯特、德鲁克誉为城市传播研究的"开创者"。"开创者"在研讨会上对城市传播研究未来发展方向的讨论,及其为城市传播研究规划的宏大学术使命,吸引了传播学界对这一新兴领域的关注。2004 年,美国传播协会(National Communication Association)芝加哥会议的一次会前会议便专门对城市传播研究的相关问题进行了讨论。此次会议共收录 15 篇论文,来自不同学术领域的研究者围绕着"城市传播这一共同的目的地"展开探讨。这些论文"揭示了城市传播研究的基本理念、主干构成和核心团队",由此使研讨会"像磁石一样吸引那些'无家可归'的城市研究者"。① 此次会议所关注的话题包括"新传播技术的影响、城市空间中的竞争互动、城市与郊区传播景观之间的关系、交通和传播方式怎样转变地方地理"② 等。自此之后，美国传播协会便成为城市传播研究"开创者"寻觅已久的"家园"。2005年，美国传播协会波士顿会议的召开汇聚了更多对城市传播问题感兴趣的城市研究者，他们关注的话题更加多元，尤其对城市空间中的抵抗政治进行了更充分的研究。他们尝试"在传统的地理位置上的社区，崭新的虚拟、跨媒介建构的社区，以及由新传播技术和数字环境带来的意想不到的功能失调问题之间寻求平衡"③，由此为城市传播研究的发展设置了更广泛、更多元的议程。

在以上研讨会召开期间，由冈伯特、基恩·伯德（Gene Burd）等学者参与创建的城市传播基金会也在2004年正式成立，这一非营利性学术组织在推进英语世界城市传播研究领域发展壮大的过程中发挥了极为关键的作用。④ 它将一批对城市传播问题感兴趣的学者聚拢在一起，进而为英语学界城市传播研究共同体的形成、发展

---

① Gene Burd, Susan Drucker & Gary Gumpert, eds. *The Urban Communication Reader*. Cresskill: Hampton Press, 2007, pp. 1—2.
② Gene Burd, Susan Drucker & Gary Gumpert, eds. *The Urban Communication Reader*. Cresskill: Hampton Press, 2007, pp. 1—2.
③ Gene Burd, Susan Drucker & Gary Gumpert, eds. *The Urban Communication Reader*. Cresskill: Hampton Press, 2007, p. 2.
④ 伯德在2004年捐资100万美元促成了城市传播基金会这一非营利组织的创立。除举办学术活动外，城市传播基金会还为做出重要贡献的研究者和记者颁发奖项，如简·雅各布斯城市传播图书奖（the Jane Jacobs Urban Communication Book Award）、基恩·伯德城市新闻奖（the Gene Burd Urban Journalism Award）等，参见 Urban Communication Foundation, "About UCF," https://urbancomm.org/about-ucf—1.

提供了人才基础和制度保障。马修·马萨贾尼斯（Matthew D. Matsaganis）和维多利亚·加拉格尔（Victoria J. Gallagher）认为："城市传播基金会的任务是支持那些力图改善人们对城市环境之传播模式的理解的研究，并鼓励传播研究领域的学者同社会科学、建筑学和城市规划学以及政策制定者展开合作。"[1]

在此基础上，"城市传播读本"的出版便是"城市传播基金会"坚持在传播研究与其他学科之间建立联系，促进来自不同学科、不同领域的研究者共同面对当代城市问题、破解城市生活困境的尝试。值得一提的是，"城市传播读本"收录的文章大多来源于历届美国传播协会和国际传播协会（International Communication Association）的城市传播研讨会，这些研讨会均由城市传播基金会支持举办。由此可见，城市传播倡导者提出的跨学科研究宗旨，其出发点始终立足传播学领域，这也明确了城市传播研究作为传播学分支之一的学科归属。此外，"城市传播读本"各个分卷的分别出版亦可反映出美国城市传播研究共同体近年来在研究兴趣上发生的变化，这种研究兴趣的不断变化体现了美国城市传播研究问题取向的多元性和开放性。

截至2022年，"城市传播读本"已出版八卷，每卷内容所关注的侧重点各有不同，如第二卷将目光聚焦于体育场馆这一具体城市

---

[1] Matthew D. Matsaganis, Victoria J. Gallagher & Susan J. Drucker, eds. *Communicative Cities in the 21st Century*. New York: Peter Lang, 2013, p. 2.

场所①，第四卷关注城市在其物理、经济和技术层面之外的各类"意义"实践②，第六卷从传播基础设施理论的角度考察城市社区的构成与转型③，第七卷着力审视城市在全球性社会问题中可能发挥的作用④，第八卷则主要探讨艺术与公共文化对城市景观的塑造⑤，等等。但在这些看似分散的视点背后，各卷内容又多有重合交叉之处，它们的研究对象大多聚焦于城市景观、媒介功能、城市社区、社会冲突等，并且，对传播、媒介与城市生活之关联的阐发可以说始终贯穿于各卷内容的主线。

后文选取"城市传播读本"第一卷、第三卷、第五卷的内容进行简要介绍。

"城市传播读本"第一卷出版于2007年，由伯德、德鲁克、冈伯特主编。第一卷的内容主要涉及三个部分，即"城市的历史、哲学和研究方法""城市场所和空间争夺的案例研究"，以及"新兴的地方、区域和全球城市传播模式"。编者认为，第一卷收录的各篇论文为城市传播研究的未来发展奠定了良好的基础，它们"铺展了

---

① Dale Herbeck & Susan J. Drucker, eds. *Communication and the Baseball Stadium*. New York: Peter Lang, 2017.
② Giorgia Aiello, Matteo Tarantino & Kate Oakley, eds. *Communicating the City*. New York: Peter Lang, 2017.
③ Yong-Chan Kim, Matthew D. Matsaganis, Holley A. Wilkin & Joo-Young Jung, eds. *The Communication Ecology of 21st Century Urban Communities*. New York: Peter Lang, 2018.
④ Erin Daina Mcclellan, Yongjun Shin & Curry Chandler, eds. *Urban Communication Reader IV*. New York: Peter Lang, 2021.
⑤ James T. Andrews & Margaret R. LaWare, eds. *Art and the Global City*. New York: Peter Lang, 2022.

新的研究方向，注意到了被忽视和断裂的话题和联系，指出了历史、当下和未来城市传播研究者可以探索的城市议题"。同时，在编者看来，第一卷的各篇文章也提醒着读者，即便城市的形态随时间不断发生改变，但它的功能始终延续，即作为人类"沟通、礼节和文明"的容器。如其所言，"传播和城市化的力量不是最近才有的，而是始终重塑着城市转型的自然和虚拟的边界与内容"。此外，编者也敏锐地发现，由于城市空间自身较强的技术相关性，城市传播研究难免陷入过于媒介中心主义和传播技术决定论的立场，这将导致城市传播研究忽视文化、价值观和历史因素。为此，编者呼吁城市传播研究者重拾爱默生学院会议中由"开创者"提出的城市传播研究的使命："我们思考的不是技术，而是瞬息万变的传播环境中的社会关系。"[①]

"城市传播读本"第三卷出版于2013年，编者为马萨贾尼斯、加拉格尔和德鲁克。第三卷内容涵盖了"城市生活的表演""城市生活的政治与技术""城市生活的想象与假象"三个部分。第三卷的主题围绕"可沟通城市"这一新兴概念展开，各篇文章以此为焦点分析"城市的传播建构"问题。编者认为：城市的持续变化是由传播孕育的结果，引起城市变化的传播模式包括"非语言的传播（如公共艺术和建筑）""人际传播（如邻里）""媒体传播（如大众媒体、社交媒体、定位媒体）""公共传播（如政策制定者和公众之

---

① Gene Burd, Susan Drucker & Gary Gumpert, eds. *The Urban Communication Reader*. Cresskill: Hampton Press, 2007, p.11.

间)"等。① 在此意义上,"可沟通城市"便是城市空间使用者的城市权利的具体化,它体现出"为社会互动构建场所""构成城市内部结构"和"政治性、公民性"三种特征。②

"城市传播读本"第五卷出版于2018年,编者为哈维·亚塞姆(Harvey Jassem)和德鲁克。第五卷内容主要包括"内容与规制""场所与规制""习俗与规制"三个部分。在这一卷中,亚塞姆和德鲁克将"城市传播规制"视为城市传播研究的一个重要领域。在这里,规制指的是"资源分配和矛盾的解决方案"。③ 在城市传播研究中,规制可以用来指代"政府在城市传播活动中发挥的作用"④,这种作用有时是对传播活动的限制,有时则是对传播活动的支持和推动。基于此,第五卷的作者们将城市视为一种能够"揭示规制如何形塑传播景观"的中介,而规制行为本身是社会语境的重要组成部分。⑤ 如亚塞姆和德鲁克所言:"任何传播都不只被传播者和接受者的解释倾向塑造,而是同时受到传播活动发生的语境或环境影

---

① Matthew D. Matsaganis, Victoria J. Gallagher & Susan J. Drucker, eds. *Communicative Cities in the 21st Century*. New York: Peter Lang, 2013, p. 3.
② Matthew D. Matsaganis, Victoria J. Gallagher & Susan J. Drucker, eds. *Communicative Cities in the 21st Century*. New York: Peter Lang, 2013, p. 5.
③ Harvey Jassem & Susan J. Drucker, eds. *Urban Communication Regulation*. New York: Peter Lang, 2018, pp. x—xi.
④ Harvey Jassem & Susan J. Drucker, eds. *Urban Communication Regulation*. New York: Peter Lang, 2018, p. xi.
⑤ Harvey Jassem & Susan J. Drucker, eds. *Urban Communication Regulation*. New York: Peter Lang, 2018, p. xiii.

响……城市规制网络在塑造城市传播的过程中发挥了重要作用。"①

在"城市传播读本"之外,由城市传播基金会支持或参与的城市传播研究成果,也常常以专刊的形式在传播研究领域的重要期刊上集体登场。其中比较有代表性的是 2008 年第 3 至 4 期《国际传播学报》(*International Communication Gazette*)的"可沟通城市"专刊,以及 2016 年第 10 卷《国际传播学刊》 (*International Journal of Communication*)的"城市传播"专刊。

2007 年、2008 年,由城市传播基金会组织的三次学术研讨会分别在华盛顿、巴黎和罗马召开。会上,"来自世界各地的研究者概括了'可沟通城市'的性质和特点"②。而 2008 年《国际传播学报》专刊所聚焦的主题正是"可沟通城市"。冈伯特和德鲁克在为《国际传播学报》专刊所作的导论中强调了"可沟通城市"这一城市传播研究概念的重要性。③ 他们认为:"城市内在地便是传播的场所和产品……城市的功能是作为一种传播媒介在空间中通过交流传递信息。城市空间可以说是最古老的传播和媒介形式之一。"④ 为了

---

① Harvey Jassem & Susan J. Drucker, eds. *Urban Communication Regulation*. New York: Peter Lang, 2018, p. xviii.
② Urban Communication Foundation, "About UCF," no date, https://urbancomm.org/about—ucf—1.
③ "可沟通城市"概念最早由塞斯·哈姆林克提出。他将"可沟通城市"定义为"允许居民和游客在其中互动并进行'放松的对话'的场所"。参见 Cees J. Hamelink, "Urban Conflict and Communication," *The International Communication Gazette*, vol. 70, no. 3—4, 2008.
④ Gary Gumpert & Susan J. Drucker, "Communicative Cities," *The International Communication Gazette*, vol. 70, no. 3—4, 2008.

凸显城市的传播/沟通功能，以及城市本身的传播媒介属性，他们将"可沟通城市"概念的特征归结为三大要素，分别是"社交场所""基础设施"，以及"政治或公民社会"。在此基础上，他们指出：城市的传播功能超越了城市任何其他功能，是"理解、分析和评估城市的主要操作性视角"。[1] 而透过"传播"视角考察城市景观，则可以从城市"固定的结构特征""动态的流动特征""管理的政策特征"和"专注的传播特征"四个层面切入。

基于此，《国际传播学报》专刊收录的各篇论文，便着力于从"可沟通城市"的各个组成部分出发，推进对城市传播问题的深入探索。这些研究"关注城市世界中由传播技术导致的瞬息万变的生活质量"[2]。而今天的城市生活质量（不等于可量化的城市生活水平）则明显未尽人意，城市居民的声音始终被压抑在城市更新和社会变革的底层。面对这一情势，城市传播研究者试图以"怀旧"的方式描绘他们对城市生活的愿景，但同时仍然积极拥抱新变化。他们呼唤"社区"的复兴，宣称"表达意见的权利"的重要性，并努力将自己的声音传达给城市规划者。[3]

冈伯特和德鲁克对城市传播研究的构想不仅在美国传播学界产

---

[1] Gary Gumpert & Susan J. Drucker, "Communicative Cities," *The International Communication Gazette*, vol. 70, no. 3—4, 2008.
[2] Gary Gumpert & Susan J. Drucker, "Communicative Cities," *The International Communication Gazette*, vol. 70, no. 3—4, 2008.
[3] Gary Gumpert & Susan J. Drucker, "Communicative Cities," *The International Communication Gazette*, vol. 70, no. 3—4, 2008.

生了比较广泛的影响，且随着华盛顿、巴黎和罗马会议的召开，城市传播研究亦很快成为一个国际化的研究领域。到了 2016 年，欧洲、亚洲等地区的传播学者纷纷关注到城市传播研究这一新兴领域。如《国际传播学刊》的 2016 年"城市传播"专刊的导言便由欧洲学者乔琪娅·艾洛和西默内·托索尼撰写。抛开他们的欧洲学者身份不论，他们对城市传播问题的理解与围绕"城市传播基金会"形成的学术共同体基本一致。他们在为《国际传播学刊》所作的导言中指出："城市居民通过符号、技术、物质手段和他人以及城市产生联系"，而城市传播研究所要探讨的正是城市居民彼此之间及其与城市实体空间产生联系的多样化方式。基于此，该期专刊中收录的文章，分别从"纪录片、听觉、物质、视觉、混合方法、生态学和应用视角"对城市中的"关键问题、工具和挑战"进行了研究。[①] 艾洛和托索尼根据这些研究得出的结论，将"城市"概念化为"语境""媒介"和"内容"，由此"强调城市作为特定实践、互动和叙事的生产者和产品的重要性"，而这些研究的目的，恰恰是从不同视角出发，力图使人们认识到"城市并非人们沟通过程中的单调背景"，而是"社区建设""公众参与""文化生产"和"社会变革"的基础。[②]

---

① Giorgia Aiello & Simone Tosoni, "Going About the City: Methods and Methodologies for Urban Communication Research," *International Journal of Communication*, vol. 10, 2016.
② Giorgia Aiello & Simone Tosoni, "Going About the City: Methods and Methodologies for Urban Communication Research," *International Journal of Communication*, vol. 10, 2016.

《国际传播学报》《国际传播学刊》等传播学领域重要期刊集中登载城市传播研究的一系列研究成果,使城市传播研究的国际影响力迅速扩大。城市传播研究的这股国际化浪潮,同样影响到了中国的传播学研究者。其中尤以2011年以来复旦大学信息与传播研究中心城市传播研究团队所做的工作最具代表性。① 近些年来,该中心通过积极举办相关会议或工作坊,开设暑期学校,以及出版、译介国内外相关著作等方式,推动着中国本土城市传播研究的快速发展和城市传播研究学术共同体的日益壮大。

2011年底,以"交往与沟通:变迁中的城市"为主题的"传播与中国·复旦论坛"的召开,将"城市传播"概念带到国内研究者面前,并激励国内研究者从不同角度对城市与传播的关系问题展开讨论。如会议综述所言,此次论坛"在社会功用层面,推动中国式'可沟通城市'的构建;在人文理念层面,从交流视角观照现代城市中人类生存的状况及其问题;在学科建设层面,以交流为基点,勾连人文和社会学科,搭建传播研究新的理论制高点"②。

2013年,"城市传播跨学科学术对话会"在复旦大学召开,会议论文后来辑成为《城市传播:基于中国城市的历史与现实》一

---

① 孙玮在回顾复旦大学城市传播研究的开端时写道:"2011年仲秋在宁波大学静谧辽阔的校园,我们邀请新闻传播学领域的旧友新朋,拿出我们简陋但充满想象的城市传播研究设想,开了一个天马行空的论证会,得到与会者的高度肯定。就这样,城市传播成为中心发展的一个关键词。"参见孙玮:《丛书序》,载(澳)斯科特·麦夸尔:《地理媒介》,潘霁译,上海:复旦大学出版社,2019年,第2页。
② 张雯宜:《搭建传播研究新理论,探讨城市传播新议题——传播与中国·复旦论坛(2011)会议综述》,《新闻大学》2012年第2期。

书,"这本书不仅是国内首个跨学科研究城市传播之作,甚至也可以说是国内不同学科研究传播的首个共同成果"[①]。黄旦在前言中特别强调了城市传播研究作为一个跨学科研究领域的意义,即"'城市传播'在新的传播现实下可以为不同学科提供一个入口,共同打量传播与城市的关系,从而重新理解城市"[②]。

2015年《新闻与传播研究》第7、8两期连续刊发了复旦大学信息与传播研究中心课题组完成的本土化城市传播研究成果。在复旦大学城市传播学者看来,城市传播研究是对主流传播学范式的突破,它呼应了传播学研究"中介化转向"的潮流,将自身使命定位为"建构以'传播'为核心视角的城市研究范式,以回应当下风起云涌的传播革命与城市发展现实",并在此基础上发掘和实现"人的存在价值"。[③]

行文至此,城市传播研究的建制化与国际化历程已初具轮廓。而当前正处于上升期的中国城市传播研究,则是城市传播研究国际化发展的关键一环,它的发展历程仍有待进一步观望和书写。限于篇幅和主题,本节不再就此展开叙述。同时,需要注意的是,以上梳理所依据的仅是城市传播研究学术史发展历程中相对"主流"的线索。而国内外城市传播学术史"主流"的共同点,恰恰在于城市

---

① 黄旦主编:《城市传播:基于中国城市的历史与现实》,上海:上海交通大学出版社,2015年,前言第2页。
② 黄旦主编:《城市传播:基于中国城市的历史与现实》,上海:上海交通大学出版社,2015年,前言第1页。
③ 孙玮:《城市传播:重建传播与人的关系》,《新闻与传播研究》2015年第7期。

传播研究学术共同体的创建和发展。无论是美国"城市传播基金会",抑或是我国复旦大学信息与传播研究中心,其起步之初便常以学术共同体之姿进入传播研究者视野,因此其研究成果也往往更令学界瞩目。但在"主流"的"连续性"叙事之外,实则有更多城市传播学者从具体问题出发,从事相关研究工作,为城市传播研究领域的发展做出重要贡献。限于篇幅和主题,本节不再赘述。

第三节 何以兼容:空间生产理论与城市传播研究

一、空间生产理论作为城市传播研究的理论基础

近年来,城市传播研究在国内外传播学界逐渐发展为一个热门研究领域。但及至当下,对城市传播研究思想渊源的探讨在相关研究中尚不多见。如前所述,城市传播研究的兴起离不开过往城市研究、空间理论的给养。而当我们将城市传播研究置于传播研究"空间转向"的思想脉络中进行审视时,便不难发现 20 世纪 70 年代由列斐伏尔提出的空间生产理论之于城市传播研究理论构建的重要意义。甚至不妨说,城市传播研究这一学术领域本身便是社会理论"空间转向"在传播学学科范围内延伸的产物。因此,作为新马克思主义空间理论之观念结晶的空间生产理论,在城市传播研究的知识地图中理应占据一个显著的位置。如艾洛和托索尼在概括城市传播研究思想渊源时,便将列斐伏尔的空间生产理论视为对城市传播

研究产生关键影响的几个"学术传统和概念框架"之一，他们如此描述道："列斐伏尔的空间生产理论植根于感知空间、构想空间、生活空间的概念三元组，尤其关注空间的物质维度和象征维度的重要性，以及二者间互动对特定空间之社会经验的形塑。"[1] 而在与城市传播研究相邻的传播地理学领域，"传播作为空间生产"的"过程性观点"则被认为是在传播学与地理学之间建立联系的重要成果[2]，它意味着"我们可从机理化的角度——即经济和技术力量在更持久的物质和文化结构中的操作——解释信息化的后果……肌理体现了持久性与变化、结构与中介之间的张力"[3]。由此可见，空间生产理论为城市传播学者理解城市空间中的信息传递、意义沟通和社会关系建构提供了极具启发的理论视角。

当前城市传播学者对空间生产理论的接受，主要是以空间生产理论中某一概念框架为分析工具，对具体传播问题进行解释。如麦夸尔将列斐伏尔的"城市权利"概念置于"网络化城市"语境中进行考察，提出"网络化城市权利"的概念，以此呼吁城市居民通过学习和掌握数字技术使用方式，摆脱城市规划者、管理者的支配，

---

[1] Giorgia Aiello & Simone Tosoni, "Going About the City: Methods and Methodologies for Urban Communication Research," *International Journal of Communication*, vol.10, 2016.
[2] （美）保罗·C. 亚当斯、安德烈·杨森：《传播地理学：跨越学科的桥梁》，李森、魏文秀译，《新闻记者》2019年第9期。
[3] André Jansson, "Textural Analysis: Materialising Media Space," In André Jansson & Jesper Falkheimer, eds. *Geographies of Communication: The Spatial Turn in Media Studies*. Goteborg: Nordicom, 2006, p.93.

成为网络化城市中的"新公共";[①] 孙玮针对传播学者"为如何使用第一、第二空间视角大伤脑筋"的问题,尝试引入索亚的"第三空间"概念,以此促使传播学者超越物质与想象的二元论局限,在历史与社会维度之外聚焦空间性维度。[②] 可以说,城市传播学者无不对空间生产理论之于理解城市传播实践的重要性抱有清醒的认识,空间生产理论作为一种学术话语业已渗透到城市传播研究的惯常论述当中。

但直至目前,将空间生产理论视为城市传播研究思想渊源的一部分,并探讨空间生产理论对城市传播研究观念形成之影响的研究成果仍较为少见。城市传播学者理应认识到,空间生产理论不仅可以被用作一种分析具体传播问题的工具,也在理论层面直接对城市传播研究的观念形成产生影响。对"空间生产"与"城市传播"之间观念纠缠的分析,要求我们通过对照两个研究领域的重要观点,寻找两者间的概念交叉、思想交汇。而关于如何界定城市空间,或者说如何将城市空间概念化的问题,正是空间生产理论与城市传播研究思想交汇中表现最为突出、意义最为重大的一个方面。对这一问题的回应关乎两者对城市空间的基本认知,他们对城市空间问题的探索均是由此开始。

[①] (澳)斯科特·麦夸尔:《地理媒介》,潘霁译,上海:复旦大学出版社,2019年,第21页。
[②] 孙玮:《导言》,载孙玮主编:《中国传播学评论(第四辑)》,上海:复旦大学出版社,2009年,第9页。

二、空间三元论：列斐伏尔对城市空间的概念界定

列斐伏尔的空间生产理论强调空间并非自然之物，而是统治权威、意识形态和各方社会力量介入之下的产物，由此产生的空间类型不同于传统意义上的物质空间或精神空间，而是"在与生产力（以及相应的生产关系）的联系中生产与再生产出来"的"社会空间"，[①] 它"既不是事物的集合体或感官信息的汇聚，也不是被各种内容充满的容器，它不可化约为强加在现象、事物以及物质上的任何一种'形式'"[②]。空间生产过程即社会关系生产与再生产的过程，它反映出列斐伏尔探索空间问题的目的，即"揭示包含在特定的空间生产中的社会关系和意义"[③]。

在空间生产过程中，空间及其背后的行动者以"空间实践""空间再现"和"再现空间"三种方式发挥作用，此即列斐伏尔所谓的三元空间（spatial triad），它们"以不同的方式影响空间的生产"[④]。空间生产过程唯有在"空间实践""空间再现"和"再现空间"的共同作用下方能运作，或者说，空间生产本身就是"空间实

[①] Henri Lefebvre, *The Production of Space*. Translated by Donald Nicholson-Smith. Oxford: Blackwell, 1991, p. 77.
[②] Henri Lefebvre, *The Production of Space*. Translated by Donald Nicholson-Smith. Oxford: Blackwell, 1991, p. 27.
[③] （英）安杰伊·齐埃利涅茨：《空间和社会理论》，邢冬梅译，苏州：苏州大学出版社，第78页。
[④] Henri Lefebvre, *The Production of Space*. Translated by Donald Nicholson-Smith. Oxford: Blackwell, 1991, p. 46.

践""空间再现"和"再现空间"相互作用的结果,而三者之间的相互作用又具体表现为一种三元性的社会关系。如索亚所言,空间生产过程得以成立的一个基本前提,便是"各种社会关系与各种空间关系具有辩证的交互作用,并且相互依存"①。

那么,该如何理解"空间实践""空间再现"和"再现空间"概念的各自含义?在《空间的生产》一书中,列斐伏尔对三者含义一一进行了解释:"空间实践包含生产与再生产,以及每个社会结构中的特定地点和空间部署。空间实践确保了连续性和一定程度的凝聚力;空间再现与生产关系和那些关系施加的'秩序'紧密相关,因而与知识、符号、编码和'直截了当的'关系紧密相关;再现空间将复杂的象征(时而有编码,时而无编码)具体化,与社会生活的隐秘或底层相连,也与艺术相连。"②

在此意义上,"空间实践""空间再现"和"再现空间"囊括了空间生产过程中三种不同类型的行动者。具体而言,"空间实践"指的是可被"感知"(perceived)的空间,它指涉城市空间的实体环境,是支撑城市社会关系、推动城市发展的物质性基础;"空间再现"指的是可被"构想"(conceived)的空间,或者说"概念化"的空间,它与主导性社会秩序关联紧密,是空间管理者之意识形态

---

① (美)爱德华·W. 苏贾:《后现代地理学》,王文斌译,北京:商务印书馆,2004年,第124页。
② Henri Lefebvre, *The Production of Space*. Translated by Donald Nicholson-Smith. Oxford: Blackwell, 1991, p. 33—39.

的再现,是存在于知识、符号和术语中的"空间";"再现空间"指的是"生活"(lived)的空间,它是社会生活的具体化,是空间使用者的空间,它承载着地方性的社会文化和日常生活秩序,因此时常处于"空间再现"的对立面。

"空间实践""空间再现"和"再现空间"之间存在着某种辩证关系。一方面,"空间再现"与"再现空间"的对立及二者围绕"空间实践"主导权展开的政治斗争反映出空间生产过程中支配与抵抗的二元矛盾;另一方面,"空间实践""空间再现"与"再现空间"的相互渗透也使得空间生产过程中的社会关系建构呈现出更多可能性。换句话说,尽管在社会功能上存在显著的差异甚至冲突,但三元空间的辩证张力也将三者紧紧联系在一起。具体而言,当"空间实践"偏向于"空间再现"一端时,社会关系便以"支配"为主导;当"空间实践"偏向于"再现空间"一端时,社会关系便以"抵抗"为主导。此即列斐伏尔空间三元辩证法的意义所在。

自20世纪70年代至今,空间三元论作为列斐伏尔空间生产理论的重要组成部分,已随着"空间转向"思潮的跨学科发展进入不同学科视线之内,它逐渐成为不同学科研究者思考空间问题时频繁挪用的思想资源,城市传播研究亦不例外。

三、语境·内容·媒介:城市传播研究视域下的"城市"概念

如本章第二节所述,"城市传播"概念包含城市空间中的信息传递、意义沟通和社会关系建构三重含义,它可泛指以城市空间为

中介，或以城市空间为对象的任何传播/沟通实践。在冈伯特和德鲁克看来："城市内在地便是传播的场所和产品……城市的功能是作为一种传播媒介在空间中通过交流传递信息。城市空间可以说是最古老的传播形式和媒介形式之一。"① 为了凸显城市空间促进人类传播活动的功能及其自身的传播媒介属性，冈伯特和德鲁克以"可沟通城市"概念描述其心目中的理想城市形态。这一概念最早由荷兰学者塞斯·哈姆林克（Cees J. Hamelink）提出，他将"可沟通城市"定义为"允许居民和游客在其中互动并进行'放松的对话'的场所"②，它规避了城市中的暴力冲突，为不同城市阶层之间的平等沟通提供了物质保障。在哈姆林克观点的基础上，冈伯特、德鲁克归纳了"可沟通城市"的三种特征，即它在城市生活中扮演的三类角色，分别为"社交场所""基础设施"以及"政治或公民社会"。③ 其中，作为社交场所的"可沟通城市"是城市生活维持多样性的基础，它为人们参与沟通实践、融入一段社会关系创造了契机；作为基础设施的"可沟通城市"通过满足人们的具体物质需求，如交通、贸易、安全等，保障城市经济、政策和法律的有效运转；作为政治和公民社会的"可沟通城市"则意味着城市具有促进

---

① Gary Gumpert & Susan J. Drucker, "Communicative Cities," *The International Communication Gazette*, vol. 70, no. 3—4, 2008.
② Cees J. Hamelink, "Urban Conflict and Communication," *The International Communication Gazette*, vol. 70, no. 3—4, 2008.
③ Gary Gumpert & Susan J. Drucker, "Communicative Cities," *The International Communication Gazette*, vol. 70, no. 3—4, 2008.

政治交流的力量，它使普通人得以与社会权威进行对话。

冈伯特、德鲁克对"可沟通城市"的界定在城市传播研究领域产生了深远影响，在他们看来，"城市"应被概念化为"复杂的人际互动环境""塑造人类行为的空间和地方景观"以及"复杂的技术环境"的组合，① 城市传播学者应当以此为前提对城市传播现象进行考察。沿着这一思路，艾洛和托索尼对"城市"的概念含义进行了更具体的划分，即"作为语境的城市""作为内容的城市"和"作为媒介的城市"。其中，"作为语境的城市"，要求研究者"将城市作为一系列传播实践的语境——无论这些实践是否有中介作用——并探讨这些实践如何与城市空间相关联，为城市空间生产做出贡献"；"作为内容的城市"，要求研究者考察"各种传播形式有意义的内容，通过关注出现于城市中的故事和城市本身，这一领域的研究提供了生动的描述、分析以及将城市传播概念应用于具体实践的案例"；"作为媒介的城市"，要求研究者"将城市和城市建成环境视为中介化的关键形式，并从象征和视觉的角度，以及物质性、肌理、节奏和其他感官'模式'的角度出发，审视'城市'如何沟通"。②

概言之，在艾洛、托索尼看来，作为传播语境的城市空间，将

---

① Urban Communication Foundation, "About UCF," no date, https://urbancomm.org/about-ucf—1.
② Giorgia Aiello & Simone Tosoni, "Going About the City: Methods and Methodologies for Urban Communication Research," *International Journal of Communication*, vol. 10, 2016.

城市视为不同社会主体之间的沟通渠道和传播实践借以发生的物质场所；作为传播内容的城市空间，将城市抽象为一种文本、话语与象征形式，一种传递意义的精神载体；作为互动媒介的城市空间，将城市概念化为一种技术中介和社会沟通枢纽，它连接人与人、人与物、人与环境，并主动介入其中，成为城市传播的中介和主要行动者之一。

如前所述，这种"城市"概念界定的"三分法"，潜在地呼应了列斐伏尔对空间属性的三种划分。尽管从空间三元论到城市传播学者的城市空间观之间并无清晰明确的历史线索，但通过对照两者界定城市空间的三元组，不难发现其中隐含着某种潜在的观念联结。这种观念联结的具体表现，即"空间实践"与"传播语境"、"空间再现"与"传播内容"、"再现空间"与"互动媒介"的一一对应。

四、从"空间生产"到"城市传播"

（一）从"空间实践"到"传播语境"

艾洛、托索尼将城市空间视为一种传播语境的观点，与列斐伏尔空间三元论中的"空间实践"概念存在对应关系。两者均将城市空间视为社会关系得以建立的具体场所。在城市传播研究意义上，城市空间是人们进行交往、传播活动的具体地点；在空间三元论意义上，"空间实践"则为城市内部"空间再现"与"再现空间"及其背后社会行动者的沟通提供了实体场所。由此可以说，空间三元论影响城市传播学者之城市空间观的第一个维度,即作为"空间实践－传播语境"的城市空间。

作为"空间实践－传播语境"的城市空间强调城市空间的物质属性。在空间生产理论视域下,"空间实践"被理解为"能够被感知到的物质环境"①,在这一物质环境中,蕴含着"生产社会空间性物质形式的过程,因此它既表现为人类活动、行为和经验的中介,又是它们的结果"②。在这里,城市空间成为连接人与人、人与物乃至人与环境的中介场所,成为城市行动者之社会关系产生、发展和演化的舞台。如梅里菲尔德所言:"空间实践结构了生活现实,包括连接了地方与人、意象与现实、工作与休闲的路径与网络、模式与互动。"③ 因此,"空间实践"概念隐含着将城市空间视为人们感知世界之渠道或场所的观念,而人们感知世界的活动,归根结底便是人自身与其之外的他者展开沟通、交互的活动。

在从"空间实践"到"传播语境"的城市空间观发展历程中,一个一以贯之的线索便是强调城市实体空间作为人类传播活动所依托的物质背景的特征。这种城市空间观在传播学研究中已颇为常见。如芝加哥学派早期传播研究便常以城市空间为基础展开,"把

---

① Mark Gottdiener, "A Marx for Our Time: Henri Lefebvre and the Production of Space," *Sociological Theory*, vol. 11, no. 1, 1993.
② (美) Edward W. Soja:《第三空间》,陆扬等译,上海:上海教育出版社,2005 年,第 85 页。
③ Andy Merrifield, *Henri Lefebvre: A Critical Introduction*. New York: Routledge, 2006, p. 110.

城市作为社会实验室来使用，作为会出现问题的地方，而不是为所观察到的问题提供解释的一个源泉"①。他们关注的焦点是城市空间内部自然区域的入侵、演替与适应，借此考察不同城市阶层的对话与互动。经验主义传播研究也注意到了城市空间作为媒体传播和人际互动载体发挥的功能，开始"关注以城市为中心的大众传播媒介在社会中的作用，特别是对个人行为的影响"②。如卡茨（Elihu Katz）和拉扎斯菲尔德（Paul Lazarsfeld）认识到环境对于意见传递过程的影响，指出"对一个人的人际环境的了解是理解他受大众媒介影响和他对大众媒介的反应的基础"③。施拉姆则直言，城市空间作为一种"人造环境"，"对该环境中人的互动产生影响"，而城市中的不同景观则"为人类的互动提供了不同的背景，因而既影响人的交流又影响人的其他行为"。④ 如果说芝加哥学派的城市生态学研究只是将城市空间作为一种人类行为的"容器"进行考察，那么到了施拉姆这里，他不仅认识到城市空间具有为人类传播活动提供物质性背景的功能，也认识到城市空间本身对人们传播行为可能产生的影响。

这也是作为"传播语境"的城市空间与作为"容器"的城市空

---

① （美）曼纽尔·卡斯特：《城市的意识形态》，陈静译，载汪民安、陈永国、马海良主编：《城市文化读本》，北京：北京大学出版社，2008年，第280页。
② 殷晓蓉：《传播学视野下的"城市空间"》，《复旦学报（社会科学版）》2013年第5期。
③ （美）丹尼尔·杰·切特罗姆：《传播媒介与美国人的思想》，曹静生、黄艾禾译，北京：中国广播电视出版社，1991年，第145—146页。
④ （美）威尔伯·施拉姆、威廉·波特：《传播学概论》，何道宽译，北京：中国人民大学出版社，2010年，第77页。

间之根本差异所在，即相较于后者将"空间与空间中的事物相分离"，前者更为看重城市空间本身对人们传播实践的促进作用，将空间视为一种"社会客体之间的关系"。[①]"空间实践"与"传播语境"两种城市空间观的联系正体现于此。它们均将城市空间视为社会关系据以生产、再生产的具体场所，人们在进入城市、感知城市的同时亦与世界、他人产生联系。与此同时，城市空间也深深地嵌入人们的传播、沟通和社会关系建构活动之中，不同的社会空间语境、不同的媒介基础设施都会对人们传播活动的走向产生直接影响。如列斐伏尔所言："空间肌理不仅为没有特定位置和特定联系的社会行为提供机会，也为由其决定的空间实践的集体和个人使用提供了机会。"[②]

因此，我们应当摒弃仅仅将城市空间视为人们社会行为之物质容器的观点，意识到城市空间参与和介入人们种种社会行为的潜力。在这个意义上，将城市空间视为一种"空间实践-传播语境"，意味着"空间不但包含了行为，而且构成社会关系的一部分，并密切地牵涉进我们的日常生活……影响我们感知我们所作所为的方式"[③]。这一观点也反映出一个在传播学研究中普遍存在的共识，即

[①] （美）理查德·皮特：《现代地理学思想》，周尚意等译，北京，商务印书馆，2007年，第195页。
[②] Henri Lefebvre, *The Production of Space*. Translated by Donald Nicholson-Smith. Oxford: Blackwell, 1991, p. 57.
[③] （美）马克·戈特迪纳、雷·哈奇森：《新城市社会学》，黄怡译，上海：上海译文出版社，2018年，第24页。

"传播行为……主要是交流而不是传递,所以它是扎根于语境的有生命的形式"①。而在空间生产和城市传播活动中,这种城市空间的"传播行为"主要体现在支配与抵抗、"空间再现"与"再现空间"的辩证互动之中。

(二) 从"空间再现"到"传播内容"

在列斐伏尔看来,"空间再现"可以说是支配性社会力量的化身,它反映出城市空间管理者对城市本身及其使用者的控制。因此,"空间再现"时常以规划蓝图、专业术语、语言符号、城市意象等种种面貌呈现于观察者眼前,它将城市空间抽象化为一种交换价值,使城市空间沦为一个市场化、同质化、为精英利益服务的概念或构想。如哈维便指出:"(空间再现)包含着一切符号和含义、代码和知识,它们使得这些物质实践(空间实践)被谈论和理解。"② 德雷克·格利高里 (Derek Gregory) 则进一步揭示了"空间再现"的政治性本质,强调"空间再现"之中含有"一系列的权力、知识和空间性——支配性社会秩序物质性地铭刻其间"③。在20世纪下半叶的发达资本主义社会语境中,这种"支配性社会秩序"由城市投资者、城市管理者、城市规划者的联盟主导,他们为上层资产阶级的阶级利益服务,通过"空间再现"介入空间生产过

---

① (法) 埃里克·麦格雷:《传播理论史》,刘芳译,北京:中国传媒大学出版社,2009年,第89页。
② (美) 戴维·哈维:《后现代的状况》,阎嘉译,北京:商务印书馆,2003年,第275页。
③ Derek Gregory, *Geographical Imaginations*. Cambridge: Blackwell, 1994, p.403.

程，干预空间生产的政治、经济和文化走向。由此，"空间再现"便成为"捍卫统治精英们的优越性所必须的要求或者条件"①。

从"空间再现"到"传播内容"的城市空间观发展，同样体现出空间生产理论与城市传播研究的一种观念联结。两种观点均将城市空间理解为一种构想中的产物，一种个人心理图像在现实世界的投射，一种基于符号文本的意义建构物。如蒂莫西·吉布森（Timothy A. Gibson）、马克·洛韦思（Mark Lowes）所言："越来越多的当代城市研究将问题推向意义和话语研究"②，"对文本的分析（和对生产的分析不同），要求我们将关注点从城市再开发和推广的具体实践转向对这些实践创造的意象和意义的分析……文本问题涉及全球媒体环境中的城市表征和我们与城市空间相遇的意义生成"③。在这里，吉布森和洛韦思将城市传播研究的诞生归因于当代城市研究的意义与话语转向。而城市空间的意义生成，也就是指城市管理者对城市空间符号意义的人为塑造。其目的在于，将增长主义意识形态注入城市空间的符号意义之中，从而使经济增长成为城市发展的基调，助力城市在与其他城市的竞争中脱颖而出。为此，"城市规划者和管理者们不约而同地采取措施，对城市独具个

---

① （苏）安杰伊·齐埃利涅茨：《空间和社会理论》，邢冬梅译，苏州：苏州大学出版社，第98—99页。
② Timothy A. Gibson & Mark Lowes, eds. *Urban Communication: Production, Text, Context*. Lanham: Rowman & Littlefield, 2007, p. 4.
③ Timothy A. Gibson & Mark Lowes, eds. *Urban Communication: Production, Text, Context*. Lanham: Rowman & Littlefield, 2007, p. 6.

性的元素加以营造和利用……以此为基础形成了意在使特定城市在世界城市排行榜上占据有利位置的发展战略"①。

故而,作为"传播内容"的城市空间,一般是城市形象传播或城市符号学研究的主要关注对象。其中,城市形象传播研究迎合了城市管理者提升城市"竞争力"的意图,他们往往通过实证研究的方式,对城市形象进行调查和分析,并尝试提出具有普遍性的城市形象传播策略。以至于很长一段时间以来,城市形象传播几乎与城市传播研究画上了等号②,这与主流传播研究关注媒介传播效果的传统不无关系。而城市符号学研究在当前的城市传播研究中还鲜少受到关注,但城市形象传播策略的制定者对符号学知识的功利性使用(忽视符号意义建构中接受者的主体性),无疑已极大地削弱了城市符号学揭示空间意义生成机制的理论潜能。用符号学家格雷马斯(A. J. Greimas)的话说,"过去,城市自我构造,现在,则由与之相区别的、个体化的机构构造"③。

由此可见,作为"空间再现-传播内容"的城市空间,将城市空间本身视为一种意义要素,它受城市管理者、规划者以及投资者的意愿支配。在发达资本主义社会语境中,它为城市上层资产阶级的资本积累和知识垄断创造了必要条件,同时也为城市阶级斗争的

---

① (澳)德波拉·史蒂文森:《城市与城市文化》,李东航译,北京:北京大学出版社,2015年,第118页。
② 黄骏:《虚实之间:城市传播的逻辑变迁与路径重构》,《学习与实践》2020年第6期。
③ (法)A. J. 格雷马斯:《符号学与社会科学》,徐伟民译,天津:百花文艺出版社,2009年,第123页。

发展埋下伏笔,"资本主义形式的积累取决于资产阶级施加于劳动者的特定的暴力……资本积累模式使得劳动者和资本家之间公开的、明确的阶级斗争成为可能"①。城市资本积累与阶级斗争之间的辩证运动,即表现为作为"空间再现-传播内容"的城市空间与作为"再现空间-互动媒介"的城市空间之间的对立和冲突。

(三)从"再现空间"到"互动媒介"

"再现空间"即日常生活空间,也是空间使用者的空间。梅里菲尔德从列斐伏尔的解释出发,将"再现空间"理解为"直接生活出来的空间,日常经验的空间",它与日常生活的隐秘一面相关,不遵循"一致性或连续性的规则",因而它与"构想"的空间,即"空间再现"不同,具有一种"捉摸不定"且难以支配的特质。②"再现空间"作为"直接生活出来的"空间,与空间使用者的具身体验紧密相连,它是"身体在与其他身体互动中存在着的中介",因而具有强烈的交互性和可沟通性,发挥着连接不同生活领域中的空间使用者的作用。③"再现空间"与"空间再现"的概念差异和冲突反映在支配与抵抗的斗争关系之中,亦即"空间再现"企图支配、控制、占有"再现空间","再现空间"则为捍卫自身独立性向

---

① (美)大卫·哈维.《资本的城市化》,董慧译,苏州:苏州大学出版社,2017年,第2—3页.
② Andy Merrifield, *Henri Lefebvre: A Critical Introduction*. New York: Routledge, 2006, p.109—110.
③ Mark Gottdiener, "A Marx for Our Time: Henri Lefebvre and the Production of Space," *Sociological Theory*, vol.11, no.1, 1993.

"空间再现"发起抵抗。索亚因之将"再现空间"视为"反面空间"据以诞生的领域,指出在"再现空间"中"不仅可以发现权力的空间再现,还可发现空间再现所施行的权力",而"再现空间"自身则是"反抗统治秩序的空间,这种反抗的空间是从从属的、外围的和边缘化了的处境产生出来的"。[①] 其反抗力量源自空间使用者对主导性社会秩序的不满,对社会权威及其掌握的社会权力的不认同与不服从。

这体现了列斐伏尔空间三元论的基本关系结构,即空间生产过程中空间管理者与空间使用者两种社会角色的对立,及其所映射的"空间再现"与"再现空间"两个概念之间的对立。"空间实践"则作为这种关系结构中的第三方,成为"空间再现"与"再现空间"意图争夺的对象。"空间实践"的存在,显示出列斐伏尔空间三元论背后隐含的三元社会关系构想,以及三元主体之间的辩证张力。当"空间实践"与"空间再现"联合时,则空间管理者象征的主导秩序在空间生产过程中占据上风,当"空间实践"与"再现空间"联合时,则空间使用者象征的反抗潜能在空间生产过程中力量更强。

归根结底,空间三元论的辩证张力中所蕴含的支配与抵抗的二元对立关系是不容否认的,它们一方是由"空间再现"主导的抽象秩序、符号建构和意识形态霸权,另一方则是由"再现空间"主导

---

① (美)索杰(Soja. E. W.):《第三空间》,陆扬等译,上海:上海教育出版社,2005年,第86页。

的日常生活、反叛艺术和身体、想象的联合。这种支配与抵抗的二元对立正体现出"空间生产的基本矛盾",即"资本必然开发空间以获取利润,而消费者对空间有社会要求;换句话说,是利润和需求、交换价值和使用价值之间的矛盾……这种矛盾和斗争,正是列斐伏尔对城市问题关注的核心"[①]。

从"再现空间"到"互动媒介"的城市空间观发展,意在突出城市空间连接城市使用者及其日常生活经验的中介功能。城市传播学者将城市空间本身视为一种"互动媒介",是因为他们已意识到城市空间在城市生活中扮演的沟通性角色。所谓"可沟通城市",所指的正是城市空间对城市内部的人、事物与环境的勾连,以此营造一种畅通、平等的交往氛围,它是城市使用者之城市权利的保障和具体化,是"用来衡量和认识城市所提供或促进、创造和维持的健康交往环境的标准"[②],其"交流网络、意义网络和关系网络主要依赖市民日常生活的传播实践"[③]。因此,城市传播学者将城市空间理解为"互动媒介"的观点,着重强调城市空间本身作为一种"沟通中介"的功能。它在城市社会的信息传递、意义沟通和社会关系建构活动中扮演着一个不可或缺的调解性角色,它是内在于社会关

---

① (英)彼得·桑德斯:《社会理论与城市问题》,郭秋来译,南京:江苏教育出版社,2018年,第138—139页。
② Matthew D. Matsaganis, Victoria J. Gallagher & Susan J. Drucker, eds. *Communicative Cities in the 21st Century*. New York: Peter Lang, 2013, p.4.
③ 潘霁:《城市意义网络的可沟通性——从空间与文化视角考察上海地方认同》,《新闻与传播研究》2015年第8期。

系建构过程的中介、枢纽或第三方主体,即在人、事物与环境之间起到连接作用的一个"互动媒介"。

同"再现空间"与"空间再现"两个概念之间的对立一样,"互动媒介"概念亦与"传播内容"概念形成对立关系。如果说作为"传播内容"的城市空间折射出一种理性主义、功利主义的空间价值观,将资本主义城市空间当作城市管理者的牟利工具,因而社会权威可以通过权力、知识、资本或意识形态的介入,支配城市空间之意象与象征的生产,那么作为"互动媒介"的城市空间则着力关注在社会权威压迫下城市使用者具体的传播、沟通和社会关系建构活动,以及他们在日常生活实践中表现出的斗争精神与反抗潜力。如保罗·亚当斯(Paul C. Adams)所言:"(再现空间)使用非正式的传播,它从本质上反对占有和简化。"[1] 因此可以说,作为"空间再现-传播内容"的城市空间与作为"再现空间-互动媒介"的城市空间之间的对立,正是专家知识与生活经验的对立、抽象空间与具体空间的对立、城市管理者与城市使用者的对立,而这些对立关系归根结底便是支配与抵抗的社会力量之间的对立。

综上所述,"再现空间"与"互动媒介"两种城市空间观的联系,就在于两者均将城市空间视为日常生活空间,或城市使用者、城市居民的空间,而城市空间本身作为一种社会纽带、沟通中介,则在人们的传播、交往实践中扮演着基础性的媒介角色,它连接一

---

[1] (美)保罗·亚当斯:《媒介与传播地理学》,袁艳译,北京:中国传媒大学出版社,2020年,第172页。

切,同时也作为第三方主体参与到城市社会关系的建构过程之中。与此同时,"再现空间"与"互动媒介"两种城市空间观的共同点还体现在它们都与主导性社会秩序相抗衡,与作为"空间再现－传播内容"的城市空间观对立,坚持为城市使用者应得的城市权利发声。

(四)交互的三元空间:建基于二元构形之上的三元传播关系[①]

前文通过对照列斐伏尔的空间三元论与城市传播学者的城市空间观,尝试挖掘空间生产理论与城市传播研究之间的思想交汇点。列斐伏尔的空间三元论是其空间生产理论的重要组成部分,他将空间概念化为"空间实践""空间再现""再现空间"三种类型。这一"三分法"与城市传播学者的城市空间观——亦即将城市空间视为传播语境、传播内容或互动媒介的观点——具有潜在的观念联结。

具体而言,作为"空间实践－传播语境"的城市空间,指的是传播实践据以发生的、能够被人们感知到的物质环境;作为"空间再现－传播内容"的城市空间,指的是被城市管理者以抽象化、符号化方式构想和打造的、能够为资本积累活动创造必要条件的概念空间;作为"再现空间－互动媒介"的城市空间,则指涉城市使用者的空间,汇聚普通人日常生活经验的空间,它是连接城市空间中的人、事物与环境的纽带,也是参与城市传播活动的行动者之一员。

[①] 本书对这种三元传播关系论的进一步探讨详见第五章。

三种城市空间之间存在一种内在的辩证张力,其基本关系结构表现为支配与抵抗的社会力量之间的二元关系,亦即"空间再现-传播内容"与"再现空间-互动媒介"两种城市空间的对立。而"空间实践-传播语境"所指涉的感知空间则成为支配与抵抗的社会力量相互争夺的对象,它们试图借此干预空间生产以及城市社会关系建构的方向。如列斐伏尔所言,"社会空间的结构二元性"支撑着"三元决定","二元性在社会空间的每一次连续重铸中重复出现,在这个过程中获得新的意义,并始终服从于整体运动"。[1] 因此,空间三元论背后隐含的社会关系模式根本上是一种建基于二元关系之上的三元关系模式,它不能被简单地以二元对立的形式加以概括。

将这种以二元性为基础的三元关系模式落实到城市传播活动之中,不难发现,城市管理者与城市使用者之间的矛盾冲突,构成了城市传播关系的基本形态。但与此同时,如若忽视作为城市传播活动第三方的媒介化城市空间的居中调解,即忽视"空间实践"在"空间再现"和"再现空间"之间的摇摆与串联作用,那么我们对城市传播关系的把握最终便仅能停留在二元对立的表象层面,而无法解释这种对立关系生成、运转的内在逻辑。而如果说在发达资本主义社会,城市传播关系的表现形式是以"空间再现"即城市管理者一方为主导,"空间实践"顺从于城市管理者的统治意愿;那么

---

[1] Henri Lefebvre, *The Production of Space*. Translated by Donald Nicholson-Smith. Oxford: Blackwell, 1991, p. 411.

在与之相对的社会主义城市中，城市传播关系的表现形式则应当以"再现空间"即城市使用者一方为主导。在这里，"空间实践"向城市使用者的具体需要偏移，使城市使用者得以在城市传播活动中践行其应得的城市权利。

第三章

现实空间论：作为『空间实践-传播语境』的城市

无论是空间生产理论，抑或是城市传播研究，都曾明确强调城市空间的社会属性，将其视为一种"社会空间""关系空间"，且都力图印证城市与社会之间的密切联系。此外，空间理论学者和城市传播学者也都认识到新传播技术之于空间生产的影响。一方面，传播技术的革新使大众媒体越发深入地介入城市生活和城市建设过程；另一方面，时空压缩趋势以及流动空间的扩张，使得城市生活与传播技术的连接更加紧密。这无不提示我们，发达资本主义社会的城市传播实践所依托的物质现实和社会环境，正随时代发展发生着剧烈变动，而空间生产理论则为我们理解这些变动的本质提供了一种方向性的指引。

第一节　社会空间、关系空间与"可沟通城市"

一、作为社会空间的城市

　　社会空间是空间生产理论的核心范畴，它源于列斐伏尔对空间的社会属性的认识。列斐伏尔试图以社会空间概念超越西方思想传统中物质空间与精神空间的二元论，将一种相对而非绝对、具体而非抽象、融物质与精神于一体的空间观念引入对发达资本主义社会的分析。他由此否定了将空间视为一种自然产物的观点，而主张社会空间是空间生产的结果和前提。也就是说，社会空间本身"来自于被某个活动集团所控制的生产关系"①，它同时也促进了这一生产关系的再生产。列斐伏尔进而将社会空间的含义归结为四个方面：其一是"自然空间的消失"，人类的大规模开发使得自然成为人类世界的空洞背景；其二是"每个社会都生产自己的空间"，社会结构变迁必然带动社会空间的更替；其三是"我们关于空间的知识是对生产过程的复制和说明"，亦即空间知识来源于人们对空间生产过程的认识；其四是"每种生产方式都有其特定的空间，从一种方式向另一种方式的转变会产生一个新的空间"，因此空间是历史性、相对性的。②

在20世纪下半叶的发达资本主义社会，社会空间的生产逻辑以维护资产阶级的政治、经济、文化利益为中心，这种空间生产逻辑及其生产方式集中体现在资本主义城市空间之中。资本主义城市空间在大工业推波助澜下战胜乡村，"它把自然形成的性质一概消灭掉，它还把所有自然形成的关系变成货币的关系"③。在大工业资本的支配与剥削下，分工细密、产业集中的城市空间成为现代人生活、工作的绝对中心，它集聚了最广泛的人群、产品和生产资料。如列斐伏尔便认为，城市空间反映了现代社会空间的诸多基本层

---

① （法）亨利·列斐伏尔：《都市革命》，刘怀玉、张笑夷、郑劲超译，北京：首都师范大学出版社，2018年，第176页。
② Henri Lefebvre, *The Production of Space*. Translated by Donald Nicholson-Smith. Oxford: Blackwell, 1991, pp. 30—31, 37, 46.
③ 马克思、恩格斯：《德意志意识形态（节选）》，载《马克思恩格斯文集（第一卷）》，北京：人民出版社，2009年，第566页。

面，而这些在城市之外是难以发觉的。城市空间集中并积累"人群、商品、行为与象征"，同时也将互为矛盾的元素整合为一体，如中心与边缘、历史与现代等，因此具有一种"辩证的中心性"。①

这种"辩证的中心性"使城市空间成为"社会实践（也就是作为生产关系再生产）的场所和中介"②。具体而言，城市空间一方面为上层资产阶级的资本积累活动和意识形态操作创造条件；另一方面也为城市中普通人的阶级斗争提供了渠道，使其能够通过对城市空间的"取用"（appropriation）反抗上层资产阶级的"支配"（domination）。如此一来，资本主义城市空间就应当被理解为城市中压迫者与被压迫者之间相互作用的产物，如多琳·马西所言："空间即空间的关系建构……空间的展开即相互作用。"③ 从这一点出发，城市空间就是资本主义社会生产关系最集中的反映，从而也就成为空间理论学者批判发达资本主义社会关系二元矛盾的入口。

由此，列斐伏尔对城市空间"辩证中心性"的强调，进一步将发达资本主义社会的城市问题转化为社会关系问题，促使空间理论学者从一种关系性视角出发理解城市空间的社会意义，尤其关注城市空间中城市管理者和城市使用者之间的协商、冲突是如何与城市空间的生产过程相互作用的。在这一问题意识的引领下，哈维等空

---

① Henri Lefebvre, *The Production of Space*. Translated by Donald Nicholson-Smith. Oxford: Blackwell, 1991, p. 101.
② （法）亨利·列斐伏尔：《空间与政治》，李春译，上海：上海人民出版社，2015年，第31页。
③ （英）多琳·马西：《保卫空间》，王爱松译，南京：江苏教育出版社，2013年，第85页。

间理论学者逐渐发展出"关系空间"概念，这一概念的提出意味着城市空间的社会关系建构活动——一种城市传播活动——已被空间理论学者引以为理解发达资本主义城市的中心问题之一。

二、关系空间：城市空间与社会关系的辩证运动

在列斐伏尔等新马克思主义空间理论学者看来，城市空间与城市社会关系相互交织、相互影响，"空间和空间政治'表现'了社会关系，但也反过来影响了它们"[①]。实际上，无论是人与人、人与物、人与环境之间的关系，抑或是调和、妥协、冲突等种种互动行为，都对城市社会空间的生产与再生产具有重要影响。在此基础上，哈维提出"关系空间"概念，以此概括城市空间与城市社会关系的辩证运动。

哈维认为：关系空间观点可追溯至莱布尼茨（G. W. Leibniz）对空间的关系性本质的认识，它与源起于自然科学领域的"绝对空间"与"相对空间"观点形成对比。对莱布尼茨而言，关系空间意味着"一个客体只有在包含并表现出它与其他客体的关系时才能存在，在此意义上，空间被客体涵盖其中"[②]。也就是说，空间作为客体，其生成有赖于与其他客体间的联系与互动。在此，"关系"本

---

① （法）亨利·列斐伏尔：《都市革命》，刘怀玉、张笑夷、郑劲超译，北京：首都师范大学出版社，2018年，第17页。
② David Harvey, *Social Justice and the City*. Athens: The University of Geogia Press, 2009, p. 13.

身成为一种先验性、决定性的力量，它将空间存在的前提锚定在客体间相互作用的动态过程中，"过程不在空间之中发生，而自行决定其自身的空间结构。空间概念是嵌在或内居于过程之中的"①。哈维对莱布尼茨的关系空间观的发展，意味着他延续了列斐伏尔的社会空间观点，将空间本身视为社会关系与社会实践的产物。与此同时，如列斐伏尔一般，哈维也意识到空间反过来作用于社会关系建构的可能，它"对日常生活的秩序产生各种物质性的后果"②。

基于此，哈维的关系空间观可以说是空间生产理论所强调的"社会-空间辩证法"的延伸，它既指涉社会关系的空间性，亦显示出空间对社会关系的依赖。在列斐伏尔看来，"社会"与"空间"的辩证关系，意味着社会关系与空间生产过程之间相互影响、相互构造，"空间里弥漫着社会关系；它不仅被社会关系支持，也生产社会关系和被社会关系所生产……空间性的实践界定了空间，它在辩证性的互动里指定了空间，又以空间为其前提条件"③。列斐伏尔对社会关系与空间生产之间这种紧密联系的强调，究其根本，是意在以空间问题为对象发展马克思的辩证法观念，后者从人类历史演进中发现了人类活动与环境变化之间的辩证规律，"人们自己创造自己的历史，但是他们并不是随心所欲地创造，并不是在他们自己

---

① （美）大卫·哈维：《作为关键词的空间》，付清松译，载陶东风、周宪主编：《文化研究（第10辑）》，北京：社会科学文献出版社，2010年，第48页。
② （美）戴维·哈维：《后现代的状况》，阎嘉译，北京：商务印书馆，2003年，第255页。
③ （法）亨利·列斐伏尔：《空间：社会产物与使用价值》，王志弘译，载包亚明主编：《现代性与空间的生产》，上海：上海教育出版社，2003年，第48页。

选定的条件下创造,而是在直接碰到的、既定的、从过去承继下来的条件下创造"①。同时,列斐伏尔也在社会空间与社会关系的辩证互动中,发现了二者融为一体的可能。也就是说,在他看来,社会空间本身便可等同于一种社会关系,"它是事物(客体与产品)之间的一系列关系"②。

列斐伏尔对社会空间与社会关系互为一体的认识,对哈维的关系空间概念给予极大启发。关系空间与绝对空间、相对空间的不同之处,恰恰在于其对社会关系作为空间本质的把握,这使它拒绝了某种精神主宰或物质主宰,而将空间本身视为一种社会性、历史性产物。与此同时,关系空间同样包含物质性维度:一方面,社会关系作为一种现实世界的社会实践活动影响实体空间的规划;另一方面,空间则通过其实体存在对社会关系进行干预或引导。如索亚便通过对列斐伏尔观点的解读指出:"由社会生产的空间,就是各具有主导性的生产关系得到再生产之所在。这些具有主导性的生产关系以一种具体的和人造的空间性形式得到再生产。"③ 因此,社会空间与社会关系互为构造、相互嵌入的过程,亦是一个社会关系作用于现实空间并被其反作用的过程。

---

① 马克思:《路易·波拿巴的雾月十八日》,载《马克思恩格斯全集(第十一卷)》,北京:人民出版社,1995年,第131—132页。
② Henri Lefebvre, *The Production of Space*. Translated by Donald Nicholson-Smith. Oxford: Blackwell, 1991, p. 83.
③ (美)爱德华·W. 苏贾:《后现代地理学》,王文斌译,北京:商务印书馆,2004年,第140页。

此外，关系空间观也进一步否定了将空间视为一种"容器"的观点。这一观点在 20 世纪上半叶伴随现代城市规划与城市生态学研究的兴起而兴盛一时。概括地说，它拒绝承认空间本身所具有的能动性，而仅仅把空间当作一种承载人们社会实践活动与社会关系的空洞背景，这一观点显然与社会空间、关系空间观点相悖。对后者而言，空间"是由产生于生产方式历史进程中的结构和形式组成的"①。因此，将城市社会空间及其人造环境理解为机械、静态的"容器"，是对空间的社会属性的抹杀。列斐伏尔认为：这种空间"容器"论的盛行，应归因于在发达资本主义社会占统治地位的抽象理性主义意识形态盛行，它刺激人们对抽象理性盲目推崇，当人们试图理解空间时，仅仅停留在对其形象、意象的把握，而无法深入它背后复杂的现实社会关系。因此，抽象理性主义是"容器论"的观念支撑，列斐伏尔甚至指出：对"容器"论的纠正最终极有可能动摇抽象理性主义的意识形态幻象对人们思维与实践的统治。②

而作为与"容器"论相对立的观点，关系空间观引导我们将城市空间视为一种社会关系产物，在"社会－空间辩证法"指引下理解城市空间与社会关系相互构造、相互嵌入的特点。与此同时，关系空间观也促使我们在城市研究中贯彻一种"历史地理唯物主义"

---

① （美）理查德·皮特：《现代地理学思想》，周尚意等译，北京：商务印书馆，2007 年，第 152 页。
② Henri Lefebvre, *The Production of Space*. Translated by Donald Nicholson-Smith. Oxford: Blackwell, 1991, p. 94.

的研究思路,这一思路与"原子主义的唯物主义"不同,它强调"我们对'事物'的理解,无论是定性的还是定量的,都需基于'事物'的内在化过程与关系……一切事物远非自成一体,而是取决于它与其他事物的关系,它在其他事物中发现自己"①。关系空间观对社会关系的决定性作用的强调,使其与城市传播研究的问题域形成交集。后者同样聚焦于城市内部的社会关系问题,将城市社会关系的形成、演化与影响作为其重要议题之一,对"瞬息万变的传播环境中的社会关系"②时刻保持密切关注。而城市传播学者所推崇的"可沟通城市"概念,便蕴含着他们对一种理想化的城市传播环境或关系空间形态的设想。

三、从社会空间、关系空间到"可沟通城市"

"可沟通城市"概念最早由荷兰学者塞斯·哈姆林克提出③,他将"可沟通城市"定义为"允许居民和游客在其中互动并进行'放松的对话'的场所"④,"可沟通城市"将有助于缓解城市中日益激化的社会冲突,使不同阶级之间的对话成为可能。从列斐伏尔的

---

① Henri Lefebvre, *Dialectical Materialism*. Translated by John Sturrock. Minneapolis: University of Minnesota Press, 2009, p. 71.
② Gene Burd, Susan Drucker & Gary Gumpert, eds. *The Urban Communication Reader*. Cresskill: Hampton Press, 2007, p. 12.
③ 参见 Gary Gumpert & Susan J. Drucker, "Communicative Cities," *The International Communication Gazette*, vol. 70, no. 3—4, 2008.
④ Cees J. Hamelink, "Urban Conflict and Communication," *The International Communication Gazette*, vol. 70, no. 3—4, 2008.

"城市权利"概念出发,哈姆林克指出:对于当代城市居民而言,使其免于受压迫的方式,便是使其获得"可沟通城市"的权利,这一权利意味着"城市环境……允许人们传递、寻求、接受和交换信息、想法和意见,相互倾听和相互学习,在这种环境中,他们的自主权、安全和自由得到保障"[1]。换句话说,在哈姆林克对"可沟通城市"的设想中,城市传播环境建设的决策权应从城市管理者转移到城市使用者手中,也就是从少数精英转移到广大民众手中。这一设想与列斐伏尔的"城市权利"概念形成了明显的呼应。

在列斐伏尔那里,"城市权利"作为理想化的城市社会关系的支柱,指涉"一种有待实现的总体性……它指的是城市居民的权利,还有那些在交通、信息和交易的网络与流通中出现而结成(在社会关系的基础上)的团体的权利"[2]。因此,列斐伏尔将城市居民获得"城市权利"视为其反抗发达资本主义社会统治的关键一环,只有在人们能够行使"城市权利"之时,一种建立在平等沟通基础上的城市社会才有望出现。在城市传播学者推崇的城市观察家简·雅各布斯的论述中也有类似观点,她同样认为:"唯有当大城市的街道具备了内在的特性,让互不相识的人能够在文明的、带有基本的尊严和保持本色的基础上平安地相处、容忍……(它)才是可能

---

[1] Cees J. Hamelink, "Urban Conflict and Communication," *The International Communication Gazette*, vol. 70, no. 3—4, 2008.
[2] (法)亨利·列斐伏尔:《空间与政治》,李春译,上海:上海人民出版社,2015年,第13页。

的和正常的。"①

因此，不妨说城市传播意义上的"可沟通城市"概念，是城市传播学者为城市居民争取"城市权利"的理论尝试，它希冀于通过城市主导权的转移实现城市社会关系的平等化。"可沟通城市"概念也呼应了空间生产理论中的社会空间、关系空间观点。如冈伯特和德鲁克便借鉴空间理论的观点指出："地方是社会关系的空间……社会关系、历史变迁以及个人日常生活不断变化的空间性的交叉构成一个地方的意义以及它区别于其他地方的特点……地方由沟通机会创造。"② 在此基础上，他们主张从社区出发建设"可沟通城市"，"作为沟通场所的城市与作为社区的城市是联系在一起的……沟通、社区与城市不可避免地与互动、接触和交谈行为联系在一起"。③ 里奥·杰弗里斯（Leo W. Jeffres）也持相似观点，他认为："一个可沟通城市指的是这样一个社区，其环境有助于一个沟通系统的发展，此沟通系统将城市居民融入一个动态的整体之中，使城市居民能够参与市民活动和发挥各种作用，使移动性和稳定性之间的平衡成为可能。"④ 由此可见，"可沟通城市"概念体现

---

① （加）简·雅各布斯：《美国大城市的死与生：纪念版》，金衡山译，南京：译林出版社，2006年，第64页。
② Gary Gumpert & Susan J. Drucker, "Communicative Cities," *The International Communication Gazette*, vol. 70, no. 3—4, 2008.
③ Gary Gumpert & Susan J. Drucker, "Communicative Cities," *The International Communication Gazette*, vol. 70, no. 3—4, 2008.
④ Leo W. Jeffres, "The Communicative City: Conceptualizing, Operationalizing, and Policy Making," *Journal of Planning Literature*, vol. 25, no. 2, 2010.

出城市传播学者对城市空间与社会关系之交叉互构关系的认识,并进一步将"社区"这一对象纳入城市传播研究视野。他们希冀借此打破西美尔(Georg Simmel)的现代城市寓言,帮助人们摆脱"自我退隐"的状态,将人们从"冷漠、憎恨、陌生、厌恶"的社会关系死结中解放出来。①

在考察"可沟通城市"与社会空间、关系空间的关联时,也不能忽视新媒体技术发展带来的影响。如麦夸尔所言,由新媒体技术塑造的关系空间"指的是社会关系的地平线变得大幅开放的当代状况……这种开放性随之带来了构筑跨越空间和时间的社会关系的新自由"②。在其中,"任何主体都可在此发言的立场必须得到积极建构,并通过与他者的对话而合法化"③。麦夸尔由此在关系空间与"可沟通城市"概念之间建立起联系。他将关系空间概念的现实指向具体化为对城市可沟通性的塑造,进而使人们获得交往、沟通的主导权,而不必受制于城市管理者的支配。

基于此,我们可将"可沟通城市"视为社会空间、关系空间在当代城市语境中的具体表现形式,它以实体空间的姿态与社会关系相互构造、相互嵌入,为普通人之间的沟通活动创造了必要的物质

---

① (德) 格奥尔格·西美尔:《大都会与精神生活》,费勇译,载汪民安、陈永国、马海良主编:《城市文化读本》,北京:北京大学出版社,2008年,第136页。
② (澳) 斯科特·麦奎尔:《媒体城市》,邵文实译,南京:江苏教育出版社,2013年,第32页。
③ (澳) 斯科特·麦奎尔:《媒体城市》,邵文实译,南京:江苏教育出版社,2013年,第290页。

条件，它"激发市民的对话和参与，无论是面对面的，抑或由传播技术虚拟的……它通过使用新媒体混合、满足和融合市民话语中遥远的、不同的'他者'，创造出一种强烈的城市归属感和对城市的热爱"[①]。以此为前提，马萨贾尼斯和加拉格尔对"可沟通城市"涉及的主要维度进行了划分，分别为"构成社会互动的地点和机会的活动""构成城市基础设施的因素"，以及"具有政治和公民性质的因素"。[②] 可见，城市传播学者对"可沟通城市"的探究并不仅限于将沟通视为一种人际交往活动，而是从城市实体空间、新媒体技术和城市政治等多个方面切入，考察人与人、人与物、人与环境的沟通与交互行为，以及这些行为背后的社会意义。这也是"可沟通城市"与社会空间、关系空间有所呼应之处，它们共同指向一种具有现实关怀且以人为中心的空间生产策略。

第二节 传播媒介、技术革新与"媒体城市"

一、大众媒体与城市空间生产

在新马克思主义空间理论视域下，大众媒体通常被视为城市管

[①] Gene Burd, "The Mediated Metropolis as Medium and Message," *The International Communication Gazette*, vol. 70, no. 3—4, 2008.
[②] Matthew D. Matsaganis, Victoria J. Gallagher & Susan J. Drucker, eds. *Communicative Cities in the 21st Century*. New York: Peter Lang, 2013, p. 5.

理者的一种统治手段。借助大众媒体的力量，城市管理者推行的增长主义战略主导了城市空间生产的方向。如本·阿格（Ben Agger）所言："商品交换关系不仅包括剩余价值的生产，也包括虚假意识的创造，就经济参与者而言，他们认识不到他们身陷其中的经济关系不是自然而然产生的，而是历史性的，因此是可以改变的。在技术资本主义时代，文化消费者几乎不可能认识到电子媒体是政治机构高度媒体化的场所。"[①]

新马克思主义空间理论学者以大众媒体在城市空间生产过程中扮演的角色为批判对象。如前所述，在空间理论学者看来，城市空间生产即城市空间本身的生产，而非城市中特定事物的生产，在此，"空间，包括与它有关的一切，都会是生产剩余价值的中介和手段"[②]，大众媒体也不例外。正是基于这一认识，列斐伏尔将城市空间生产类比为"某种商品的生产"，它"被占据、被管理了，已经是过去的战略的对象了，而人们始终没有发现它的踪迹"[③]。而城市空间生产者之所以能够不露踪迹地占据空间、支配空间，进而控制人们在城市空间中的移动、交往和消费等种种社会行为以贯彻其经济增长目标，固然离不开资本主义社会统治机构之间的通力协

[①] （美）本·阿格：《作为批评理论的文化研究》，张喜华译，开封：河南大学出版社，2010年，第85页。
[②] 汪民安：《身体、空间与后现代性》，南京：江苏人民出版社，2006年，第101页。
[③] （法）亨利·列斐伏尔：《空间与政治》，李春译，上海：上海人民出版社，2015年，第37页。

作，它们"所有的设计都以某种方式干预了空间的生产"①，但更重要的是，空间生产者借大众媒体建构了增长主义意识形态之于城市发展的合理性和必要性。

人们在大众媒体营造的意识形态幻象遮蔽下难以察觉资本逻辑与城市生活之间的根本矛盾，因而也就无法对资产阶级的社会统治秩序展开具有针对性的反抗，这正印证了哈维对借大众媒体之力施行意识形态控制的城市统治策略的批判。如其所言，"统治阶级联盟需要找到方法来创造新的社区传统，使之能够对抗或者同化阶级对立"，譬如通过"新近出现的大众媒体来实现的意识形态控制，以及对作为一种社会权力形式的空间的掌控"。② 在这里，所谓"同化阶级对立"，也就是城市管理者借助大众媒体的力量在城市社会不同阶级之间营造一种一致性幻觉，将城市社会关系中内在的矛盾和冲突掩盖在协调、平衡的政治生活表象之下，赋予资产阶级统治及其增长主义意识形态以合理性。

由此，一种基于"功能性和可见性"的资本主义"现代性"逻辑便在大众媒体的推波助澜下得以建立，它带来"非比寻常的幻灭……强制性的意识形态麻醉"，使得"反自然（抽象和符号）"在城市生活中占据主导，同时"大众宣传性的幻象"亦造成传统文化

---

① （美）马克·戈特迪纳：《城市空间的社会生产》，任晖译，南京：江苏教育出版社，2014年，第201页。
② （美）大卫·哈维：《资本的城市化》，董慧译，苏州：苏州大学出版社，2017年，第197页。

的崩塌，孕育出"浮浅而精致"的消费主义大众文化。① 在这种现代性逻辑支配下，城市空间被"聚焦书写与形象、由书面文本（新闻、文学）和媒体广播所支撑的幻象空间篡夺"②，大众媒体的力量将具体的城市生活和城市空间的物质性存在通通还原为合乎"理性"规范的抽象再现。

在发达资本主义社会，统治阶级利用大众媒体实施意识形态控制的途径，主要是通过大众媒体将经过人为加工的信息传递给被动接受的受众。这些具有相同意识形态特点的信息的密集灌输，填满了受众展开批判性反思的时间和空间缝隙。当受众的自我感知被剥夺之时，便只能被动地承认其所接受信息的合理性。在此背景下，信息的受众如若未能发展出对信息本身展开批判性反思的能力，便将逐渐被资本主义社会意识形态同化，失去对社会关系复杂性的体认以及自发地抵抗支配的能力。就此，卡斯特写道："同样的信息由少数几处集中化的发射器同时传送给好几百万观众。如此一来，信息的内容与格式就以最低共同标准来制作……最低共同标准存在于控制广电的官僚心目中……观众都被视为大抵上是均质的，或者容易转变为均质的。从大众社会衍生出来的大众文化观念，乃是政

---

① （法）亨利·列斐伏尔：《什么是现代性？——致柯斯塔斯·阿克舍洛斯》，李钧译，载包亚明主编：《现代性与空间的生产》，上海：上海教育出版社，2003年，第43—46页。
② Henri Lefebvre, *The Production of Space*. Translated by Donald Nicholson-Smith. Oxford: Blackwell, 1991, p.52.

府与垄断企业控制新电子传播科技所造就之媒体系统的直接表现。"① 而在发达资本主义城市中,"控制广电的官僚"即掌握了城市媒体机构和传播基础设施主导权的城市管理者,他们通过大众媒体传递一种增长主义意识形态,使城市使用者的沟通活动和社会关系被动地与生产劳动、休闲消费等经济行为相联系,进而为提高城市资本流通效率和巩固城市管理者权力效劳。

城市管理者对大众媒体的利用不仅体现在将其作为统合、控制城市居民意识形态与社会实践的手段;与此同时,城市管理者为从城市发展中获利,亦借助大众媒体力量将城市本身抽象化、商品化,其典型手法就是将城市形象打造为一种符号化商品推销给潜在的城市投资者或消费者。哈维指出:"从资本积累的观点来看,最短暂的那种形象的商品化似乎成了天赐之物,特别是在解除过度积累的其他道路看来被阻塞了的时候。"② 因此,大众媒体对城市形象的营销,一方面意在刺激企业、金融资本对城市空间的长期投资;另一方面则试图吸引个人闲暇时间的短期消费,将个人的生产所得重新纳入城市资本循环的整体之中。在此背景下,发达资本主义社会的城市居民在大众媒体和广告中所见的城市形象,实则是为城市管理者及其所代表的上层资产阶级利益服务的"伪形象",它传递了一种人为构造的虚假欲望。这种经由大众媒体展示的城市形象,

---

① (美)曼纽尔·卡斯特:《网络社会的崛起》,夏铸九、王志弘等译,北京:社会科学文献出版社,2001年,第410页。
② (美)戴维·哈维:《后现代的状况》,阎嘉译,北京:商务印书馆,2003年,第360页。

尽管努力营造某种差异性，却不可避免与其他功利主义的城市形象设计趋于同质。

此外，发达资本主义社会的城市管理者对大众媒体的利用也随传播技术本身的变迁而发生变化，尤其是伴随互联网技术兴起，城市管理者越发注重开发数字媒体在巩固资本主义社会意识形态、刺激资本投资与扩大消费方面的潜力。如刘怀玉便在列斐伏尔观点的基础上指出：城市管理者对数字媒体的应用实际上进一步加深了城市空间的抽象化程度，在以数字终端和应用程序为中介的网络沟通活动中，"意义丰富、生动活泼的语言表达过程蜕化堕落成为一种单调的宣传过程。在这些光怪陆离、纷纷攘攘的媒体与广告工业的淹没下，每个人都显得有些不知所措，只能消极处之"。① 这意味着，尽管数字媒体技术为人们跨越物理空间的信息传递、意义沟通创造了条件，但人们的传播实践和社会关系建构仍然在城市管理者与媒体机构的无形控制下受到约束。这一现象最明显地体现在数字应用的实时数据记录与远程监控行为中，"这种实时的远程监控永不疲倦地窥视着偶然事件，即兴事件，突如其来发生的事情"②。处于数字监控之下的城市居民，他们彼此之间的互动与交流被城市管理者抽象化为数据与数据之间的链接，可被任意调控。正是在这个意义上，克里斯蒂安·福克斯（Christian Fuchs）指出，一种"数

---

① 刘怀玉：《现代性的平庸与神奇》，北京：中央编译出版社，2006年，第319页。
② （法）保罗·维利里奥：《视觉机器》，张新木、魏舒译，南京：南京大学出版社，2014年，第128—129页。

字资本主义的异化空间"已在 21 世纪渐趋成型，它压制了"自我管理和社会化的互联网与数字媒体环境"。①

二、时空压缩与传播技术革新

自 20 世纪下半叶以来，包括交通、通信技术在内的人类技术革新已根本性地改变了城市社会的传播图景。全球化时代日益激化的城市间竞争，则使得"技术革新的加速成为垄断阶级获取利益的主要手段"②。发达资本主义城市管理者将新技术手段积极运用于城市空间生产与再生产的过程当中，以进一步提升城市空间的资本运作能力，并从中谋求上层资产阶级的权力巩固与利益最大化。

新马克思主义空间理论学者着重关注的技术革新领域是 20 世纪下半叶以来交通、通信等传播技术的变革及其在城市中的应用。早在马克思、恩格斯那里，19 世纪的交通、通信技术进步便被视为资产阶级"通过时间消灭空间"以扩大资本积累的基本条件。借由交通、通信技术的发展，资本流通的空间障碍大大减少，世界市场进而取得大规模发展，"这种发展又反过来促进了工业的扩展，同时，随着工业、商业、航海业和铁路的扩展，资产阶级也在同一程度上发展起来，增加自己的资本，把中世纪遗留下来的一切阶级

---

① Christian Fuchs, "Henri Lefebvre's Theory of the Production of Space and the Critical Theory of Communication," *Communication Theory*, vol. 29, no. 2, 2019.
② （美）马克·戈特迪纳：《城市空间的社会生产》，任晖译，南京：江苏教育出版社，2014年，第 218 页。

排挤到后面去"①。此外，交通、通信技术的进步也为工人阶级之间的沟通和联合抵抗创造了条件，"交通工具把各地的工人彼此联系起来。只要有了这种联系，就能把许多性质相同的地方性的斗争汇合成全国性的斗争，汇合成阶级斗争"②。进入20世纪以来，随着电话、计算机乃至移动互联网技术的发展与普及，马克思、恩格斯关于"通过时间消灭空间"的论断具备了更加可靠的现实性。特别是1945年后西方资本主义城市不断加速的郊区化进程，进一步印证了交通、通信技术对城市中心与边缘空间、"内与外的对立"的瓦解，这促使"不相连的大都市边缘地区合并成一个单一的城市集合"③。

交通、通信技术的进步不仅改变了现代资本主义社会的城市面貌，更被城市管理者运用于全球城市间竞争活动之中，以使地方性城市上升为"金融资本、信息收集和控制以及政府决策的中心"④，乃至成为具有世界影响力的"全球城市"。在飞速发展的交通、通信技术驱使下，"大量积聚的资本与劳动在复杂得难以置信的都市地区走到了一起，运输和通信系统则在全球伸展成了宽广的网络，

---

① 马克思、恩格斯：《共产党宣言》，载《马克思恩格斯文集（第二卷）》，北京：人民出版社，2009年，第32—33页。
② 马克思、恩格斯：《共产党宣言》，载《马克思恩格斯文集（第二卷）》，北京：人民出版社，2009年，第40页。
③ Paul Virilio, *The Lost Dimension*. Translated by Daniel Moshenberg. New York: Semiotext, 1991, p. 12.
④ （美）大卫·哈维：《资本的城市化》，董慧译，苏州：苏州大学出版社，2017年，第214页。

让信息、观念、物质产品乃至劳动力得以相对轻易地四处迁移……整个景观是不可磨灭地、不可逆转地按照资本主义的命令来创建的"①。可见,得益于交通、通信技术的发展,一种全球化的资本流通和信息传播网络在城市间竞争的全球语境中得以建立起来。

在此背景下,哈维所关注的"时空压缩"现象,为发达资本主义社会的城市统治阶级克服过度积累问题、谋求自身利益最大化创造了更加充分的物质条件。在他看来,"时空压缩"意味着"资本主义的历史具有生活步伐方面加速的特征,而同时又克服了空间上的各种障碍,以至于世界有时显得是内在地朝着我们崩溃了……空间显得收缩成了远程通信的一个'地球村'"②。而由"时空压缩"带来的全球整合,其必不可少的前提条件便是交通、通信等"传播技术"的高速发展,"新的传播技术的普遍化推广,以及信息、金融和商品的流动力大大压缩了全球的时空,使得地方文化不得不作出让步"③。总之,无论交通、通信技术如何进步,只要资本主义社会制度及其增长主义意识形态仍保留着"合理性"的伪装,那么它们所带来的社会变化便唯有以资产阶级统治者的利益诉求为主导,压制地方文化的差异性和普通人的生活空间,甚至许多普通人从未有机会体验统治精英感受到的时空压缩的好处。用多琳·马西的话

---

① (美)大卫·哈维:《资本的限度》,张寅译,北京:中信出版社,2017年,第576页。
② (美)戴维·哈维:《后现代的状况》,阎嘉译,北京:商务印书馆,2003年,第300页。
③ (英)迈克·费瑟斯通:《消解文化》,杨渝东译,北京:北京大学出版社,2009年,第141页。

说，这涉及"流动和运动的权力问题","一些人比其他人更多地掌管这个权力；一些人在起初便有的流动和运动，其他的人并没有参与进来；一些人是这种权力的接收终端；一些人被这种权力有力地囚禁了起来"。① 这就促使我们回到空间生产理论及其社会空间观，思考技术手段如何与不平等的社会权力关系共谋，以及技术手段干预城市空间生产的基本逻辑。

在列斐伏尔看来，社会空间不仅是资本主义社会统治阶级支配下的政治性、策略性产物，同时也是"经济和技术活动的产物"，它通过经济和技术的人为手段对自然世界的"原材料"进行加工，塑造出城市的基本形态。② 而无论是空间本身的社会生产，还是空间中社会关系的生产，都离不开以"技术和知识"为中心的生产活动。但我们也需认识到，尽管列斐伏尔肯定了技术干预空间生产的可能性，但他并未如他所批判的"空间科学"一般陷入"技术乌托邦"或"技术决定论"的执念之中。

在列斐伏尔那里，所谓"空间科学"的典范，正是 20 世纪上半叶统治城市社会学领域的芝加哥学派城市生态学研究。如作为列斐伏尔后继者之一的戈特迪纳便将城市生态学研究归之于一种"技术简化论"，以揭示其"过分突出了仅仅一个因素——技术革

---

① （英）多琳·马西：《空间、地方与性别》，毛彩凤、袁久红、丁乙译，北京：首都师范大学出版社，2018 年，第 190 页。
② Henri Lefebvre, *The Production of Space*. Translated by Donald Nicholson-Smith. Oxford: Blackwell, 1991, p. 84.

新——来解释城市增长和变化"①的问题。与城市生态学研究相反，列斐伏尔的空间生产理论则从社会空间视角切入，将城市空间的"发展"理解为"经济、政治和文化因素相联系的结果"②。从这种社会空间观点来看，城市空间生产过程中的技术干预也就被赋予政治性、策略性意义，它不单纯是对城市空间物质表象的改造，更是城市管理者实施意识形态控制的辅助手段，作为一种服务于上层资产阶级利益的"有效用的治理技术"③发挥作用。如哈维所言："部署新技术的斗争是城市地区所实现的结构一致性的基本原则。"④因此，为了建构资本与劳动力之间或者说城市管理者与城市使用者之间协调一致的表象，发达资本主义社会的城市管理者不得不寻求技术手段的帮助，以在表面上改善城市生活条件，满足城市使用者的需求，并有限度地为不同阶级之间的交流提供渠道，以此缓解资本主义城市社会的阶级对立。

发达资本主义社会城市管理者不仅借助技术手段将其增长主义意识形态强加于城市社会之上，还依靠技术革新的力量将城市空间塑造为更加具有投资和消费吸引力的场所。在全球化背景下，资本主义企业为了避免过度积累问题对其利润收益造成损失，通过"空

---

① （美）马克·戈特迪纳、雷·哈奇森：《新城市社会学》，黄怡译，上海：上海译文出版社，2018年，第94页。
② （美）马克·戈特迪纳、雷·哈奇森：《新城市社会学》，黄怡译，上海：上海译文出版社，2018年，第114页。
③ 汪民安：《身体、空间与后现代性》，南京：江苏人民出版社，2006年，第106页。
④ （美）大卫·哈维：《资本的城市化》，董慧译，苏州：苏州大学出版社，2017年，第139页。

间上的转移吸收地理上扩展的过量资本和劳动力……创造资本主义生产在其中可以继续进行的各种新的空间,增加贸易和直接投资,探索剥削劳动力的各种新的可能性"①,借此不仅可缓解企业自身的经营风险,亦可使其在更适宜的环境中剥削劳动力剩余价值。此即哈维所谓资本主义企业的"空间修复"活动。为了顺应资本主义企业进行"空间修复"的需要,吸引企业资本投资,城市管理者不仅要充分利用城市区位优势、产业优势或成本优势,亦需借助技术革新的力量改善城市空间的生产和消费环境。唯其如此,才能在21世纪的全球城市间竞争中取得优势,为城市管理者及其代表的阶级群体创造更大收益。但哈维同时指出,城市间不断加剧的技术竞争,"对加速周转时间和加速积累的推进",也可能导致城市发展的失衡,即城市中不同阶级之间或全球不同区位之间发展不平衡的加剧,这被哈维视作资本主义社会的"永久性威胁"。②

在日趋恶化的全球技术竞争形势刺激下,掌握技术手段和专业化知识的技术官僚与城市规划者便成为发达资本主义社会城市管理者意图拉拢的盟友,以借其之手引导城市空间生产和城市社会治理的走向。列斐伏尔认为,信奉新自由主义③的技术官僚的"高级社

---

① (美)戴维·哈维:《后现代的状况》,阎嘉译,北京:商务印书馆,2003年,第231页。
② (美)大卫·哈维:《资本的城市化》,董慧译,苏州:苏州大学出版社,2017年,第141页。
③ 哈维认为:新自由主义意识形态指的是"在金融机构和人民福祉发生冲突时,(资本主义国家)把人民撇在一边",它提倡"个人责任",却"坚持这些规则所付出的代价和毫无道理可言的建设性摧毁"。参见(美)戴维·哈维:《叛逆的城市》,叶齐茂、倪晓晖译,北京:商务印书馆,2014年,第26页。

会政治实践","扩张和突出了:工具性的空间、对这一工具的熟练运用、空间的政治化、部署在空间中的战略"。① 这种处于技术官僚统治之下的城市空间,漠视城市居民及其日常生活的现实需要,除非它可被转化为某种盈利手段。诚如马克·波斯特(Mark Poster)引萨特观点所言:"通过广告手段和新的宣传技术,官僚制度能够将社会的惰性群列性运用到空前的程度,提升了总体国家控制社会的令人担忧的可能性……个体使自己成为官僚制度想要他成为的东西。"②

此外,与资本主义城市管理者结盟的城市规划者也试图以其"科学"代言人的身份掌控城市空间生产和人们社会关系建构的方向。通过对城市地理界域的切割和重组、对城市建筑有针对性的功能设计,城市规划者俨然如米歇尔·德·塞托(Michel de Certeau)笔下居于城市上空的"观察者"一般,"编织着吸引读者的假想,这假想将城市的复杂性变得可读,并且把城市中模糊不清的流动固定成一纸透明的书页"③。哈维则从城市政治出发,进一步将那些"非常强调技术的统治地位"的城市规划者视为资本主义社会秩序的"现状维护者",他们所呼吁的合理性的规划理想实则是一种面

---

① (法)亨利·列斐伏尔:《空间与政治》,李春译,上海:上海人民出版社,2015年,第118页。
② (美)马克·波斯特:《战后法国的存在主义马克思主义》,张金鹏、陈硕译,南京:南京大学出版社,2015年,第269—270页。
③ (法)米歇尔·德·塞托:《日常生活实践:1. 实践的艺术》,方琳琳译,南京:南京大学出版社,2009年,第169页。

向上层资产阶级的意识形态承诺，进而通过将"技术性理解与必要的意识形态相整合"，实现"以一种现实而有效的方式干预的能力及以一种看起来正当合法的方式镇压、收买和同化的能力的复杂混合"。① 在此基础上，城市政治问题便被强行转化为一个技术问题。在"技术资本主义"视域下，城市空间生产和城市社会关系建构过程中唯一不变的便是对资本利益的无尽追求。

三、网络社会与"媒体城市"

在新马克思主义空间理论阵营内，如果说列斐伏尔因其生活时代所限未能对网络传播技术及其衍生的数字基础设施展开较为细致的论述，那么在他之后包括哈维、卡斯特在内的空间理论学者则站在跨世纪的交界点上，纷纷将目光聚焦于这种新传播技术在城市空间生产和城市社会生活中可能产生的影响。② 而对于列斐伏尔之后的新马克思主义空间理论学者来说，尽管网络传播技术和数字基础设施的兴起已根本性地改变了城市结构及其传播面貌，但出于一贯的对资本主义社会统治的质疑精神，他们仍然未改将新技术手段的

---

① （美）大卫·哈维：《资本的城市化》，董慧译，苏州：苏州大学出版社，2017年，第176页。
② 列斐伏尔空间理论著作的出版时间主要集中于 20 世纪 70 年代初，如《都市革命》（1970）、《马克思主义与城市》（1972）、《空间与政治》（1973）、《空间的生产》（1974）等，而哈维、卡斯特的空间理论著作的出版时间则从 20 世纪 70 年代横跨至今。此外，列斐伏尔生于 1901 年、卒于 1991 年，与哈维（1935—）、卡斯特（1942—）等后辈学者的生活年代跨度较大，因而对于以互联网技术为依托的数字基础设施的敏感程度自然不如后来者。

功能归之于为上层资产阶级利益服务的批判立场。只不过在坚持这一立场的同时,他们也同马克思、恩格斯对19世纪技术发展的辩证思考一般,承认这类新技术的兴起为城市抵抗运动创造了更为有利的条件。在这一点上,他们与城市传播学者达成了一定默契。

哈维认为:全球化背景下的"信息革命"使"空间的非物质化"成为可能,这意味着建立在大众媒体叙述中的城市形象逐渐取代了城市空间的实体维度,成为人们构想城市的出发点。他写道:"通讯领域中'空间的非物质化'源于军事机构,但马上被金融机构和跨国资本当作一种手段来利用,以调整它们在空间上的瞬时行为,结果就形成了一个所谓的非物质化的'赛博空间'……媒体和通讯的空间和时间在一个媒体权力的垄断越来越成为问题的世界中内爆了(尽管自由主义可以通过因特网宣布他们的民主化)。"[1] 由此可见,在哈维看来,20世纪下半叶互联网技术的发展,最终仍免不了被资本主义城市管理者用作控制城市居民、刺激空间消费、巩固自身权力的工具。对于资本主义城市管理者而言,新传播技术的最大价值无非是提供了一种提高城市资本运作效率、加强对城市居民监控和意识形态引导的便捷手段。

与哈维的观点相近,卡斯特在思考互联网等新传播技术对城市空间的影响时,一方面承认其对城市结构和城市社会生活的重塑作用,"我们这个'物质文化'的转变,是由环绕着信息技术而组织

---

[1] (美)大卫·哈维:《希望的空间》,胡大平译,南京:南京大学出版社,2006年,第60页。

的新技术范式促成的"①；另一方面，他也意识到新传播技术被资本主义城市管理者掌控而成为一种控制工具的宿命，"公司与国家是经济增长的真正推动者，它们并不会为了要强化技术或生产力以造福人类而追求技术……获利力与竞争力，才是技术创新与生产力增长背后的真正决定因素"②。因此，即便是步入信息化时代的资本主义城市，"积累的公司精神，消费主义的新生诉求"，仍是"信息主义组织里驱策性的文化形势"。③

与此同时，全球化进程与新传播技术的叠加，则促成了相对于地方空间的"流动空间"的诞生，"它通过信息流远距离运作，这些信息流由电讯、信息系统的电子网络和交通网络处理和传递……作为权力和主要功能空间的流动空间正在将其范围扩展到各种各样的人类活动中"④。流动空间与地方空间的对立与合作是卡斯特眼中网络社会的基本特点，它们之间的二元关系所指涉的正是城市空间中基本的社会关系——在马克思那里是资本与劳动、资产阶级与无产阶级的关系，在列斐伏尔那里是抽象空间与具体空间、空间再现与再现空间的关系。对于卡斯特而言，则是占支配地位的城市精英

---

① （美）曼纽尔·卡斯特：《网络社会的崛起》，夏铸九、王志弘等译，北京：社会科学文献出版社，2001年，第34页。
② （美）曼纽尔·卡斯特：《网络社会的崛起》，夏铸九、王志弘等译，北京：社会科学文献出版社，2001年，第111页。
③ （美）曼纽尔·卡斯特：《网络社会的崛起》，夏铸九、王志弘等译，北京：社会科学文献出版社，2001年，第244页。
④ （美）曼纽尔·卡斯特尔：《信息时代的城市文化》，余莉译，载汪民安、陈永国、马海良主编：《城市文化读本》，北京：北京大学出版社，2008年，第359页。

与被支配的城市大众之间的关系，前者"操纵了使这些空间得以接合的指导性功能"，以满足其阶级利益；后者虽在城市社会中"构成数量上的多数……但在满足支配利益的框架里，其利益仅部分地（如果有的话）呈现出来"。①

在批判城市精英借新传播技术把持资本主义城市主导权的同时，卡斯特也认识到新传播技术在激发和推动脱胎于阶级斗争的城市社会运动方面的潜力，特别是城市空间中的数字基础设施帮助人们从地方接入全球网络的功能，"将地方身份和全球网络聚到一起以恢复权力和体验、功能和意义、技术与文化之间的相互作用"②，无疑为城市社会运动的开展提供了更加便利的条件。正是在新传播技术的协助下，城市居民得以高效交流、互通有无，形成一股集体抵抗力量，向资本主义城市空间的统治权威发起挑战。尤其是进入20世纪90年代后，互联网的私有化进一步使数字基础设施"开始服务于那些已经可以接触消费类电子产品的个人"，进而得以"把不同背景的人聚集在一起，并构成了现代城市集体经验的基础"。③由此，当城市大众能够通过互联网技术接入全球流动空间的信息洪流之时，资本主义城市精英通过"信息沟"获取到的社会优势地位

---

① （美）曼纽尔·卡斯特：《网络社会的崛起》，夏铸九、王志弘等译，北京：社会科学文献出版社，2001年，第509页。
② （美）曼纽尔·卡斯特尔：《信息时代的城市文化》，余莉译，载汪民安、陈永国、马海良主编：《城市文化读本》，北京：北京大学出版社，2008年，第362页。
③ （加）菲利普·N. 霍华德：《卡斯特论媒介》，殷晓蓉译，北京：中国传媒大学出版社，2019年，第12—13页。

便难以维持,城市社会运动作为一种"有意识的集体行为"反抗"统治阶级的逻辑、利益和价值"的潜力将借此充分释放。①

但与此同时,卡斯特也坚持新马克思主义空间理论一贯的批判精神,认为城市社会运动终究无法从根本上改变资本主义社会的压迫与剥削关系,"因为他们缺乏改变经济制度、控制主导文化的生产和传播、挑战现代民族国家力量的手段……'地方乌托邦'一直在反抗统治和剥削,但是自身也无法克服它们"②。这表明如若资本主义社会制度不能得到根本性的颠覆,那么城市社会运动仍不过是民众压力的暂时宣泄,它无法带领人们步入民主的社会主义城市的理想世界之中。

与空间理论学者不同,城市传播学者尽管一样认识到新传播技术被城市管理者所掌握用以控制城市居民,进而造成城市不同社会阶层之间发展不平衡和矛盾激化的现象,但相较于空间理论学者呼吁在资本主义城市中展开激进的社会革命的论调,大多数城市传播学者更希冀于通过资本主义社会的内部改良来重塑城市传播环境和城市社会生活。一方面,在这些持改良主义立场的城市传播学者看来,"每一地区通过信息高速公路的联系,机会均等"③,这促使他们将新传播技术视为有利于城市居民争取社会平等的手段,认为数

---

① Manuel Castells, *The City and the Grassroots*. London: Edward Arnold, 1983, p. 305.
② (英)彼得·桑德斯:《社会理论与城市问题》,郭秋来译,南京:江苏凤凰教育出版社,2018年,第183页。
③ (美)迈克尔·迪尔:《洛杉矶学派和芝加哥学派:欢迎参加辩论》,彭微译,载汪民安、陈永国、马海良主编:《城市文化读本》,北京:北京大学出版社,2008年,第106页。

字媒介对时空界限的跨越可以直接作用于平等的社会关系建构；另一方面，他们也认识到主导新传播技术在资本主义城市中应用场景的仍是城市管理者及其所代表的上层资产阶级群体，他们通过对专业知识和专业人才的垄断，巩固了资本主义城市中管理者和使用者之间的等级关系。这意味着城市使用者相对于城市管理者而言，缺乏对新传播技术的了解和有效掌握，从而陷入一种"新的社会不平等"，"那些掌握技术知识的'内部人士'有能力塑造自己的生活，而那些缺乏技术知识的'外部人士'则没有这样的能力"[1]。这种在二元性社会矛盾基础上建立起来的传播技术观促使城市传播学者从新技术与城市空间、城市生活的具体联系出发，探索被信息技术和数字媒介包裹的城市传播复杂生态。正是在此背景下，麦夸尔提出"媒体城市"概念，用以说明新传播技术在21世纪初资本主义城市空间和城市生活中的介入路径及影响。

与空间理论学者激进的批判立场不同，麦夸尔更注重从技术变革与城市更新的关系中发现新传播技术之于城市发展的积极价值。在观察新传播技术和各类新媒体形式影响下的当代城市空间时，麦夸尔认为："远程信息处理技术中的发展既是城市空间'危机'的本质构成部分，同样也是对这一危机作出的任何有意义的反应的基

---

[1] Matthew D. Matsaganis, Victoria J. Gallagher & Susan J. Drucker, eds. *Communicative Cities in the 21st Century*. New York: Peter Lang, 2013, p. 7.

本部分。"① 由此可见，新传播技术和新媒体平台介入城市空间生产的影响具有两面性，它既可能深化城市危机，同时也有条件动摇危机产生的社会基础，"媒体和城市空间的重叠不会产生一条由消极影响构成的单行线，而是会产生一系列错综复杂的、其结果尚未盖棺论定的可能性和潜质"②，这使麦夸尔的观点与卡斯特颇为相近。

基于此，麦夸尔从"媒体城市"概念出发，考察新传播技术影响下的城市传播活动。他将"媒体城市"界定为一种"媒体－建筑"复合体，在其中，抽象的媒体形式与具体的空间实体相互构造、相互交融，用麦夸尔的话说，即"现代社会生活的空间体验经由建筑结构与都市领地、社会实践和媒体反馈之间的错综复杂的相互构造过程而崛起"③。而随着新传播技术在21世纪的发展势头愈发迅猛，麦夸尔又进一步提出了"地理媒介"概念，它包含"融合、无处不在、位置感知和实时反馈"四个彼此关联的维度，是"由异质化的各种技术（设备、平台、屏幕、操作系统、程序和网络等）构成的新的媒介景观"④。换句话说，麦夸尔以地理媒介概念指涉一种"技术－空间"综合体，在这里，多元的信息传播技术介

---

① （澳）斯科特·麦奎尔：《媒体城市》，邵文实译，南京：江苏教育出版社，2013年，前言第5页。
② （澳）斯科特·麦奎尔：《媒体城市》，邵文实译，南京：江苏教育出版社，2013年，前言第5页。
③ （澳）斯科特·麦奎尔：《媒体城市》，邵文实译，南京：江苏教育出版社，2013年，前言第1页。
④ （澳）斯科特·麦夸尔：《地理媒介》，潘霁译，上海：复旦大学出版社，2019年，第4页。

入到城市空间生产和城市社会生活之中,成为人们城市空间体验的重要组成部分。人们与城市空间的接触因信息传播技术的介入而发展为更加具体的人与城市界面、实体环境之间的沟通活动。在麦夸尔看来,"地理媒介"在数字时代的城市空间中普遍存在,它解放了城市居民的身体实践,使其交往活动可以不限于"在场"和"面对面"的形式,不限于对"直接经验"的依赖,而可在实时的"中介化实践"中实现,如其所言,"数字技术的大量涌现将超越距离、从属性和缺席"。①

总的来看,在麦夸尔那里,无论是"媒体城市",抑或是"地理媒介"概念,都承载着他对人与技术的和谐关系的期望。他固然认识到个人对技术的掌握和应用受到社会权威的限制,但另一方面他也认可新传播技术带来的解放潜能。就此,他引用斯蒂格勒(Bernard Stiegler)的观点指出,数字技术虽然因其抽象的、去个性化的数据理性而"威胁了民主",但它同时也是"创造新的社会关系和民主和平的唯一可能"。②

麦夸尔对技术之于城市影响的两面性的解读,反映出大多数城市传播学者对技术变革与城市传播之关系的理解,也就是将新传播技术本身视为一种中立因素。一方面,它被城市管理者挪用,他们

---

① (澳)斯科特·麦夸尔:《地理媒介》,潘霁译,上海:复旦大学出版社,2019年,第142页。
② (澳)斯科特·麦夸尔:《地理媒介》,潘霁译,上海:复旦大学出版社,2019年,第20页。

通过数字媒介构造出一个以数据流为中心的"智慧城市",对城市居民的沟通实践和社会关系网络加以控制,在此,"智慧城市"由"供应商创造且受供应商驱动……将'效率'置于都市社会生活的其他维度之上"[1];另一方面,它也可被用于构建"可沟通城市",城市使用者可以将之应用于抵抗统治权威的活动当中,如麦夸尔所言,数字技术使公众集会的组织更加"轻而易举",同时也使"市民们可以越来越多地呈现、描绘和再现他们自己的社会运动"[2]。

总而言之,无论是空间理论学者激进的"城市革命"信条,抑或是城市传播学者渐进的"可沟通城市"理念,都指引着两者以一种辩证的"技术—城市"观来认识新传播技术与城市空间生产之间的关系。在这种辩证的"技术—城市"观背后,则隐含着他们对尊重差异性、自发性,且真正可沟通的城市社会关系的共同关注和企盼。

---

[1] 黄旦、孙玮、(澳)斯科特·麦夸尔:《对话麦夸尔》,译者不详,载孙玮主编:《中国传播学评论(第七辑)》,上海:复旦大学出版社,2017年,第33页。
[2] (澳)斯科特·麦夸尔:《网络化公共空间》,褚传弘译,载孙玮主编:《中国传播学评论(第七辑)》,上海:复旦大学出版社,2017年,第20页。

第四章

符号空间论：作为『空间再现—传播内容』的城市

自 20 世纪下半叶以来，城市管理者更多通过塑造城市意象、城市符号来引导人们对城市空间的认知与体验。基于此，发达资本主义城市的城市形象传播策略，即意在将城市空间打造为抽象化、工具化、能够为上层资产阶级谋利的符号空间。在这里，城市形象传播策略不仅成为城市管理者谋求竞争优势和吸引投资的工具，也力求将城市管理者的增长主义意识形态强加给城市居民。基于此，本章尝试通过介绍空间理论学者的城市符号观，对资本主义城市形象传播策略背后隐含的城市管理者意图进行考察。由于符号学与传播学"作为同源共性的两门近缘学科"① 具有天然的相近性，空间理论学者的城市符号观理应被纳入城市传播研究的思想资源，为城市传播学者理解城市空间的意义生成过程提供理论支持。

第一节　新马克思主义空间理论视域下的城市形象传播

一、从城市意象到城市形象

出于对"传播"概念含义的片面认识，"城市传播"研究在一些学者看来几乎可与"城市形象传播"研究等同。但早在 21 世纪初，城市传播研究作为一个传播学分支领域兴起于北美之时，其先驱者便明确将"城市传播"概念应用于更宽泛的城市社会关系建构

---

① 蒋晓丽、朱亚希：《联盟与超越：传播符号学的生成发展和应然指向》，《国际新闻界》2017 年第 8 期。

层面。在他们看来，城市传播研究"思考的不是技术，而是瞬息万变的传播环境中的社会关系"①。亦即所谓"城市传播"不仅意指城市形象作为一种经过人为加工的信息在城市内外的单向传递过程，更指涉城市空间范围内所有可能的意义沟通行为，包括人与人的沟通、人与物的沟通、人与环境的沟通等。恰如孙玮指出的："城市作为交流系统，本身就是一种媒介，它中介了人与人、人与自然、人与实体、虚拟世界的多重关系。"② 吴予敏则更加尖锐地批评了城市形象传播的功利性弊端及其对城市中人的因素的遮蔽，如其所言："现在国内大量的城市传播研究，所关注的都是功利化（政治的和商业的）、战略性的课题，例如如何塑造和传播城市形象问题。人的问题、公共性议题无形中被取代或被沉陷在信息化、城市化、产业化、国际化等抽象的概念和数字中了。"③ 因此，对城市传播学者而言，城市传播研究的根本目标应当在于营造一个适于城市中个体或群体沟通活动的物质环境，而非仅以视觉化、功利性的形象传播策略服务于城市管理者的利益诉求。

在新马克思主义空间理论视域下，城市形象传播策略被视为发达资本主义社会统治阶级扩大城市资本积累、巩固自身权力和地位的必要手段。随着新传播技术的迅猛发展，城市形象传播策略不断

---

① Gene Burd, Susan Drucker & Gary Gumpert, eds. *The Urban Communication Reader*. Cresskill: Hampton Press, 2007, p.12.
② 孙玮：《城市传播的研究进路及理论创新》，《现代传播》2018年第12期。
③ 吴予敏：《从"媒介化都市生存"到"可沟通的城市"——关于城市传播研究及其公共性问题的思考》，《新闻与传播研究》2014年第3期。

迭代。与此同时，全球化背景下城市间竞争的不断加剧，亦刺激城市管理者更为仰赖城市形象传播策略以最大化地提升城市吸引力。

在城市研究中，对城市形象的重视缘起于凯文·林奇（Kevin Lynch）提出的"城市意象"概念。而城市管理者对城市形象的抽象改造，则是对"城市意象"概念含义的某种曲解。在林奇那里，"城市意象"概念被用来勾勒他心目中在视觉意义上"可读的城市"，"它的街区、标志物或是道路，应该容易认明，进而组成一个完整的形态"[①]。换句话说，在林奇那里，"可读的城市"应当具有内在的连续性、统一性，它以一种易于理解的表现方式嵌入城市使用者的城市经验，是可读的、可视的、可理解的。"可读的城市"的构造需要依靠城市意象元素的组合，即道路、标志物、边界、节点、区域在城市空间中的重叠穿插。城市设计者通过对这些意象元素的组合，实现城市的独特性，使其具备"单体特征的对比和个性"，从而在与其他城市的比较中更易被识别、区分，也带给城市居民或游客更多的"享受"。[②] 由此可见，在城市意象的塑造过程中，城市管理者不能忽视城市中个体的切身感受和具体诉求，城市意象最终以何种面目呈现是"观察者和被观察者之间双向作用"[③]

---

① （美）凯文·林奇：《城市意象》，方益萍、何晓军译，北京：华夏出版社，2001年，第2页。
② （美）凯文·林奇：《城市意象》，方益萍、何晓军译，北京：华夏出版社，2001年，第84页。
③ （美）凯文·林奇：《城市意象》，方益萍、何晓军译，北京：华夏出版社，2001年，第99页。

的结果，亦即城市管理者与城市使用者互为影响的结果。

不难看出，林奇的"城市意象"概念强调的是城市空间形态在人们感知经验中的整体再现，城市使用者通过进入城市、接触城市、体验城市，在经验领域形成对特定城市意象的抽象认知。在城市形象传播策略中，对空间的抽象化处理仍是其必不可少的观念前提。但城市形象设计者所预设的"被观察对象"却已从城市内部的空间使用者转向城市外部的潜在投资者、消费者，这使得城市形象传播策略对城市的抽象化逐渐脱离城市自身的物质性基础。如果说在林奇那里，城市意象的锻塑还离不开城市管理者对城市实体空间的改造，进而干预人们在亲身参与的城市活动中建立起的城市感知，那么发达资本主义社会城市管理者的城市形象塑造则全然依靠大众媒体或当下各种新媒体平台的宣传和推广，它将抽象的城市意象进一步信息化、形象化、视觉化，最终与城市实体空间彻底剥离。

因此，城市形象传播策略一方面继承了林奇城市意象概念中蕴含的抽象空间观，另一方面却忽视了他对城市实体空间以及城市中个体活动与城市意象形成之间关系的把握。这使城市形象传播策略逐渐走上一条去语境化、去物质化、去主体化的道路。在这里，"具体空间（栖居的空间）……蜕变为视觉的、几何学的抽象空间"[①]，城市形象传播策略成为城市管理者和投资者获取经济利益的

[①] （法）亨利·列斐伏尔：《都市革命》，刘怀玉、张笑夷、郑劲超译，北京：首都师范大学出版社，2018年，第210页。

工具性手段。

此外,发达资本主义社会中新传播技术发展和城市间竞争加剧的社会背景,也促使城市管理者进一步加大对城市形象传播策略的重视和应用。一方面,新传播技术发展使得城市形象传播的手段和渠道大大丰富,在发达资本主义社会,媒体机构作为城市既得利益者的同谋,其推进城市形象传播的目标便在于激发信息接受者的消费欲望。如艾利·亚伯拉罕(Eli Avraham)便认为,城市管理者可以借助媒体来扭转城市本身的不良形象,增强城市竞争力,"媒体策略有助于提高目标人群对城市的认识,从而使城市更富吸引力"[1]。另一方面,全球化时代日益加剧的城市间竞争,促使城市管理者通过对城市形象的塑造与传播提升城市吸引力,从而在城市间的竞争中取得优势,获得更大经济收益。如德波拉·史蒂文森(Deborah Stevenson)所言:"自1980年代以来,城市规划者和管理者们不约而同地采取措施,对城市独具个性的元素加以营造和(或)利用。以此为基础形成了意在使特定城市在世界城市排行榜上占据有利位置的发展战略。"[2] 在此背景下,一众样式繁多、实则趋于同质的城市形象传播策略,便迎合了资本主义城市管理者提升城市竞争力以满足自身利益诉求的意图。

---

[1] Eli Avraham, "Media Strategies for Improving An Unfavorable City Image," *Cities*, vol. 21, no. 6, 2004.
[2] (澳)德波拉·史蒂文森:《城市与城市文化》,李东航译,北京:北京大学出版社,2015年,第118页。

这种以功利性目的为导向的城市形象传播策略,已受到坚持人本主义原则的城市传播学者的广泛批评。而作为对城市传播研究产生重要影响的"学术传统和概念框架"[①]之一,新马克思主义空间理论对发达资本主义城市形象传播策略的批判,则将否定的对象从作为一种工具性手段的城市形象传播策略转向其所仰赖的深层社会基础。

二、城市形象传播策略批判

新马克思主义空间理论学者对发达资本主义城市形象传播策略的批判可从三个方面进行解读,即意识形态化、去物质化和去主体化。其中,对意识形态化的城市形象传播策略的批判,致力于揭示资本主义城市管理者对城市形象商品化、功利化的人为加工;对去物质化的城市形象传播策略的批判,针对的是城市形象传播策略对特定城市具体的物质环境和社会现实的忽视与排除;对去主体化的城市形象传播策略的批判,则抨击了作为一种牟利工具的城市形象传播策略对城市中人的因素的抹杀。后文将围绕这三个方面的批判观点分别展开论述。

(一)对意识形态化的城市形象传播策略的批判

在新马克思主义空间理论中,空间是各种意识形态、社会权力

---

① Giorgia Aiello & Simone Tosoni, "Going About the City: Methods and Methodologies for Urban Communication Research," *International Journal of Communication*, vol. 10, 2016.

的产物,它"产生于有目的的社会实践"①。对于发达资本主义城市而言,代表上层资产阶级利益的城市管理者便是资本主义意识形态的"代理人",而这种社会意识形态在发达资本主义社会的集中表现便是增长主义意识形态。哈维·莫洛奇(Harvey Molotch)据此将城市比作"增长机器","食利者们富有进取心的活动从前面拉动,城市政府做出了反应,使得增长和发展成为他们的主要关注"②。城市增长机器的维持,则有赖于资本的大量涌入,无论是企业资本抑或是金融资本,都有助于城市管理者获得利益回报,建立起高效的资本运作机制。而在新传播技术发展和全球化趋势迅速蔓延的时代背景下,城市的投资吸引力除却地价、产业链、工资水平之外,其城市形象的传播力和号召力也成为吸引企业资本或金融资本对城市进行长期投资的重要影响因素。

在这里,城市的商品化、品牌化成为增长主义意识形态主导下发达资本主义城市形象传播策略的必然取径,"品牌化的过程往往与开发商的利益和消费者的欲望,以及官方关于发展的说辞融为一体;品牌化试图让每座城市都有别于并且优于它们的竞争对手"③。但从根本上来说,在城市形象传播策略的形成过程中,城市管理者

---

① (美)爱德华·W. 苏贾:《后现代地理学》,王文斌译,北京:商务印书馆,2004年,第122页。
② (美)马克·戈特迪纳、雷·哈奇森:《新城市社会学》,黄怡译,上海:上海译文出版社,2018年,第113页。
③ (美)莎伦·佐金:《裸城》,丘兆达、刘蔚译,上海:上海人民出版社,2015年,第272页。

和投资者的利益诉求往往压制了城市居民的现实所需，前者仅将后者视为具有一定购买能力的潜在消费者，因此对他们欲望的满足只是对其消费欲望的刺激和填补，更不用说这种消费欲望在增长主义意识形态阴影下、在消费主义主导逻辑操控下，通常也只是一种人造的幻象。如列斐伏尔所言，发达资本主义城市仅仅将人视为"空间的购买者""实现其剩余价值的购买者"[①]。在此背景下，发达资本主义城市形象传播策略力图迎合企业资本、金融资本对更广阔的利润空间的追求，同时也尽可能地刺激和满足城市居民或游客对城市景观的消费欲望，以从中获利。

与此同时，在具体操作过程中，城市形象传播策略离不开大众媒体或当下各类新媒体平台的协助。而在新马克思主义空间理论视域下，资本主义媒体机构的内容生产机制同样是需要批判的对象。在城市形象传播过程中，资本主义媒体机构往往专注于维护其雇主利益，为此就需要与城市管理者密切配合，以增长主义为前提打造和传播城市形象。在此过程中，资本主义媒体机构借助其表面的中立性、客观性，对城市形象传播内容的策略性、意识形态性本质加以掩盖，通过各种人为加工的手段，将城市形象以一种经过伪装的视觉形态呈现在接受者眼前。如德波便对资本主义媒体机构的这种权力依附性进行了尖锐批判，他指出："所有服务于媒体的专家，只有这样做时他们才达到了他们的地位，即每一个专家都必须追随

---

① （法）亨利·列斐伏尔：《都市革命》，刘怀玉、张笑夷、郑劲超译，北京：首都师范大学出版社，2018年，第178页。

他的主人,因为所有以前适于独立的可能性,通过现代社会的组织模式都已逐渐减少为零。"① 在发达资本主义社会,城市管理者与媒体机构的联盟对"城市形象"背后隐含的复杂权力关系有意加以掩盖,这使得人们在受资本主义社会意识形态支配的同时,也逐渐忘却了在城市实体空间中感受城市、体验城市的意义所在,而仅仅流连于一种去物质化的城市形象或者说城市幻象。

(二) 对去物质化的城市形象传播策略的批判

本雅明所批判的 19 世纪现代城市规划,直至今天仍然影响着发达资本主义城市的规划路径,并进一步影响到资本主义城市形象传播策略的形式与内容。在本雅明看来,现代性城市规划将一种技术主义的虚假意识作为城市建设指南,而对技术必要性的极端强调最终使城市居民的生存空间被大大压缩,使城市生命力被严重削弱,城市"被它自己的幻境主宰……把新奇视为被诅咒的那一切的一个属性"②。由此,现代城市以一种标准化、程式化的面貌呈现在资本主义社会之中。在此影响下,20 世纪至今的城市形象传播策略延续了现代性逻辑的要求,即列斐伏尔所谓的"可读性－可见性－可理解性"③。

---

① (法) 居伊·德波:《关于〈景观社会〉的评论》,载(法) 居伊·德波:《景观社会》,王昭凤译,南京:南京大学出版社,2006 年,第 114 页。
② (德) 瓦尔特·本雅明:《巴黎,19 世纪的首都》,刘北成译,北京:商务印书馆,2017 年,第 59 页。
③ Henri Lefebvre, *The Production of Space*. Translated by Donald Nicholson-Smith. Oxford: Blackwell, 1991, p. 96.

林奇借由城市意象理论对"可读的城市"的勾画，便是这种现代性逻辑的集中体现。在城市意象理论指引下，城市设计者需要将城市塑造为在视觉上易于被接受和理解的实体空间。如前所述，在林奇那里，个体对城市意象的把握依托于其在城市空间中的具体活动，个体对城市物质环境的接触与体验，是其构想城市空间再现的出发点。但在发达资本主义社会城市管理者的城市形象传播策略中，一种彻底的视觉化、抽象化操作有意遮蔽了城市空间的物质性存在，使得城市形象作为一种视觉信息被城市管理者任意加工，其"可读性－可见性－可理解性"程度俨然成为衡量城市形象传播效果的准绳。这使人们对城市的关注点"从城市重建和改善的具体实践转向由这些实践创造的形象和意义"，城市管理者由此在"当地、区域和全球购物者、投资者、游客"之间建立起一种具有商业吸引力的"城市活力感"。[1]

但发达资本主义城市形象传播策略在这种现代性逻辑之上建构起的"城市活力感"，仅仅是一种人为制造的、空洞的想象。这一想象脱离城市空间的物质性基础，只是一种悬置了社会现实的、后现代式的符号幻象。它将城市空间转化为"一种抽象的再现式虚拟叙事"，一种"由文字、声音、影像、流行文化、集体记忆支撑的

---

[1] Timothy A. Gibson & Mark Lowes, eds. *Urban Communication: Production, Text, Context*. Lanham: Rowman & Littlefield, 2007, p. 6—7.

城市，即大众媒介建构的城市虚拟空间"。① 我们已经看到，发达资本主义社会的媒体机构以其客观性、中立性伪装在城市形象传播过程中进行意识形态操作的能力，除此之外，媒体机构也以其对城市形象的视觉化、商品化包装为提升城市的投资和消费吸引力贡献了力量。这种包装手法贯彻了现代性逻辑的"可读性－可见性－可理解性"规范，而贯彻这一规范最高效的方式便是直接挪用已有经验的现成样板。如哈维所言，"形象复制得越好，制造形象的大众市场就可能越大"，这造就了后现代的城市幻象，它指涉一种"近乎完美的复制的状态，以至于原物与复制品之间的差异变得几乎不可能辨认出来"。② 显然，这种逐渐走向同质化的城市形象传播策略，必然抽离于特定城市自身的物质环境与社会现实，以及其中蕴含的富有生命力的人与地方因素。

发达资本主义城市形象传播策略对城市实体空间的忽视，最终必然导致其对城市自身复杂的社会历史语境和社会关系建构的忽视——因为这两者的存在皆以城市的物质性为前提——这使得人们更难以以大众媒介呈现的视觉图像来把握城市空间的真实面貌。在新马克思主义空间理论视域下，城市空间的生产与再生产离不开社会历史语境的层层累积以及城市社会关系的支撑作用。如列斐伏尔在批判符号化空间时便指出，其观念上的错误在于"刻意忽略了社

---

① 孙玮：《从再现到体验——移动网络时代的传播与城市文脉保护》，《探索与争鸣》2017年第9期。
② （美）戴维·哈维：《后现代的状况》，阎嘉译，北京：商务印书馆，2003年，第362页。

会空间及其历史渊源的多样性,将所有这些空间都归结为抽象的共同特征"①。在列斐伏尔看来,社会历史语境的积淀必然对现代城市空间生产活动产生深刻影响,因而也对城市形象的建立起到根本性的促进作用。然而,尽管经由资本主义媒体机构包装的城市形象或多或少将城市历史因素涵括在内,但其观照历史现实的最终目的仍在于将城市空间商品化、抽象化。这种功利性的、去物质化的城市形象设计与传播策略,没能将城市空间生产的演变历程和地方历史文化的独特经验考虑在内,因而也就无法展现出城市形象中真正具有活力的部分。

(三) 对去主体化的城市形象传播策略的批判

在新马克思主义空间理论学者看来,空间应当被理解为"一种物质性的交互过程,在其中一些社会关系对于物质生活及其延续是本质性的……这些社会关系是人类之间以及人与自然之间确定的或者特定的关系"②。这一方面固然意味着人们对城市生活的体验和观察不能脱离城市实体空间的限制,另一方面也促使人们将视线转向作为城市社会空间支撑物的城市社会关系。而城市社会关系又以人的社会存在为中心,它涉及人与人、人与物以及人与环境的沟通行为,城市社会正是在此基础上建立起来。套用马克思的话说,城市

---

① Henri Lefebvre, *The Production of Space*. Translated by Donald Nicholson-Smith. Oxford: Blackwell, 1991, p.142.
② (英)安杰伊·齐埃利涅茨:《空间和社会理论》,邢冬梅译,苏州:苏州大学出版社,2018年,第8页。

社会实质上是"人们交互活动的产物"①。但在发达资本主义社会，城市管理者为了实现其以经济增长为重心的城市发展目标，将城市中包含的复杂社会关系刻意掩盖，尤其是将可能威胁到资产阶级统治的冲突性社会关系掩盖，试图以此规避城市社会运动的冲击。由此，列斐伏尔将其空间批判的目的定位为对城市管理者力图掩盖的城市社会关系的揭露。而在这些被掩盖的城市社会关系中，尤以"身体与空间的关系"② 最为重要，城市管理者对这一重要社会关系的掩盖造成了对城市中人的主体性和抵抗潜能的压制。

因此，新马克思主义空间理论学者对去主体化的城市形象传播策略的批判，所关注的正是城市形象传播策略如何遮蔽人的主体性的问题。他们试图通过激发城市空间中人的因素来克服工业城市"抽象理性主义"的弊端，进而从人的主体性出发，看待人与城市空间的互构，也就是将城市空间视为"一个既塑造人的能动性，又为人的能动性所塑造的社会维度"③。这意味着将人的主体性因素视为解释城市问题的核心，即"空间形式如同其他事物一般，由人的行为生产而来，它依据既定的生产方式和特定的发展模式表达和执行统治阶级的利益"④。

---

① 马克思：《马克思致帕维尔·瓦西里耶维奇·安年科夫（12月28日）》，载《马克思恩格斯全集（第四十七卷）》，北京：人民出版社，2004年，第440页。
② Henri Lefebvre, *The Production of Space*. Translated by Donald Nicholson-Smith. Oxford: Blackwell, 1991, p.110.
③ （美）艾拉·卡茨纳尔逊：《马克思主义与城市》，王爱松译，南京：江苏教育出版社，2013年，第101页。
④ Manuel Castells, *The City and the Grassroots*. London: Edward Arnold, 1983, p.311.

基于此，去主体化的城市形象传播策略的问题就在于，它将人的主体性、能动性排斥于视线之外，强加给城市中不同个体以同质化的表象，因而它所塑造的城市形象，实则只是一种基于想象的、去主体化、去生活化的幻觉。这不仅使城市形象和城市本身沦为为资产阶级城市管理者利益服务的工具、一种可供交换的虚拟商品，也使城市使用者的生活空间因不符合现代化的城市建设标准或不具备刺激消费的潜力，而逐渐被颠覆和吞没。此即哈维所批判的发达资本主义城市形象传播策略以城市视觉形象取代城市社会性本质的问题："繁荣的表象掩盖了所有这一切，让人们看不到潜在的困难，却塑造了一个成功的城市形象，并将其传播给全世界……形象完全战胜了本质。"[1]

去主体化的城市形象传播策略对人的因素的忽视，尤其体现在其对人的身体存在和身体活动的忽视上面。在列斐伏尔看来，身体与空间的关系是城市社会关系的重要组成部分。同时，他也指出：在人的身体活动与城市空间生产之间存在一种辩证的交互作用，"支配着能量的身体，活生生的身体，创造或生产了属于它自己的空间；反之，空间的法则，空间中的区隔法则，也管理着活生生的身体及其能量的部署"[2]。由此可见，人的身体行为与城市空间相互

---

[1] （美）大卫·哈维：《从管理主义到企业主义：晚期资本主义城市治理的转型》，余莉译，载汪民安、陈永国、马海良主编：《城市文化读本》，北京：北京大学出版社，2008年，第13页。

[2] Henri Lefebvre, *The Production of Space*. Translated by Donald Nicholson-Smith. Oxford: Blackwell, 1991, p. 170.

构造、相互维持，在城市空间生产的过程中，两者不可分割。但去主体化的城市形象传播策略却有意将城市使用者自觉的身体行为抽象化、同一化，使其成为城市形象的组成部分之一。在这里，人的身体存在和身体活动仅仅作为一种抽象的视觉元素，如同橱窗中的商品一般被加以展示。

发达资本主义城市形象传播策略之所以在城市形象中抹杀人的主体性，一方面固然是为了在视觉层面打造一种高度"文明"、现代化的城市形象，以刺激潜在的投资和消费；另一方面，这种忽视人的主体性的城市形象传播策略，也意在掩盖城市中现实存在的压迫者与被压迫者的矛盾冲突。如列斐伏尔所言："压制性空间的逻辑重新确立了一致性，这导致社会内在的错乱与焦虑，都市社会及其透明的逻辑正在缓慢地、一步一步地摧毁着这个社会。"[①] 在这种透明的一致性逻辑支配下，发达资本主义城市形象传播策略为了掩盖城市内部冲突，便有意将人的主体性和差异性隔离于视线之外，以期营造出城市社会关系的表面一致，从而增强城市形象在全球资本市场中的吸引力、竞争力。这最终使城市间竞争沦为形象复制技术的竞争，而非真正意义上民众生活质量的竞争。

此外，也应注意的是，尽管发达资本主义城市形象传播策略致力于为增长主义意识形态服务，遮蔽城市空间的物质性，压制城市使用者的主体性，但当这种城市形象传播策略发展到完全意识形态

---

① （法）亨利·列斐伏尔：《都市革命》，刘怀玉、张笑夷、郑劲超译，北京：首都师范大学出版社，2018年，第203页。

化、去物质化、去主体化阶段之时,也就为城市使用者重拾其抵抗潜能创造了条件。正如现代人克服异化的途径恰恰在于人的全面异化——"因为一个全面异化的人不可能健全地活着,所以,他就不得不克服异化"①——一般,发达资本主义城市形象传播策略也只有在其彻底意识形态化、去物质化、去主体化之时,才可能引起被压迫者、被排斥者的自发反抗。只因人终究无法在幻象中生存,资本主义世界日趋同一化的城市形象传播策略在城市使用者那里终会暴露其虚假本质。而新马克思空间理论学者的城市符号观或城市符号学理论,正是帮助人们认清发达资本主义城市形象传播策略之虚假性、功利性的工具,它同时也为城市使用者从城市管理者手中争取其应得的定义城市形象的权利提供了重要依据。

第二节 列斐伏尔的城市符号观

一、符号学与城市传播的联结

作为20世纪80年代兴起的"门类符号学"中的重要一支②,城市符号学长期以来未得到国内符号学者及传播学者应有的重视。尽管西方学界在20世纪末、21世纪初构建的经典城市符号学理论

---

① (美)埃里希·弗洛姆:《在幻想锁链的彼岸》,张燕译,长沙:湖南人民出版社,1986年,第49页。
② 赵毅衡:《符号学文化研究:现状与未来趋势》,《西南民族大学学报(人文社科版)》2009年第12期。

已为该研究领域的成长奠定了坚实的思想基础，但在国内符号学者、传播学者的论述范围内，西方学界的经典城市符号学理论一直是一个鲜少被论及的领域。

实际上，在城市传播研究中，对城市文本意义建构的探索始终被摆在一个相当重要的位置。如吉布森和洛韦思呼吁城市传播学者关注"文本生产的政治"，而对此一问题的探讨则要求研究者从过往对"城市重建和推广的具体实践"的关注转向对"这些实践创造的意象和意义"的批判性考察，即对"由我们在特定城市空间和地方中的相遇而生成的意义"的辨析与审视。① 在此过程中，研究者需要密切关注文本被生产和接受的社会语境，以及由文本生产导致的社会影响。基于此，吉布森和洛韦思提出，城市传播研究共同的方法论和理论路径，应是"政治经济分析与符号学、话语分析的概念工具的结合"②。孙玮则认为，传播与城市关系的第一种表现便是"意义生成"，"传播是生成意义的场域，这个场域本身即是城市共同体的一个部分"③，这一观点进一步凸显了城市空间意义研究之于城市传播研究的必要性，并强调城市共同体对意义生成的关键影响。

但我们也应看到，城市传播学者对符号学理论及其应用的理解仍有一定局限。姑且不论一众城市形象传播研究对符号学的功利性

---

① Timothy A. Gibson & Mark Lowes, eds. *Urban Communication: Production, Text, Context*. Lanham: Rowman & Littlefield, 2007, p.6.
② Timothy A. Gibson & Mark Lowes, eds. *Urban Communication: Production, Text, Context*. Lanham: Rowman & Littlefield, 2007, p.17.
③ 孙玮:《作为媒介的城市：传播意义再阐释》,《新闻大学》2012年第2期。

使用已经背离符号学分析以接受者为中心进行意义解释的原则,并陷入后现代意义上将一切知识理解为"再现"而忽视"实在性"(reality)维度的窠臼。① 即便是认识到此类研究弊端的城市传播学者,也鲜少尝试从符号学本身出发纠正这一"后现代符号论"的唯心主义偏误,而是另觅符号学之外的理论话语,填补传统的城市形象传播研究对城市实体空间的忽视,甚或将"物质性"原则提升到城市传播研究认识论绝对中心的位置,以此"悬置"后现代符号论中"物围绕着人'旋转'的理论预设'"②。但这种所谓"悬置"后现代符号论的做法,在否定唯心主义的城市形象传播研究的同时,也将符号学这一含义十分丰富的理论、方法排除在视线之外,将"婴儿"连同"洗澡水"一起倒掉,这显然使其观点的生产性有所欠缺。

实际上,所谓"后现代符号论"本身便是符号学发展变异的产物,它并不能代表整个符号学晚近的发展方向。③ 后现代主义者抽

---

① Mark Gottdiener. "Semiotics and Postmodernism," In David R. Dickens & Andrea Fontana, eds. *Postmodernism and Social Inquiry*. London: UCL Press, 1994, pp.168—169.
② 戴宇辰:《"物"也是城市中的行动者吗?——理解城市传播分析的物质性维度》,《新闻与传播研究》2020年第3期。
③ "后现代符号论"建立在对索绪尔符号学的批判基础之上,但他们批判的重点是索绪尔在意义生成过程中预设"先验所指"以使能指与所指关系固定的做法,而非其忽视符号对象的物质性维度、将符号意义生产抽象化的问题。因此,尽管反索绪尔的后现代主义者普遍接受了皮尔斯符号学中的"无限衍义"观点,但他们并未继承皮尔斯对符号与物质之间联系的认识。在后现代主义者那里,物质世界的抽象化、符号化俨然成为发达资本主义社会的一种文化常态。参见 Mark Gottdiener. "Semiotics and Postmodernism," In David R. Dickens & Andrea Fontana, eds. *Postmodernism and Social Inquiry*. London: UCL Press, 1994.

象化的符号观在符号学内部业已受到挑战，尤其对于20世纪下半叶的社会符号学者来说，"后现代符号论"对符号对象的物质性维度的忽视，恰恰是他们极力填补的符号学观念"漏洞"。

基于此，尽管城市形象传播研究的偏误确实可归因于研究者对城市实体空间维度的忽视，进而造成对城市中具体生活的人的忽视，但纠正这一偏误的出发点理应立足于符号学理论、方法自身，唯其如此，我们才能认识到所谓"后现代符号论"的问题本质所在，即对符号学自身的唯心主义化——而这正与社会符号学的理论主张根本相悖。故而，相较于寻找"他山之石"克服城市形象传播研究僵化的符号论偏误，笔者认为更合适的做法是立足于符号学自身脉络，对该问题"拨乱反正"。具体而言，城市传播学者应以兼顾物质性、社会性和主体性视角的社会符号学分析取代城市形象传播研究对符号学理论、方法的简单化理解和功利性使用。

回顾符号学发展历程，可以发现：一方面，索绪尔（Ferdinand de Saussure）之后的符号学者普遍认为，索绪尔缺乏对符号对象的物质性维度的重视，甚至完全漠视符号的物质性存在；另一方面，在与索绪尔几乎同时创建符号学理论的皮尔斯（Charles Peirce）那里，符号对象的物质性维度则始终是其符号三分法中重要的组成部分。皮尔斯以"索引"（index）概念强调符号与物质对象的联系，他的符号学观点由此被戈特迪纳视为"包括物质形式在内的文化分析"①。而在索绪尔、皮尔斯之后,如何改进乃至综合两位创始人的符号学思想便成为20世纪符号学者的重要议题。社会符号学在此背景下应运而生。在社会符号学意义上,"符号活动领域并不简单地是由信息累积构成的",通过对"话语"与"文本"两个概念的区分,社会符号学将符号学分析的关注对象从信息本身拓展至其指涉的社会性操作和物质性客体。②

在社会符号学思想的内在引领下,城市空间作为现代社会中一种普遍的物质性存在,引起了社会符号学者的广泛关注和探讨。如格雷马斯便认为,对城市空间的符号学分析应当从社会符号学角度切入,将城市本身视为一个被建构的客体,即"由人类及事物二者间的关系与相互影响形成的城市文本"③。新马克思主义空间理论学者同样尝试从社会符号学角度理解城市符号现象。在列斐伏尔眼中,"空间本身可以被简化为符号和符号的集合"④,对城市空间生产的研究,应当关注城市符号的"编码"过程,亦即主导性社会意识形态对城市符号的塑造和引导人们接受的过程。卡斯特指出,"空间中充满意义。空间形式与空间布局在符号结构中相互关涉、

---

① Mark Gottdiener. "Semiotics and Postmodernism," In David R. Dickens & Andrea Fontana, eds. *Postmodernism and Social Inquiry*. London: UCL Press, 1994, p. 160.
② (英)罗伯特·霍奇、冈瑟·克雷斯:《社会符号学》,周劲松、张碧译,成都:四川教育出版社,2012年,第6页。
③ (法)A. J. 格雷马斯:《符号学与社会科学》,徐伟民译,天津:百花文艺出版社,2009年,第138页。
④ Henri Lefebvre, *The Production of Space*. Translated by Donald Nicholson-Smith. Oxford: Blackwell, 1991, p. 133.

彼此结合",而城市符号学应将空间视为"社会事实","强调对城市现象的形式分析与理解领悟"。① 由此可见,对城市符号现象及其意义建构问题的探讨,理应重视对社会符号学及其衍生的城市符号学理论的应用,对于关注城市社会中意义沟通活动的城市传播学者而言尤其如此。

在列斐伏尔的空间生产理论中,对城市符号问题,亦即城市空间的意义生产问题的思考占据着一个十分重要的位置。20世纪60年代后,当列斐伏尔将批判资本主义社会的重心由日常生活转向城市空间生产时,围绕城市的符号意义问题所衍生的语言、编码诸范畴随之成为他切入空间批判的关键依据。如克里斯蒂安·福克斯所言,在列斐伏尔那里,"空间的生产伴随着语言和编码的生产"②,而"语言和编码的生产"所指向的正是城市空间的符号意义生产。列斐伏尔由此将城市空间视为"聚集人群、商品、行为与符号"的"中心性"场所③,认为对现代生活中各种符号现象的解析大多绕不开城市空间的背景。

然而,尽管对城市符号问题的思考是列斐伏尔开启空间批判的重要切入点,亦可反映出他对资本主义城市社会关系的深刻洞悉,

---

① Manuel Castells, *The Urban Question*. Translated by Alan Sheridan. London: Edward Arnold, 1977, pp. 215—216.
② Christian Fuchs, "Henri Lefebvre's Theory of the Production of Space and the Critical Theory of Communication," *Communication Theory*, vol. 29, no. 2, 2019.
③ Henri Lefebvre, *The Production of Space*. Translated by Donald Nicholson-Smith. Oxford: Blackwell, 1991, p. 101.

但当前传播研究中所借鉴和使用的列斐伏尔理论还极少涉及与此相关的论述，即便在传播研究之外，也少有专门探讨列斐伏尔城市符号观的研究成果。彭蒂·马塔恩（Pentti Maattanen）在2007年发表的文章中虽已发现列斐伏尔对空间编码问题的格外关注，并注意到其空间分析介于语言学与非语言学方法之间的张力，但他关注的重点在于以皮尔斯的符号三分法为空间编码提供一种结构化解释，而未能从社会实践角度揭示列斐伏尔符号观的批判性色彩。[1] 张碧亦曾尝试从列斐伏尔的日常生活批判中析取其符号学思想，他更强调列斐伏尔符号学思想与社会实践的勾连，并肯定了列斐伏尔对其后社会符号学发展所起的影响，但是，他一方面未将列斐伏尔后期所关注的城市符号现象纳入视野，另一方面则未能进一步审视隐藏在符号消费泛滥背后的资本主义社会关系深层矛盾，因此也就并未在探讨列斐伏尔城市符号观的问题上真正有所推进。[2] 张艳则从列斐伏尔的语言理论脉络中寻觅其符号观的踪迹，且力图在其符号学批判与空间批判之间建立一种内在关联，只不过她在两者间建立关联的努力最终流于对列斐伏尔批判结构主义语言学/符号学之局限性的解读，而未能把握列斐伏尔自身对符号与空间关系的思考。[3]

从以上列举的研究者观点可见，尽管他们均将符号范畴或符号

---

[1] Pentti Maattanen. "Semiotics of space: Peirce and Lefebvre," *Semiotica*, vol. 166, no. 1—4, 2007.
[2] 张碧：《论列斐伏尔文化批判的符号学维度》，《学习与探索》2010年第6期。
[3] 张艳：《重释列斐伏尔的语言学理论——从符号学批判到空间批判的内在理路》，《外国文学》2020年第2期。

学方法作为考察列斐伏尔空间理论的切入点，但都未能就列斐伏尔理论中涉及的对符号与空间关系问题的探究进行富有针对性的阐发。由此，列斐伏尔的城市符号观，即他思考符号与空间关系问题的主要成果，在相关研究者的视线中也就始终处于边缘境地，这使得列斐伏尔对空间生产的意义之维的关注长期未得到应有重视。而如果不能补足这一研究视角上的局限，那么相关研究者也就终归无法探得列斐伏尔空间生产理论的全貌，尤其是对于想要挪用列斐伏尔理论于传播研究之中的传播学者而言，若对列斐伏尔的城市符号观缺乏深入认识，便无法理解在空间生产理论意义上，城市空间何以与主体互动，以及城市管理者与城市使用者的沟通如何在城市空间的中介之下得以展开。

为此，本节试从起点、核心和后续影响三个角度出发，概括性地梳理和阐发列斐伏尔有关城市符号现象的思考，进而一方面为城市传播学者借空间理论资源探究资本主义城市社会关系提供一种符号学式的解释路径；另一方面也希冀以符号意义问题为纽带，在空间生产理论与城市传播研究之间建立起更为具体、紧密且具有说服力的思想联系。

二、编码与解码：列斐伏尔城市符号观的起点

在列斐伏尔看来，发达资本主义社会的城市管理者，通常扮演着上层资产阶级利益代理人的角色，相对地，城市使用者则是真正参与城市日常生活的普通居民。资本主义城市中随处可见的符号景

观，无不经由城市管理者编码，继而由城市使用者解码，最终将它所承载的空间意义确定和传播出去。

对于城市管理者而言，编码活动总是围绕增长主义这一核心目标展开。而列斐伏尔对城市编码的分析，正是意在揭示由城市管理者主导的编码活动背后隐藏的意识形态操作。空间意义的编码则成为一种掩饰城市管理者功利性目的的工具，为城市管理者将特定阶级的利益诉求灌注于城市空间生产过程中提供了伪装。如其所言，"所有的编码中，都包含着某种赌注和某种意义的生产"[1]，发达资本主义社会的城市符号编码即隐含着城市管理者的意识形态操作。我们已经看到，这种意识形态操作的表现以增长主义为核心，衍生出抽象理性主义的城市管理与规划逻辑。在此，城市管理者以及与其联手的城市规划者"置身于主导性空间之中，对空间加以排列和归类，以便为特定的阶级效劳"[2]。

列斐伏尔对城市符号编码与解码过程的分析是其城市符号观的起点。在他看来，"空间本身可以被简化为符号和符号的集合"，它是"通过符号进行沟通的场所"。[3] 列斐伏尔的符号学观念不同于索绪尔以降的结构主义符号学传统，而是更接近一种社会符号学，它

---

[1] （法）亨利·列斐伏尔：《空间与政治》，李春译，上海：上海人民出版社，2015年，第9页。
[2] （美）迈克·迪尔：《后现代血统：从列斐伏尔到詹姆逊》，季桂保译，载包亚明主编：《现代性与空间的生产》，上海：上海教育出版社，2003年，第98页。
[3] Henri Lefebvre, *The Production of Space*. Translated by Donald Nicholson-Smith. Oxford: Blackwell, 1991, pp. 133—135.

"不限于关注符号的经验体系……也关注生成意义系统的物质和社会过程"①。在列斐伏尔那里,城市管理者所规划的城市空间由一个符号体系构成,但它并不是一个孤立的符号体系,而是与城市社会关系复杂地交织在一起。所以,对城市符号的理解不能从孤立的语言学、符号学观点出发,而应结合社会学分析,认识到城市社会关系对城市符号编码与解码过程产生的影响。由此,可以说,列斐伏尔的城市符号观超越了结构主义符号学的自我框定,在他那里,城市"可以被视为一个整体、一种秩序,在此意义上它们可被赋予语言学的方式"②。与此同时,他也主动吸收了结构主义符号学的有益观点,认为"意义都来自差异化的过程,其要素是通过它们的对立或联合而非其本身获得特定意义的"③。换句话说,列斐伏尔一方面强调城市空间及其符号意义生产的社会建构性,另一方面也肯定城市符号的意义是在与他者的结构性区分中形成的。这意味着列斐伏尔的城市符号观实际可被视为对形式论与社会批判理论的综合,也就是一种社会符号学式的城市符号观。

这种社会符号学式的城市符号观使得列斐伏尔对城市符号编码与解码过程的理解深入到意识形态批判的层次,他的批判矛头对准

---

① Mark Gottdiener & Alexandros Ph. Lagopoulos, eds. *The City and the Sign: An Introduction to Urban Semiotics*. New York: Columbia University Press, 1986, p. 5.
② (法)亨利·列斐伏尔:《都市革命》,刘怀玉、张笑夷、郑劲超译,北京:首都师范大学出版社,2018年,第58页。
③ (法)亨利·列斐伏尔:《都市革命》,刘怀玉、张笑夷、郑劲超译,北京:首都师范大学出版社,2018年,第58页。

了资本主义城市符号编码背后的编码者及其秉持的"现代性"城市规划逻辑。如前所述，在"现代性"城市规划中，"可读性－可见性－可理解性"三原则在规划实践中占据着统治地位。[1]"可读性－可见性－可理解性"三原则被列斐伏尔视为现代资本主义社会抽象理性统治的重要体现，它加重了城市中普通人的异化、他们所依赖的社会关系的异化。对城市空间的抽象理性规划将使城市空间本身沦为单调的经济空间、政治空间，它唯一的任务便是最大化地制造和刺激需求。这是城市规划者顺从资本主义社会统治阶级意愿的结果，即尽可能地强化城市的资本积累功能。城市的实在性、真实性的丧失，催生出一种虚假的城市空间，它误以为自己与生俱来，可以"通过空间本身显示空间"[2]，但这实际上只是意象带来的幻觉，是城市管理者的抽象理性逻辑对城市使用者的意义解释的误导。由此，在列斐伏尔眼中，发达资本主义城市表现出一系列奇怪之处，它是"同质化的、合理化的，因此是限制性的，但同时也是脱节的"[3]。这种发达资本主义城市以抽象空间排斥具体空间，在主导意识形态的支配下遮蔽了城市使用者即城市居民的真正需要。而抽象空间的泛滥在导致城市使用者同身处其中的具体空间逐渐脱节，并

---

[1] Henri Lefebvre, *The Production of Space*. Translated by Donald Nicholson-Smith. Oxford: Blackwell, 1991, pp. 95－96.
[2] Henri Lefebvre, *The Production of Space*. Translated by Donald Nicholson-Smith. Oxford: Blackwell, 1991, p. 96.
[3] Henri Lefebvre, *The Production of Space*. Translated by Donald Nicholson-Smith. Oxford: Blackwell, 1991, p. 97.

无时无刻不受城市管理者约束、支配的同时，其本身也成为城市使用者斗争的对象，成为旨在恢复空间原貌和日常生活秩序的城市社会运动的抵抗目标。

从符号编码与解码的角度来看，城市社会运动的兴起反映了城市管理者与城市使用者根据各自利益围绕城市符号意义解释权展开的斗争。与城市符号编码相对，城市符号的意义生产过程中必然也存在一个城市符号解码的阶段。并且，恰恰是后者构成符号意义生产的决定性环节，"对信息的每个生产者而言，要想信息按照其所预计的那样起效，就得依靠它的接受者"[1]。因此，在符号学意义上，城市符号编码只发挥"引导或促使接受者提供某种解释"[2] 的作用，而城市符号最终呈现为何种意义，实则取决于城市使用者对城市符号的解码。如列斐伏尔所言："空间可以被解码、被阅读……作为特定社会之成员的'主体'，通过在空间中行动和理解空间的方式进入空间，以及他们在空间中的'主体'地位。"[3] 与此同时，对城市使用者的解码过程的分析，同对城市管理者的编码过程的分析一样，也要考虑到其背后的社会影响因素，即"涉及对与集体性的价值系统相关联的社会结构的思考"[4]。在这个意义上，城

---

[1] （英）罗伯特·霍奇、冈瑟·克雷斯：《社会符号学》，周劲松、张碧译，成都：四川教育出版社，2012年，第4页。
[2] 赵毅衡：《哲学符号学：意义世界的形成》，成都：四川大学出版社，2017年，第130页。
[3] Henri Lefebvre, *The Production of Space*. Translated by Donald Nicholson-Smith. Oxford: Blackwell, 1991, p.17.
[4] （法）A. J. 格雷马斯：《符号学与社会科学》，徐伟民译，天津：百花文艺出版社，2009年，第146页。

市社会运动是城市管理者与城市使用者之间利益冲突的反映,这种冲突源于两者在解释城市符号意义时出现的分歧。当此冲突以城市社会运动的形式出现,城市管理者试图从城市符号编码中获得的利益便难以得到保障。因此,对城市管理者而言,在城市符号编码过程中,不得不将城市使用者的切身需要部分地考虑在内,只要它未与城市管理者自身的诉求产生根本性冲突。而在列斐伏尔看来,城市管理者的这种做法仅仅意味着他们的部分让步,而非城市使用者"城市权利"的真正实现。

综上所述,可以说列斐伏尔对城市符号编码与解码现象的考察,实则是其空间生产理论在空间意义问题上的延伸。在这里,他并不局限于对特定城市符号构造的形式分析,而是注重发掘其深层社会建构,即"既要确认影响到表面事件的更深层次的社会力量,也要揭示它们的运动定律是如何透出的,可以说,通过社会组织的各层面来定义由经验所观察到的规律"[1]。在这一点上,列斐伏尔对编码与解码概念的理解与斯图亚特·霍尔(Stuart Hall)著名的编码/解码理论形成呼应,后者同样认为:"(编码者)为了意识形态的目的而对讯息进行选择性编译……(解码者)根据自己的经验和视野,通过变通或对立的解读来抵御意识形态的影响。"[2] 相较于霍

---

[1] (美)马克·戈特迪纳:《城市空间的社会生产》,任晖译,南京:江苏教育出版社,2014年,第165页。
[2] (英)丹尼斯·麦奎尔、(瑞典)斯文·温德尔:《大众传播模式论》,祝建华译,上海:上海译文出版社,2008年,第130页。

尔在大众媒介文本中发掘意义的编码与解码过程，列斐伏尔则将视线转向城市空间的物质世界，但在对用以解析编码/解码过程的符号学方法的接受上，两人均走向了一种社会符号学路径，亦即认为"任何符号表意实践都只能在具体的历史文化语境中才能实现"[1]。

三、符号消费：列斐伏尔城市符号观的核心

身处于发达资本主义社会的时代语境中，面对消费主义甚嚣尘上的种种怪象，列斐伏尔意识到，"新资本主义对社会统治的重心不再是生产而是消费……不再是技术理性对外在自然的统治而是欲望的控制，是通过符号图像与流行的体系、次体系[2]这些景观化的商品，所实现的对人的深层精神欲望世界的殖民化"[3]。基于此，他力图通过对城市符号及其背后意识形态操作的分析，揭示消费主义话语渗入城市生活的符号化方式。在列斐伏尔看来，消费主义话语支配下的城市社会是一种"消费受控制的科层制社会"[4]。换句话说，在发达资本主义社会语境中，消费已然成为一种被统治阶级利用的控制手段，后者采取各种方式刺激消费的目标在于扩大城市资

---

[1] 张碧：《批判立场陈述与多元方法整合——论斯图亚特·霍尔的符号观及符号学实践》，《社会科学》2013年第9期。
[2] 列斐伏尔将"次体系"概念界定为"意义原子化的结果，它支持着某一特定的社会空间领域，使其获得吸引和排斥的力量"，如"时尚"便是一种典型的次体系。参见 Henri Lefebvre, *Everyday Life in the Modern World*. Translated by Sacha Rabinovitch. New York: Harper & Row, 1971, p. 100.
[3] 刘怀玉：《现代性的平庸与神奇》，北京：北京师范大学出版社，2018年，第358页。
[4] （法）亨利·列斐伏尔：《都市革命》，刘怀玉、张笑夷、郑劲超译，北京：首都师范大学出版社，2018年，第6页。

本积累、巩固城市社会固有的等级结构。在这里，城市符号作为一种掩盖、美化消费主义幻象的重要方式，一方面维护了官僚和政治权威的自身利益，另一方面使城市居民的日常生活实践陷入被异化的处境。而列斐伏尔对城市消费主义符号、话语的揭露，则同他对城市符号的编码/解码过程的分析密不可分。在他看来，城市管理者正是通过对城市符号的编码，引导、激发城市使用者的消费需求和欲望，而城市使用者大多被这种消费主义意识形态幻象所蒙蔽，进而对被编码的城市符号进行顺应式的解码，将其理解为维系城市日常生活、社会关系和社会地位假象的必要渠道。由此，"日常生活世界已经成为一个被虚假的欲望符号体系所操纵、所奴役的地带"[1]。

消费主义意识形态能够具有支配性力量的前提，在于它契合了人们获得某种相对于他人的差异性、"优越感"和更高社会地位的"欲望"，而这种"欲望"实际上是资本主义社会虚假意识的产物。在恩格斯看来，虚假意识是纯粹抽象的，它以思维方式而非物质行动为基础，因而是"虚假的或表面的动力"[2]。虚假意识在物质生产过程中创造出一种虚假需求，并使其普遍化，以促进产品流通和资本循环，其最直观的表现就是赋予生产物以"时尚""新奇"的意味，它使生产物具有"一种独立于商品使用价值之外的品质"，这

---

[1] 刘怀玉：《现代性的平庸与神奇》，北京：北京师范大学出版社，2018年，第294页。
[2] 恩格斯：《致弗兰茨·梅林（7月14日）》，载《马克思恩格斯文集（第十卷）》，北京：人民出版社，2009年，第657页。

构成"那种以不断翻新的时尚为载体的虚假意识的源泉"。①

具体而言,正如鲍德里亚(Jean Baudrillard)所指出的,被赋予消费主义虚假意识的生产物,其价格与价值不再依自身的可用性而定,它在生产者与消费者之间的流通遵循着"符号/交换"的内在逻辑,其目的在于声望的显现和炫耀。在"符号/交换"过程中,"社会地位的上升与下降都必然体现在区分符号持续的涌现与消退之间……物扮演着社会地位的体现者的角色"②。而作为鲍德里亚的老师,列斐伏尔早在20世纪30年代就关注到资本主义社会的消费控制问题。在对城市空间的考察中,他也将这一关注贯彻始终。如其所言,发达资本主义社会中商品的交换价值已被"还原成了一些关于威信、地位的符号和体制内的差异"③。因此,在这一点上,列斐伏尔的符号消费观与鲍德里亚的符号政治经济学颇为相似,或者说后者明显受到前者影响。他们都将发达资本主义社会的消费活动解读为一种"炫耀性消费"行为,消费本身是巩固固有的社会等级秩序的渠道。列斐伏尔进一步将这种"符号/交换"逻辑应用到对城市符号消费活动的考察之中。

在列斐伏尔看来,发达资本主义社会的城市空间是人们释放虚

---

① (德)瓦尔特·本雅明:《巴黎,19世纪的首都》,刘北成译,上海:上海人民出版社,2006年,第51页。
② (法)让·鲍德里亚:《符号政治经济学批判》,夏莹译,南京:南京大学出版社,2015年,第35—36页。
③ (法)亨利·列斐伏尔:《空间与政治》,李春译,上海:上海人民出版社,2015年,第86页。

假欲望的重要舞台。在这里，人们以个体占有物的数量和价格作为评断其社会地位的标准，因此人与人之间的社会关系建构基于一个市场化、商品化、物化的过程。人们被获得更高社会地位的欲望裹挟，进而无意识地坠入资产阶级编织的消费主义罗网。在这种虚假欲望驱使下，城市空间中的社会关系表现出物化的特征，空间的生产与再生产从城市社会语境以及人们的生活实践中剥离。资产阶级将"交换和商品的价值观"，即"拜物教"的意识形态注入城市空间，将城市空间具体化为"资本主义社会的准则和价值观"[1] 的再现。而消费主义的虚假欲望不是城市居民自觉发现和获得的，它由资产阶级城市管理者强加于人。资产阶级城市管理者借助"语言和修辞"[2] 的手段，亦即对城市符号的设计，掩盖商品自身的起源及其蕴含的社会劳动过程，使人们被消费主义话语的谎言蒙蔽，在对抽象事物的消费中获得虚假欲望的满足。

与此同时，不仅仅是出现在城市中的各类商品，实际上，发达资本主义城市本身也成为一个被灌注了消费主义虚假意识的事物或消费符号。因此，当我们讨论空间的生产问题时，同样不能忽视空间的消费问题。在列斐伏尔那里，城市空间作为一种社会产物，它在发达资本主义社会意识形态的支配下，就像城市中蕴含的各类商

---

[1] （法）亨利·列斐伏尔：《空间与政治》，李春译，上海：上海人民出版社，2015 年，第 25 页。
[2] Henri Lefebvre, *The Production of Space*. Translated by Donald Nicholson-Smith, Oxford: Blackwell, 1991, p. 97.

品一样，也必然演化为一种纯粹抽象的商品形式。如其所言："空间生产就如任何类型的商品生产一般……（它）使占有空间的私人团体可以经营并剥削它。"① 人们对这种城市空间商品的消费，也自然如对其他各类商品的消费一样，聚焦于其"符号/交换价值"，也就是在对城市空间的买卖中，获得一种社会地位提升的满足感。城市空间的"符号/交换价值"同样是由资产阶级城市管理者强加，后者通过对城市空间的内部区隔，为城市不同区域赋予不同的商品价格、地位象征和等级差异。作为"中产阶级中的一部分"的"上层阶级"则是城市空间商品的主要消费者，"他们的消费是炫耀性的，他们喜欢自我欣赏和抛头露面，他们坚信要模仿大资产阶级，并且模仿部分不那么'富裕'的阶级"②。

富裕中产阶级对资本主义城市空间的炫耀性消费，尤其体现在他们对住房的消费当中。具体而言，富裕中产阶级购买住房已不仅仅是依据其可居住、可交换、可改装的程度。他们也希冀通过购买广告中所鼓吹的意象化的住房，获得房地产商承诺的更高层次社会生活圈子的"准入证"，或者通过购买距离城市中心距离更近的住房（尽管随着城市郊区化趋势的发展，"城市中心"的意义已发生深刻变化），获得更有力的对时间和空间的支配权，这使他们产生

---

① （法）亨利·列斐伏尔：《空间政治学的反思》，陈志梧译，载包亚明主编：《现代性与空间的生产》，上海：上海教育出版社，2003年，第62页。
② （法）亨利·列斐伏尔：《空间与政治》，李春译，上海：上海人民出版社，2015年，第87页。

一种仿佛凌驾于城市社会之上的权力幻觉。在这种消费主义逻辑驱使下，城市空间自身的使用价值被严重轻视，富裕中产阶级购房者首先是住房的"符号/交换价值"的购买者，其次才是在住房中生活、栖居的居住者。在列斐伏尔看来，这正是资产阶级城市管理者实施其城市空间生产策略的结果，"这种策略逐渐地超越了简单的出售空间的范围……它不仅把空间纳入剩余价值的生产中，而且试图将生产完全重组从而使其从属于信息与决策中心……（它）吞没了'拥护''参与者'和单纯的'居住者'"[①]。

除了对城市住房的消费，人们也试图在具有独特性的城市空间景观中寻求自身"优越感"的满足，这在人们对城市旅游空间的消费中有着显著反映。在这种消费活动中，越是看似与现代城市相异的城市景观，越能刺激城市居民以及旅游者的消费欲望。所以，人们对城市旅游空间的消费，也就同对其他商品的消费一样，受到消费主义意识形态的干扰。人们在消费城市空间的过程中，抹去了孕育它的历史脉络和社会劳动过程，将城市视为一种与其他商品无异的抽象符号。

基于此，列斐伏尔对城市管理者试图通过制造"自然"符号来人为地生产出某种具有"差异性"的城市空间景观的行为进行了批判。他指出："自然正在衰微，然而自然的符号和自然的东西正在

---

① （法）亨利·列斐伏尔：《都市革命》，刘怀玉、张笑夷、郑劲超译，北京：首都师范大学出版社，2018年，第177—178页。

增长、代替和取代真正的'自然'……这些符号被大量生产和售卖……与此同时，意识形态的驯化成为梦魇。"① 换句话说，真正的自然已经随着工业城市的兴起和扩散逐渐被排除在人类生活的领域之外，城市管理者所制造的虚假"自然"仅仅是一种建立在抽象符号之上的幻象，它遮蔽了资产阶级侵犯和破坏真正自然的历史，并借由作为人造物的"第二自然"刺激和满足人们消费"自然"的欲望。在此，城市规划者利用了人们对自然逝去的感伤，以实现其政治和经济策略。用列斐伏尔的话说，即"自然正被'反自然'谋杀——被抽象、被符号与意象，被话语、也被劳动及其产品谋杀"②。因此，当"自然"亦沦为一种人造物和商品之时，人们的城市生活将在消费主义的意义幻象中越陷越深，直至被城市符号的谎言、追求"优越感"和社会地位的消费欲望彻底吞噬。

对发达资本主义城市空间的符号消费现象的批判，构成列斐伏尔城市符号观的核心部分。列斐伏尔也由此在社会符号学与空间批判之间建立起紧密的联系。同时，列斐伏尔也在此处找到了一种分析资本主义社会二元矛盾的独特路径，即以符号消费与空间意义生成的关系为切入点，考察消费主义意识形态主导下空间编码与解码的冲突根源。

---

① （法）亨利·列斐伏尔：《都市革命》，刘怀玉、张笑夷、郑劲超译，北京：首都师范大学出版社，2018年，第31页。
② Henri Lefebvre, *The Production of Space*. Translated by Donald Nicholson-Smith. Oxford: Blackwell, 1991, p. 71.

四、"空间想象力"的意义之维

尽管传播学研究自 21 世纪初以来已初步形成"空间转向"的自觉,但在如何推进"空间转向"的问题上,研究者仍缺少一个深入、全面的认识。早在十余年前,袁艳便提出拓展传播学研究"空间想象力"的必要性,并尝试在"文化身份""传播语境""权力结构""媒介技术"以及"后现代空间"五种理论视角中将其落实。然而,若从所谓"重申空间的意义、挖掘空间内涵"[①] 这一目标来看,"空间想象力"的五分法则仍然存在比较明显的局限之处。概而言之,对"空间的意义"的追溯与探索,被分散到五种不同的理论视角中,尽管每一视角都或多或少地涉及对意义问题的讨论,但"空间的意义"这一概念本身却始终未被置于研究视野的中心进行探究。

基于此,通过对列斐伏尔城市符号观的爬梳,本书认为在"空间想象力"固有的五种理论视角之外,有必要增加一种真正将"空间的意义"置于关注中心的理论视角,即"空间意义论"的视角。借此,传播学研究将得以对空间意义问题展开更为深入,同时也更有针对性的探索。而从列斐伏尔的城市符号观/空间意义论出发,我们至少可以在"释义之争"和"欲望消费"两个方面,拓展传播学研究"空间想象力"的意义之维。换言之,列斐伏尔的城市符号

---

① 袁艳:《传播学研究的空间想象力》,《新闻与传播研究》2006 年第 1 期。

观/空间意义论,至少在以上两个方面可与当下传播学研究的发展动向相契合。

(一) 城市传播中的"释义之争"

如前所述,无论是在编码与解码的冲突中,抑或是在符号消费的幻象中,围绕空间意义解释权展开的控制与抵抗之争,贯穿了资本主义城市社会的各个方面。而传播学研究的"空间想象力"从一开始便将空间理解为"'文化中人'定义自我、寻求生存意义的触媒"[1]。这意味着,人们对空间意义的解释,关乎人对自身存在意义与文化认同的建构,当人与人之间对存在意义、文化认同的理解产生分歧之时,一种二元对立式的社会关系也就出现于空间意义的生成过程当中。

对传播学研究而言,城市社会关系的基本形式,也如列斐伏尔所认为的一般,表现为一种二元结构,即城市管理者与城市使用者之间的二元关系。在研究者看来,这两者之间的沟通,时常因各自对空间意义的期望不同而形成明显对立。而他们之所以对空间意义有着不同的期望,正是因为各自立足的文化语境有所差异,"对于城市空间,大众要求意涵丰富的可居住性,而政府则亟待扩展财富收益的通道"[2]。因此,从意义沟通的角度来看,两者间的对立反映出由精英主导的"空间"与普通人生活的"地方"两种城市观的对

---

[1] 袁艳:《传播学研究的空间想象力》,《新闻与传播研究》2006年第1期。
[2] 孙玮、潘霁:《空间争夺战——中国大城并区的媒介话语分析》,《探索与争鸣》2016年第10期。

立，或者说是城市空间的交换价值与使用价值的对立。它们的矛盾点在于，应该"将城市空间视为积累、投机、获利的资源"，还是"视为一种日常生活资源"。[1] 基于这两种对城市空间意义的不同解释，城市管理者与城市使用者在想象城市、开发城市的过程中也就难免产生摩擦。

在此，传播学研究对城市社会关系中二元矛盾的认识，与列斐伏尔的城市符号观非常相近。他们都尝试从空间意义生成这一角度切入，通过对编码与解码之间意义冲突的分析，审视城市管理者与城市使用者为了实现自身诉求而产生的矛盾。城市管理者与城市使用者之间的冲突焦点，则在于谁有权解释城市，以及"谁对城市美好生活的独特的文化想象将在城市未来发展中被实现"[2]。从这里出发，两者围绕城市空间意义的解释权展开争夺，编码与解码的意义冲突投射出城市管理者与城市使用者对城市未来发展方向的各自设想。为了考察这种意义冲突背后更复杂的社会矛盾与意识形态操作，传播学研究在思考城市问题时，也就十分看重对空间生产理论的挪用，强调在"批判理论、文化研究和当代城市政治经济学的交叉"[3]中理解城市传播问题。此外，传播学研究也同样试图通过对

---

[1] Timothy A. Gibson & Mark Lowes, eds. *Urban Communication: Production, Text, Context*. Lanham: Rowman & Littlefield, 2007, p. 10.
[2] Timothy A. Gibson & Mark Lowes, eds. *Urban Communication: Production, Text, Context*. Lanham: Rowman & Littlefield, 2007, p. 17.
[3] Timothy A. Gibson & Mark Lowes, eds. *Urban Communication: Production, Text, Context*. Lanham: Rowman & Littlefield, 2007, pp. 4—5.

城市释义之争的批判性考察，揭示城市管理者制造的意义幻象及其隐含的利益诉求，唤醒城市使用者掌握和利用"城市权利"的自觉，以"各种形式的市民行动……重新创造出日常生活的政治"①。

此外，从列斐伏尔的空间生产理论来看，城市管理者与城市使用者的二元关系，实际上可被视为"空间再现"（"科学家、计划者、城市规划师、技术官僚和社会工程师的空间"）与"再现空间"（"居民和使用者的空间"）之间关系的延伸和具体化。② 在列斐伏尔那里，"空间再现"与"再现空间"在对立、冲突之外，也相辅相成、互相影响，就像"运河与街道中的水和石头，在相互映射中创造出一种肌理"③。城市管理者与城市使用者之间的关系亦是如此。尽管他们对城市空间意义的解释时常发生冲突，但城市空间意义恰恰是在编码与解码的交错与互动中得以生成。对于传播学研究而言，在城市空间意义的生成过程中，城市管理者与城市使用者缺一不可，甚至两者间也不乏相互协作的可能。城市管理者的编码活动，除了带有功利性目的的引导和干预，也为城市使用者的解码创造了条件，"政府的政策和规制也会鼓励各种类型的沟通，为沟通

---

① （澳）斯科特·麦夸尔：《地理媒介》，潘霁译，上海：复旦大学出版社，2019年，第15页。
② Henri Lefebvre, *The Production of Space*. Translated by Donald Nicholson-Smith. Oxford: Blackwell, 1991, p. 38—39.
③ Henri Lefebvre, *The Production of Space*. Translated by Donald Nicholson-Smith. Oxford: Blackwell, 1991, p. 74.

提供机会"①。城市使用者由此可以摆脱被动、沉默的状态，从他们身处其间的街道、社区出发，与城市管理者和其他城市使用者互动，"交换信息、想法和意见，在自发、安全和自由的氛围中互相倾听、互相学习"②。

（二）以物为基底的"欲望消费"

除对城市管理者与城市使用者二元关系的认识外，列斐伏尔的城市符号观也启发传播学研究从空间意义生成的角度分析消费主义意识形态在城市社会生活中的渗透。诚然，造成这一现象的原因，也需从城市管理者与城市使用者的二元关系中探寻。在发达资本主义社会的城市空间中，消费主义意识形态的蔓延，正是城市管理者与城市使用者之间的矛盾反映到空间意义层面的结果。城市管理者在塑造各种城市符号的过程中，人为地营造出一种意义幻象，引导城市使用者在消费活动中以抽象抹杀具体，以虚假欲望遮蔽真实需要，进而在社会地位上升的假象中寻求一时的"优越感"。

如前所述，在对这种欲望消费现象的分析与批判中，列斐伏尔的空间意义论与鲍德里亚的符号政治经济学多有契合之处。两者"共享着相同的社会现实背景与理论前提"，即"日常生活的商品化与消费社会的崛起，消费逐渐取代生产而成为资本主义统治与剥削

---

① Harvey Jassem & Susan J. Drucker, eds. *Urban Communication Regulation*. New York: Peter Lang, 2018, p. xi.
② Cees J. Hamelink, "Urban Conflict and Communication," *The International Communication Gazette*, vol. 70, no. 3—4, 2008.

的中心"。① 但相较于列斐伏尔在符号与物质空间的连接中理解空间意义，鲍德里亚则更激进地将符号本身视为世界本体。在他看来："'真实'、指涉物……不过是象征性的拟像，它们被符号所稀释，被符号所左右。"② 所以，是符号规定了意义的真实性，资本主义社会本质上便是一个以符号为中心运转的社会。由此，鲍德里亚的符号政治经济学也就与列斐伏尔的空间意义论产生明显差异。在列斐伏尔看来，空间是一种"形式的和物质的'现实'。……原材料和能量交换、流通的网络塑造空间并受制于空间"③。因此，空间意义的生成不能脱离物质空间的限制，物质空间是意义的承载者，也介入意义的生产与消费过程中。

这种将符号意义与物质空间紧密联系在一起的空间意义论，相比于鲍德里亚的符号本体论，理应得到传播学研究更充分的重视。实际上，消费主义问题在传播学研究中向来颇受关注，只不过这种关注更多响应了鲍德里亚的观点。在鲍德里亚的影响下，传播学研究通常将消费视为"一种确保符号调控和群体整合的系统，也是一种传播系统或传播形式"④。在此，消费社会的形成依赖符号的中介作用，但其主要还是在观念层面发挥作用，即通过调控意义，影响

---

① 吴琼：《西方消费社会理论的批判与畸变：列斐伏尔与鲍德里亚之比较》，《深圳大学学报（人文社会科学版）》2019 年第 3 期。
② （法）让·鲍德里亚：《符号政治经济学批判》，夏莹译，南京：南京大学出版社，2015 年，第 218 页。
③ Henri Lefebvre, *The Production of Space*. Translated by Donald Nicholson-Smith. Oxford: Blackwell, 1991, p. 85.
④ 李彬：《传播符号论》，北京：清华大学出版社，2012 年，第 287 页。

人们的消费观，使消费主义"深入人心"。然而，符号与其所指涉的物质对象之间的联系，作为消费社会形成的现实根基，却并没有得到研究者的充分考量。

而随着近些年来传播学研究对物质性问题的关注愈发广泛，在鲍德里亚的符号政治经济学中被抛弃的"物"，已然被研究者摆在理解空间意义生产与消费的核心位置，并由此进一步动摇了后现代符号论中"物围绕着人'旋转'的理论预设"[①]。从这种"物质性转向"出发，剖析某一城市符号的意义生成过程，则其符号能指可被视为承载空间意义的物质空间，其符号所指则是此物质空间的"心理表象"[②]。消费主义意识形态的运转，需要城市管理者对城市物质空间即城市符号的能指进行塑造，将其描绘为一种易于识别、带有某种消费文化印记的抽象形式。由此切入，城市使用者对城市符号的意义解释便更容易受到引导，其内心的消费欲望也更容易被追逐"优越感"的虚假意识激起。

从这里可以看出，如果传播学研究想要从符号性与物质性相接合的角度，把握消费主义意识形态介入城市传播的具体过程，列斐伏尔的城市符号观相比于鲍德里亚的理论观点，显然更适于被传播学研究借鉴和使用。在列斐伏尔那里，"物是虚假的符号和意义的

---

① 戴宇辰：《"物"也是城市中的行动者吗？——理解城市传播分析的物质性维度》，《新闻与传播研究》2020年第3期。
② （英）斯图尔特·霍尔主编：《表征：文化表征与意指实践》，徐亮、陆兴华译，北京：商务印书馆，2013年，第238页。

基底"①,城市空间的物质存在始终支撑着空间意义生成的整个过程。

五、列斐伏尔城市符号观的影响

如前所述,对符号消费现象的关注和批判是列斐伏尔城市符号观的核心部分。他在发达资本主义社会的时代语境中较早地发现了符号消费活动的非真实和去物质化问题,并在此基础上对消费主义意识形态营造的符号幻象加以批判。列斐伏尔的符号消费观,对鲍德里亚的"符号政治经济学"产生了一定影响。一方面,两人"共享着相同的社会现实背景与理论前提",即"日常生活的商品化与消费社会的崛起,消费逐渐取代生产而成为资本主义统治与剥削的中心"②;另一方面,鲍德里亚又在接受列斐伏尔符号消费观的同时,"并不满足于关于消费的社会学分析,那就是,大致来说,主体受到欺骗而希望通过消费社会中的'不起眼的物'来满足人为构建的需求和欲望"③。

鲍德里亚将符号的指涉物视为非物质的"拟像",他对"真实"范畴本身提出了挑战,"'真实'、指涉物……不过是象征性的拟像,

---

① Henri Lefebvre, *The Production of Space*. Translated by Donald Nicholson-Smith. Oxford: Blackwell, 1991, p. 81.
② 吴琼:《西方消费社会理论的批判与畸变:列斐伏尔与鲍德里亚之比较》,《深圳大学学报(人文社会科学版)》2019年第3期。
③ (加)理查德·J. 莱恩:《导读鲍德里亚》,柏愔、董晓蕾译,重庆:重庆大学出版社,2016年,第78页。

它们被符号所稀释，被符号所左右。通过指涉物的幻象……符号试图引发这样一种误导：它允许自身显现为一种整体，抹去它超验的抽象的痕迹，成为意义的真实性原则"①。这意味着一种彻底以符号（能指）为中心的资本主义统治秩序在日常生活中的全面主宰，在这里，"真实"不复存在，唯有符号而已（这或许正是过往城市传播学者所批判的"后现代符号论"的原型）。而在鲍德里亚那里，克服这一危机的方式是回到前资本主义时代的"象征交换"模式之中，也就是彻底抛开事物"价值"的引导，彻底放弃交换行为本身的生产性意义，在游戏与狂欢中展开非生产性的人际交往。这与列斐伏尔诉诸政治经济学批判的理想方案又形成了根本性的反差，也正是在这里，鲍德里亚"完成了对自己的左派老师以及马克思主义的彻底超越"②。

但毋庸置疑的是，鲍德里亚并不否认社会结构和意识形态因素对符号编码产生的作用，只不过它们一同被鲍德里亚视为资本主义社会非真实的"拟像"的一部分。因此他并未将社会解放的希望寄托于阶级斗争，而是希冀于一种古典传统的回归。与之相反，在列斐伏尔那里，社会结构和意识形态因素有着具体的指涉对象，即

---

① （法）让·鲍德里亚：《符号政治经济学批判》，夏莹译，南京：南京大学出版社，2015年，第218页。
② 张一兵：《符号政治经济学的"革命"——鲍德里亚〈符号政治经济学批判〉解读》，《现代哲学》2009年第4期。

"一个消费引导型官僚社会"[①]。由此，在对城市空间的分析中，列斐伏尔发展出一种"空间政治经济学"方法，他将空间视为一种"形式的和物质的'现实'……原材料和能量交换、流通的网络塑造空间并受制于空间"[②]。因此，空间的生产过程是空间政治经济学的主要关注对象，这意味着城市空间的组织机构、基础设施、商品网络，以及从中孕育的专业化领域，如城市规划学等，都是列斐伏尔着力批判的主导性、压迫性的社会存在。

列斐伏尔的"空间政治经济学"方法亦嵌入其城市符号观中。如前所述，坚持社会符号学研究路径的列斐伏尔对索绪尔以降的结构主义符号学传统多有批评。在他看来，结构主义符号学意图建立一门"科学的科学"，也就是将自身预设为一种科学的"先验所指"，以此脱离于社会历史语境，克服诸如政治经济学、社会学、历史学等科学的缺点，建立一种统一的阐释模型。但事实上，它最终仅仅构建了一个抽象概念的集合，"一个由教条主义设置的真空……它被深埋于诸如元语言、空话和关于话语的闲谈之中"[③]。因此，尽管列斐伏尔认可将城市空间作为一种符号体系展开分析，但他所借助的符号学视角绝非结构主义式的。正如波斯特所言，列斐

[①] （法）亨利·列斐伏尔：《都市革命》，刘怀玉、张笑夷、郑劲超译，北京：首都师范大学出版社，2018年，第186页。
[②] Henri Lefebvre, *The Production of Space*. Translated by Donald Nicholson-Smith. Oxford: Blackwell, 1991, p. 85.
[③] Henri Lefebvre, *The Production of Space*. Translated by Donald Nicholson-Smith. Oxford: Blackwell, 1991, p. 134.

伏尔已然拒绝了"结构主义者的还原主义，他们对历史的回避，他们对在社会活动语境中看待语言的拒绝。正如他所看到的，语言学家和结构主义者以拒绝设置好的或坏的交往标准的中立科学家自居。因此，列斐伏尔把他们叫做技术统治论者"①。对结构主义符号学蕴含的种种问题的批评，促使列斐伏尔转向一种将社会意识形态和政治经济因素考虑在内的城市符号观。尽管他本人并未明确以"社会符号学"称呼其城市符号观的底层架构，但在他之后的新马克思主义空间理论学者无不从其城市符号观中吸取到一种社会符号学式的解读城市空间意义生成的思路。一方面，"注意到意识形态和文化之间存在着一种非常强韧的关系"；另一方面，认识到"所有符号系统，无论以这种还是那种方式，都是物质性的"。② 在卡斯特和戈特迪纳两位新马克思主义空间理论学者那里，我们可以看到对这种研究思路的继承和发展。

同列斐伏尔一样，卡斯特也批评了那种将社会行动化约为语言的结构主义符号学传统，指出应当"在主体对空间的社会占有的基础上确定城市结构的符号学分析进路"③，这意味着对城市使用者作为城市符号意义接受者的主体性地位的肯定——他们与城市管理

---

① （美）马克·波斯特：《战后法国的存在主义马克思主义》，张金鹏、陈硕译，南京：南京大学出版社，2015年，第228页。
② （英）保罗·科布利编：《劳特利奇符号学指南》，周劲松、赵毅衡译，南京：南京大学出版社，2013年，第143页。
③ Manuel Castells, *The Urban Question*. Translated by Alan Sheridan. London: Edward Arnold, 1977, p. 221.

者、投资者、规划者之间的互动(无论是合作还是冲突),塑造了城市符号系统最终呈现的意义。如卡斯特所言:"不同层次的信息内容依赖于发出形式(主体)与接受形式(主体)之间的对应或不对应。"① 但对城市使用者的主体性、能动性的肯定,并不意味着卡斯特轻视城市管理者及其语法在城市空间意义生成中发挥的引导作用。他同样认识到,城市符号学不应如结构主义符号学一般,停留在对城市符号的形式分析层面,而应将城市符号视为"社会关系所生产的意识形态过程的表达中介"②,这也就使卡斯特如列斐伏尔一般,将城市符号问题置于意识形态批判视域下进行考察。他以图示的形式直观地展现了其城市符号学理论的分析思路(如图4—1):

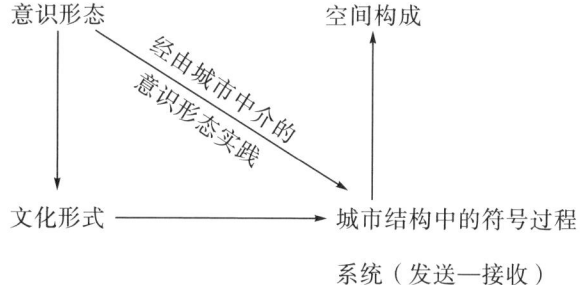

图 4—1 卡斯特的城市符号学分析模式③

---

① Manuel Castells, *The Urban Question*. Translated by Alan Sheridan. London: Edward Arnold, 1977, p.220.
② Manuel Castells, *The Urban Question*. Translated by Alan Sheridan. London: Edward Arnold, 1977, p.219.
③ Manuel Castells, *The Urban Question*. Translated by Alan Sheridan. London: Edward Arnold, 1977, p.219.

相较于列斐伏尔、卡斯特，戈特迪纳对社会符号学理论和方法的接受承继了更多符号学者的观点。他在马克思主义的历史唯物主义基础上，吸收了罗兰·巴尔特（Roland Barthes）、格雷马斯等学者对社会符号学的界定，进而将其城市符号学的根本任务归结为"对日常生活中意识形态的唯物主义分析"[1]。这使其城市符号学理论在保留对城市符号的形式分析的同时，也深入到了意识形态批判的层次，并将结构主义符号学所忽视的物质对象纳入分析视野之中。下节将对戈特迪纳的城市符号观进行详细解读，此处不赘。

由此可见，列斐伏尔的城市符号观一方面以其符号消费论影响了鲍德里亚对消费社会中符号"拟像"的认识，这激发了后现代主义者对一种去物质化的浮动能指的想象，乃至于对回归前资本主义社会原始的意义沟通状态的向往。然而，这种唯心主义的后现代符号论显然已与列斐伏尔建立在空间生产理论基础上的城市符号观背道而驰。另一方面，列斐伏尔的城市符号观也影响了在他之后关注城市符号问题的新马克思主义空间理论学者，无论是卡斯特抑或是戈特迪纳的城市符号观，都或多或少烙着列斐伏尔的思想印记，亦即在社会历史语境中、在物质世界背景下，从形式分析向意识形态批判不断深掘，以期透彻、充分地描述和阐释城市空间的意义生成过程。

---

[1] Mark Gottdiener & Alexandros Ph. Lagopoulos, eds. *The City and the Sign: An Introduction to Urban Semiotics*. New York：Columbia University Press, 1986, p.14.

第三节　戈特迪纳的城市符号学理论

在列斐伏尔之后，新马克思主义空间理论学者中对城市符号问题关注最多、用力最深者，便是戈特迪纳。城市研究者杰夫·斯塔尔（Geoff Stahl）在探讨城市符号学的起源时指出：戈特迪纳和亚历山德罗斯·拉哥波罗斯（Alexandros Ph. Lagopoulos）于1986年主编的《城市与符号：城市符号学导论》文集，最早提出了"城市符号学"（urban semiotics）这一名称。[①] 此书通过引介欧洲经典城市符号学理论，在英语学界城市研究者和符号学学者之间架起了理解和沟通的桥梁。而作为新马克思主义空间理论在列斐伏尔、哈维、卡斯特后的重要代表人物，戈特迪纳构建的以社会符号学为基底的城市符号学理论体系，更是在后续的城市符号学发展历程中产生了极为重要的影响。基于此，本节将着重介绍戈特迪纳的城市符号学理论及其与城市传播研究的契合之处，以期为城市传播学者解释城市问题，尤其是城市符号的意义建构问题，提供一种独特的理论视角和研究思路。

一、形式论基础：社会符号学与双重划分模式

同列斐伏尔一样，戈特迪纳的城市符号学理论综合了意识形态

---

① Geoff Stahl. "Urban Semiotics," In Ray Hutchison, ed. *Encyclopedia of Urban Studies*. Los Angeles: Sage, 2010, p. 919.

批判与形式分析两种分析手段。在意识形态批判方面，戈特迪纳承继并发展了列斐伏尔空间生产理论的思想观点；在形式分析方面，他则吸纳了巴尔特、格雷马斯等学者提倡的社会符号学研究路径，以及路易斯·叶姆斯列夫（Louis Hjelmslev）在索绪尔基础上建立的符号双重划分模式。如果说社会符号学构成了戈特迪纳城市符号学理论的基底，促使戈特迪纳将其城市符号学的关注对象从城市符号形式上升到符号背后的社会意识形态建构，那么叶姆斯列夫的双重划分模式则为戈特迪纳搭建城市符号学分析框架提供了重要灵感。

（一）社会符号学

社会符号学的诞生得益于社会语言学的发展。社会语言学作为"采用语言学的方法……发展社会学的语言学"，其解释语言现象的原则是"在自然语言中寻找社会意义"，也就是在人类言语行为中发现"社会内涵意义"。[①] 因此，社会语言学可被视为语言学与社会学彼此交融的产物，它在对承载意义的语言结构本身进行研究的同时，也未忽视对语言之社会性的探讨，着力于揭示语言背后的社会内涵及权力话语。正如索绪尔将语言学视为符号学组成部分一般，格雷马斯也将社会语言学归属于"一门更宽泛、人们可称之为社会符号学的学科"[②]。实际上，我们从索绪尔对符号学的学科界定中便

[①] （法）A. J. 格雷马斯：《符号学与社会科学》，徐伟民译，天津：百花文艺出版社，2009年，第54页。
[②] （法）A. J. 格雷马斯：《符号学与社会科学》，徐伟民译，天津：百花文艺出版社，2009年，第55页。

可发现，符号学本身便是"一门研究社会生活中符号生命的科学"①。因此所谓"社会符号学"的提法，在一定程度上可视为对索绪尔本人符号学观的引申，而社会符号学与索绪尔符号学的不同之处则在于社会学视角与心理学视角的差异。相较于索绪尔在社会心理学层面理解符号学的科学含义，社会符号学家则尝试通过"对日常生活中意识形态的唯物主义分析"②发掘符号学在社会问题分析中的应用前景。

戈特迪纳的城市符号学理论正是建立在社会符号学理论基础之上。他所理解的符号学研究，不仅关注符号文本的外延层面，即显露在文本表层的能指构成，同时也注重探索"社会地建构的价值或意识形态"③，揭露其"客观性"话语的本质，由此将讨论的重心转移至符号文本的内涵层面。这种符号学观点正契合了社会符号学的题旨，也就是"把所有符号行为和操作都当做社会行为和操作来处理……权力问题始终是探讨的核心"④。与此同时，戈特迪纳对社会符号学的认识也体现出马克思主义的历史唯物主义特点，他指出："在意识形态生产和空间概念化中，符号与非符号社会过程之间的

---

① （瑞士）费尔迪南·德·索绪尔：《普通语言学教程》，高名凯译，北京：商务印书馆，1999年，第38页。
② Mark Gottdiener & Alexandros Ph. Lagopoulos, eds. *The City and the Sign: An Introduction to Urban Semiotics*. New York: Columbia University Press, 1986, p. 14.
③ Mark Gottdiener & Alexandros Ph. Lagopoulos, eds. *The City and the Sign: An Introduction to Urban Semiotics*. New York: Columbia University Press, 1986, p. 4.
④ （英）罗伯特·霍奇、冈瑟·克雷斯：《社会符号学》，周劲松、张碧译，成都：四川教育出版社，2012年，第124—125页。

接合不仅以物质性为基础，同时也由特定历史阶段生产方式的性质所决定。"① 因此，戈特迪纳眼中社会符号学的关注焦点，是符号文本意义如何在物质环境、社会历史语境的双重影响下得以生成。正因如此，戈特迪纳的城市符号学理论与社会符号学的关联十分紧密，甚至不妨说其城市符号学理论就是社会符号学在城市问题上的延伸。

戈特迪纳对社会符号学的理解和运用主要受巴尔特、格雷马斯的符号学观点影响。在他看来，巴尔特和格雷马斯都将作为一种形式分析工具的符号学推向了意识形态研究的领域。在他们的观念指引下，社会符号学将关注对象聚焦于"外延系统与元语言系统，及其背后特定的文化内涵系统的运作"②。这种社会符号学观点催生了巴尔特的"神话修辞术"方法，它"既属于作为形式科学的符号学，又属于作为历史科学的意识形态，它研究呈现为形式的观念"③。这种综合形式分析与意识形态批判的研究路径，被戈特迪纳直接运用于对城市符号文本的分析过程之中，由此建立起一套以社会符号学为基底的城市符号学理论体系。此外，和巴尔特一样，戈特迪纳在对符号结构的划分上，也延续并发展了叶姆斯列夫的双重划分模式，这构成了其城市符号学理论的第二个形式论基础。

---

① Mark Gottdiener & Alexandros Ph. Lagopoulos, eds. *The City and the Sign: An Introduction to Urban Semiotics*. New York: Columbia University Press, 1986, p. 14.
② Mark Gottdiener & Alexandros Ph. Lagopoulos, eds. *The City and the Sign: An Introduction to Urban Semiotics*. New York: Columbia University Press, 1986, p. 5.
③ (法)罗兰·巴尔特：《神话修辞术/批评与真实》，屠友祥、温晋仪译，上海：上海人民出版社，2009年，第173页。

(二) 双重划分模式

叶姆斯列夫承继了索绪尔所提倡的语言学研究思路,主张语言学应对语言的内在结构本身展开研究。他也同索绪尔一样,将语言视为表达观念的符号系统。同时,正如索绪尔将符号系统归结为"意义和音响形象的结合"①,叶姆斯列夫对这一概念的界定亦是将其视为"表达单位及其关联的语义内容所构成的系统",并指出"一个符号可以由一个表达成分及其一个内容成分组成"。② 这种表达与内容二分法可以说是对索绪尔"能指"和"所指"二分法的进一步推演。

在此基础上,叶姆斯列夫又以更加系统的双重划分模式发展了索绪尔的观点。如其所言:"为了保证语言描述的穷尽性,必须认识所有的关系,我们不能直接将语篇分割成表明关系的最小成分,而必须一步一步地分割语篇。"③ 由此,他将"语篇"(text),亦即语言或符号的表意过程和关系链条一再切分,先是从"所指"与"能指"的关系出发,将符号结构区分为内容平面(the plane of content)和表达平面(the plane of expression)两个组成部分,进而又分别在两者之中划分出实体(substance)和形式(form)两个

---

① (瑞士)费尔迪南·德·索绪尔:《普通语言学教程》,高名凯译,北京:商务印书馆,1999年,第36页。
② (丹)路易斯·叶姆斯列夫:《叶姆斯列夫语符学文集》,程琪龙译,长沙:湖南教育出版社,2005年,第32页。
③ (丹)路易斯·叶姆斯列夫:《叶姆斯列夫语符学文集》,程琪龙译,长沙:湖南教育出版社,2005年,第88页。

更小的表意成分。戈特迪纳借鉴艾柯（Umberto Eco）对双重划分模式的解释，将其图示如下（如图4-2）：

$$符号：\frac{所指}{能指} = \frac{内容}{表达} = \frac{\frac{实体}{形式}}{\frac{形式}{实体}}$$

图4-2　叶姆斯列夫的符号双重划分模式[①]

在这里，内容平面和表达平面的含义同"所指"和"能指"概念的界定十分类似，用艾柯的话说，"当代码将传达系统的成分指派到被传达系统的成分时，前者就变成后者的表达，后者则成为前者的内容"[②]。一个完整的符号表意过程需要内容平面和表达平面相互配合、相互协调，它们"是同一个功能的两个互相对立而又互相关联的功能子"[③]。叶姆斯列夫对表达平面和内容平面中涵盖的实体与形式两种成分的界定同样延续了索绪尔的思路。他将形式视为一般意义上被言说的"语言"类型，将实体视为"形式之外和功能关联的非语言物质"，前者是语言学的分析对象，后者是非语言学的分析对象，两者的结合意味着语言学与非语言学的结合。由此，叶姆斯列夫将语言学从对"语言运用"的分析扩展到了对"语言图式"的分析，或者说将形式分析上升到了社会学分析的层次，从而

---

① Mark Gottdiener, *Postmodern Semiotics*. Oxford: Blackwell, 1995, p.27.
② （意）乌蒙勃托·艾柯：《符号学理论》，卢德平译，北京：中国人民大学出版社，1990年，第55页。
③ （丹）路易斯·叶姆斯列夫：《叶姆斯列夫语符学文集》，程琪龙译，长沙：湖南教育出版社，2005年，第177页。

"将文化编码与物质形式相接合"①。

叶姆斯列夫对索绪尔符号学理论的发展,不仅体现在对其经典二分法的重新构造,也体现在他将符号学的分析对象扩展到语言符号之外的非语言符号。用他的话说,只要"可以通过交换测试"②,并且"试图交流内容"③,非语言符号也可被置于符号学视角下进行分析。正是由于这一点,巴尔特在建立一种可应用于非语言对象的符号学知识时④,大量吸收了叶姆斯列夫双重划分模式的理论资源。到了20世纪80年代,经由巴尔特、艾柯等符号学家的中介,戈特迪纳亦注意到双重划分模式之于考察非语言符号现象的适用性。基于此,他开始着手在双重划分模式基础上构建一套以社会符号学为基底的城市符号学理论体系。

二、框架与旨归:从形式分析到意识形态批判

(一)戈特迪纳城市符号学理论的分析框架

作为新马克思主义空间理论在20世纪90年代的主要后继者之一,戈特迪纳推广和构建城市符号学理论的主要目的,在于"依据

---

① Mark Gottdiener, *Postmodern Semiotics*. Oxford: Blackwell, 1995, p.27.
② "交换测试"是叶姆斯列夫界定语言组织的基本原则,它指的是表达平面上发生的变化可以引起内容平面上的变化,反之,内容平面上的变化也可以引起表达平面上的变化。
③ (丹)路易斯·叶姆斯列夫:《叶姆斯列夫语符学文集》,程琪龙译,长沙:湖南教育出版社,2005年,第89页。
④ (法)罗兰·巴尔特:《符号学原理》,李幼蒸译,北京:中国人民大学出版社,2008年,第1页。

社会符号学的视角",探究"意识形态在城市空间构造中的角色"[①],亦即借助符号学这种形式分析手段,揭示西方发达资本主义城市隐秘的意识形态生成路径。为此,戈特迪纳质疑了过去为城市研究者熟知的认知地理学、认知心理学、人文生态学等研究方法的"合法性",并试图以对"空间意义"的研究,取代过去那种专注于"感知"问题,即"强调对环境的精神生物学式的适应"的城市社会学研究传统。在戈特迪纳那里,"空间意义"的形成,由"社会联系和空间实践塑造"[②]。换言之,"空间意义"受到社会性框定,即便是相同的空间景观,在处于不同生活环境、不同社会阶层、接受不同意识形态的人们那里也会被解读出不同的意义。

因此,立足于社会符号学视角,戈特迪纳对其所身处的西方发达资本主义社会中城市空间意义的探索,必然也涉及对20世纪下半叶以来发达资本主义社会意识形态的考察。换言之,戈特迪纳的城市符号学理论不仅对浮现于城市空间表面的物质景观和现象进行观察与分析,更试图发掘城市空间意义生成的社会逻辑,即社会语境、权力关系和社会意识形态在城市空间意义生成过程中发挥的作用。

在社会符号学为戈特迪纳城市符号学理论锚定基底的同时,叶

---

① Mark Gottdiener & Alexandros Ph. Lagopoulos, eds. *The City and the Sign: An Introduction to Urban Semiotics*. New York: Columbia University Press, 1986, p.202.
② Panu Lehtovuori, "Gottdiener, Mark," in Ray Hutchison, ed., *Encyclopedia of Urban Studies*, Los Angeles: Sage, 2010, p.321.

姆斯列夫的双重划分模式则为其城市符号学理论的分析框架构建提供了启发。在戈特迪纳看来,双重划分模式"指明了处于普遍的文化环境中的意义来源与物质性人造物相联结的方式"①。通过在双重划分模式中糅合社会符号学的基本理念及空间生产理论的批判意识,戈特迪纳的城市符号学理论进一步推进了形式分析与空间批判的交叉(如图4-3)。

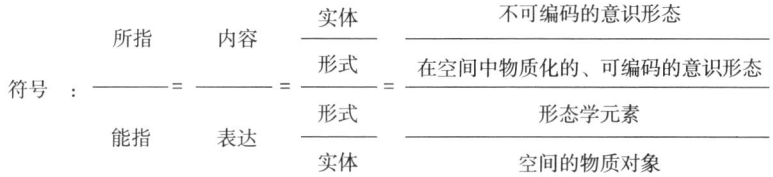

图4-3 戈特迪纳的城市符号分解②

在他借由双重划分模式对城市符号进行的分解中,城市符号的内容(所指)和表达(能指)分别指涉"价值体系"(意识形态在这里即"社会群体的价值体系")与"物质性"③,其含义类同于城市符号的内涵与外延,两者相互配合方能生成意义。进而,戈特迪纳继续沿着叶姆斯列夫的思路,将城市符号的内容和表达分别划分为"内容之实体""内容之形式""表达之实体""表达之形式"四

---

① Mark Gottdiener & Alexandros Ph. Lagopoulos, "Introduction," in Mark Gottdiener & Alexandros Ph. Lagopoulos, eds., *The City and the Sign: An Introduction to Urban Semiotics*, New York: Columbia University Press, 1986, p.16.
② Mark Gottdiener & Alexandros Ph. Lagopoulos, eds. *The City and the Sign: An Introduction to Urban Semiotics*. New York: Columbia University Press, 1986, p.18.
③ Mark Gottdiener, *Postmodern Semiotics*, Oxford: Blackwell, 1995, p.27.

种成分。

其中,"内容之实体"的"不可编码的意识形态"(non-codified ideology)指的是"整个社会的文化,它构成了属于特定文化实践的'可编码的意识形态'的源泉和背景";"内容之形式"的"可编码的意识形态"(codified ideology)指的则是"在实践中已经被编码的特定意识形态,它可经由社会互动和象征行为在对象世界中得以物质化"。[1] 前者指涉一种具有普遍性的、隐性的社会意识形态,后者则指涉在特定地点中经过某个特定个体或群体编码的、显性的意识形态。

城市符号的内容得以形成并被城市居民接受的前提是表达平面的存在。在城市符号的表达平面中,"表达之形式"指的是"与可编码的意识形态相一致的特定形态学要素";"表达之实体"指的是"与可编码的意识形态相一致的物质性对象本身"。[2] 前者是被用来构造特定地点景观的形态元素,后者则指承载意义的物质空间部署。具体而言,前者指涉城市景观设计中的一个个具体单元,后者则是使这些具体单元得以拼合的物质纽带。它们均与城市符号"内容之形式"的"可编码的意识形态"相一致,并透过与"可编码的意识形态"的连接进一步同"不可编码的意识形态"相融。

(二)戈特迪纳城市符号学理论的批判旨归

为了进一步说明四个符号层次的含义与相互关系,戈特迪纳对

---

[1] Mark Gottdiener, *Postmodern Semiotics*, Oxford: Blackwell, 1995, p. 28.
[2] Mark Gottdiener, *Postmodern Semiotics*, Oxford: Blackwell, 1995, p. 28.

购物中心这一具体的城市场所进行了分析。他将购物中心视为将"生产转化为消费"的"功能机器",它使"资本的现实化"成为可能;同时,为了刺激顾客的消费欲望,购物中心也将自身打造为一处"准公共空间",以满足顾客在其中交往、互动的需求,由此掩盖自身的功利性意图。①

基于此,戈特迪纳指出:购物中心的"表达之实体",即"为资本的实现而设计"的购物中心的建成环境,它是一个经过伪装的"准公共空间",承载着"在当今的生产和分配关系下零售商倾销消费品的意图"②。购物中心的"表达之实体"在其"表达之形式"中显现,即在消费者直接接触的每一个店面、每一个橱窗的工具性设计中显现出来。而这些工具性设计,又无不受制于购物中心的"内容之形式",即购物中心整体的设计主题,它是"购物中心的主导性编码,支配着构成'表达之形式'的设计元素,以此使其伪装精确地调和到购物中心的所有部分"③。为了使购物中心能够最大化地刺激顾客的消费欲望,其所遵循的设计主题,往往是从过往成功经验中模仿或复制而来,"当特定元素在一个地方取得成功,通常也会在其他地方得到尝试"④,这使购物中心的设计风格趋于标准化、同质化。

---

① Mark Gottdiener, *Postmodern Semiotics*, Oxford: Blackwell, 1995, p.94.
② Mark Gottdiener, *Postmodern Semiotics*, Oxford: Blackwell, 1995, p.84.
③ Mark Gottdiener, *Postmodern Semiotics*, Oxford: Blackwell, 1995, p.90.
④ Mark Gottdiener, *Postmodern Semiotics*, Oxford: Blackwell, 1995, p.87.

对这种主题的选择，反映出购物中心的"内容之形式"背后，一个更具普遍性的、隐性的社会意识形态的作用。这一社会意识形态构成了购物中心的"内容之实体"，它在发达资本主义社会表现为"形象驱动文化（image-driven culture）以及被媒体散布的消费主义意识形态"[1]。其中，消费主义意识形态"作为当前文化中的一种欲望、作为自我实现的一种手段"[2]，渗透到人们消费行为乃至社会生活的方方面面。它与"形象驱动文化"紧密配合，在购物中心的意义深处主导一切，支配着购物中心设计者的主题选择、工具设计以及"公共性"伪装等种种行为，并由此引导顾客坠入购物中心所营造的意义幻象，使其在对符号商品的消费中丧失对真实需要的判断。

可见，购物中心的设计者对购物中心符号的精心设计，实则是为营造出某种"公共性""客观性"假象，从而一步步引导符号接受者从具体的物质空间和社会关系中抽离，在抽象的符号消费活动中被动保持一致。戈特迪纳将这一潜藏于购物中心"内容之实体"的消费主义意识形态，连同增长主义意识形态一起，视为发达资本主义社会的主导性意识形态，它们均以"对增长的无法自拔的依赖"[3]为动力。在这一动力刺激下，包括购物中心符号在内的城市

---

[1] Mark Gottdiener, *Postmodern Semiotics*, Oxford: Blackwell, 1995, p. 84.
[2] Mark Gottdiener, *Postmodern Semiotics*, Oxford: Blackwell, 1995, p. 86.
[3] （美）马克·戈特迪纳：《城市空间的社会生产》，任晖译，南京：江苏教育出版社，2014年，第270页。

符号也就成了上层资产阶级攫取利益的工具，他们借城市空间设计者即符号生产者之手，通过塑造城市符号来引导和刺激城市居民虚假的消费欲望，使其不知不觉中为上层资产阶级的财富增长效劳。

然而，即便符号生产者意图通过城市符号操纵城市居民的消费行为甚至生活方式，但城市符号最终传达的意义仍然取决于作为符号接受者的不同个体、群体对符号的意义解释，"符号文本的意义，是由解释者决定的，文本是解释观照的对象"[①]。换言之，符号生产者试图在符号意义中灌注的消费主义意识形态能否达成，取决于接受者的意义解释是否遵循生产者的引导。故而，符号生产者为了有效干预符号接受者的意义解释活动，便人为地赋予城市符号以某种虚假的"公共性""客观性"，以此蒙蔽符号接受者。

戈特迪纳由此进入了空间批判的核心，即将城市空间理解为一种策略性、意识形态性的社会产物。如果城市空间看似中立、纯粹，那仅仅是因为它已经被占据、被管理，"已经是过去的战略的对象"[②]。而城市居民若要推翻这一对象，并获得其应得的"城市权利"，便唯有认清城市符号背后意识形态建构的实质。城市居民由此获得的"城市权利"，是其一直以来所掌握却未曾察觉的权利，即"一种按照我们的期望改变和改造城市的权利"[③]，一种决定城市

---

① 赵毅衡：《哲学符号学：意义世界的形成》，成都：四川大学出版社，2017年，第129页。
② （法）亨利·列斐伏尔：《空间与政治》，李春译，上海：上海人民出版社，2015年，第37页。
③ （美）戴维·哈维：《叛逆的城市》，叶齐茂、倪晓晖译，北京：商务印书馆，2014年，第4页。

空间意义的权利。在这一点上，戈特迪纳的城市符号学理论不仅为城市研究提供了一种新的批判方法论，同时也为空间批判在意义之维的展开提供了一种符号学的思想路径。

在此，不难看出，戈特迪纳的符号学分析思路与巴尔特的"神话修辞术"颇为相似。它们均以符号双重划分模式为框架，展开对某种非语言符号现象的考察，即从作为初始系统的"纯粹语言学的系统"出发（它由"所指"和"能指"构成，同时也是次生系统的"能指"部分），对次生的"神话"系统，也就是符号的二阶内涵、"释言之言"[①]加以剖析，从而揭示符号意义中蕴含的"神话"与意识形态伪装，"戳穿这种合理解释的不真实之处"[②]。

那么，作为符号生产者的城市设计者，具体赋予了城市符号以怎样的伪装，才诱使城市居民受到其意识形态幻象蒙骗？戈特迪纳认为：对这一问题的回应，需要从对符号二阶内涵的分析入手。当符号二阶内涵指向消费主义意识形态时，其主要表现便近似于鲍德里亚所谓的"符号/交换价值"，它通过"社会地位"和"权力"的抽象再现反映出来，是后现代主义者眼中在社会市场中流通的"超现实"，一种"幻想中的物"[③]。在戈特迪纳看来，人们正是为了寻

[①] （法）罗兰·巴尔特：《神话修辞术/批评与真实》，屠友祥、温晋仪译，上海：上海人民出版社，2009年，第175页。
[②] （法）罗兰·巴尔特：《神话修辞术/批评与真实》，屠友祥、温晋仪译，上海：上海人民出版社，2009年，第191页。
[③] （法）让·鲍德里亚：《符号政治经济学批判》，夏莹译，南京：南京大学出版社，2015年，第265页。

求社会地位的上升，获得虚假的"优越感"的满足，而执迷于对"符号/交换价值"的追求，进而陷入消费主义意识形态的牢笼。

但需要注意的是，与鲍德里亚不同，戈特迪纳反对将"符号/交换价值"视为符号意义的唯一来源，以及在对符号消费的分析中取缔商品使用价值的做法。在戈特迪纳看来，使用价值构成了"生活经验的基础"①，它连接着物质文化世界，使社会交往成为可能。故而，如果说在鲍德里亚那里，一切事物最终都可还原为符号"能指"、抽象形象，被任意地与某种身份和社会地位捆绑，那么戈特迪纳眼中作为社会空间的城市，则将具体的、现实的空间视为意义的支撑物，他由此重新建立起后现代视域下漂浮的"能指"与实实在在的物质景观之间的联系，在符号学分析中重拾"使物质空间成为一种意义载具的那部分特质"②。所以，尽管戈特迪纳的城市符号学理论部分借鉴了鲍德里亚对"符号/交换价值"的分析，强调社会意识形态通过符号再现支配人们社会行为的方式，但他并未取消支撑这一"符号/交换价值"的物质性基础，并直指鲍德里亚"符号还原主义"的根本错误就在于"忽视了现实的两个维度：一是现实具有物质基础，二是社会生活建基于互动之上"③。

---

① Mark Gottdiener, "Semiotics and Postmodernism," in David R. Dickens & Andrea Fontana, eds., *Postmodernism and Social Inquiry*, London: UCL Press, 1994, p.179.
② Mark Gottdiener & Alexandros Ph. Lagopoulos, eds. *The City and the Sign: An Introduction to Urban Semiotics*. New York: Columbia University Press, 1986, p.17.
③ Mark Gottdiener, "Semiotics and Postmodernism," in David R. Dickens & Andrea Fontana, eds., *Postmodernism and Social Inquiry*, London: UCL Press, 1994, p.169.

综上所述，戈特迪纳城市符号学理论的批判旨归，主要针对的是消费主义意识形态对城市居民消费行为、生活方式以及价值观造成的影响。一方面，他借由双重划分模式所搭建的分析框架，将符号的物质性维度与社会性维度相连；另一方面，他也清晰地认识到，在消费主义意识形态支配下，城市居民的主体性遭到遮蔽，他们对城市空间的消费无时不被符号生产者所营造的意义幻象干预、引导。这使城市居民被动地接受了消费主义意识形态的规训，在对作为符号化商品的城市空间的消费过程中，在对空间的"符号/交换价值"的盲目追求中，被动沦为上层资产阶级扩大自身财富积累的工具。

三、作为一种城市传播理论的城市符号学理论

从城市传播研究角度切入，戈特迪纳的城市符号学理论至少在问题意识和理论内涵两个层面与城市传播研究契合，并可作为一种城市传播理论被理解和使用。就问题意识而言，戈特迪纳的城市符号学理论所聚焦的城市符号问题，即城市空间意义如何生成的问题，实则也是城市传播研究理当关注的一个重要现象。因为，城市空间意义的生成——包含其生产与流通的整个过程——原本便是一种内在于城市传播实践的意义沟通活动，它既指向城市管理者与城市使用者的沟通，也指向人与城市空间、与社会环境的沟通。

除此之外，更重要的是在理论内涵层面，戈特迪纳的城市符号学理论在物质性、社会性和人本主义三重维度上与城市传播研究相

契合。具体来说，两者皆既关注城市符号或城市传播实践与其赖以维系的物质对象之间的联系，也着重对隐含在城市符号或城市传播实践背后的社会性因素进行剖析，并且两者的立足点均在于对城市中人的因素的观照。由此，物质性、社会性和人本主义三重维度的交叠，便构成城市符号学理论与城市传播研究共同的认识论基础。

（一）物质性之维

从物质性视角出发，戈特迪纳的城市符号学理论与城市传播研究均强调城市生活中的意义沟通不能从其实体空间中抽离。对于城市符号学理论而言，其所承继的社会符号学路径，向来重视符号所指涉的物质对象之于符号意义生成的支撑作用。在社会符号学观念中，符号文本所使用的"物质资源"的"可取得性"，是这一文本被生产和理解的"前提条件"，它"赋予文本以特定地位，并将读者置于特定位置"[①]。如前所述，这种对符号物质性的强调，可追溯至皮尔斯的符号学观念，在他看来，"符号－价值的最终限制在于物质世界以及……权力的等级结构"[②]。延续皮尔斯的思路，巴尔特、格雷马斯等学者在阐述社会符号学的研究路径时，便重将符号的物质性特征与其社会性特征并置。他们在批判地审视发达资本主义社会的符号现象之际，无不将符号的物质性存在，或更具体地

---

① （英）罗伯特·霍奇、冈瑟·克雷斯：《社会符号学》，周劲松、张碧译，成都：四川教育出版社，2012 年，第 9 页。
② Mark Gottdiener, "Semiotics and Postmodernism," in David R. Dickens & Andrea Fontana, eds., *Postmodernism and Social Inquiry*, London: UCL Press, 1994, p.169.

说，即"能指的物质性"或能指所依托的"质料"①，视为理解符号意义的必要前提。这一观点也被他们推及对城市符号的分析。如巴尔特便指出，城市符号之所以能够产生意义，或者说它之所以能"对其居民说话"，正是因为城市居民可以通过某种身体实践，与物质性的城市空间进行互动。用他的话说："我们通过居住、穿行、注视来谈论着我们身处的城市。"② 换言之，城市符号意义被生产和理解的前提，便在于作为其"能指"的物质形式牢固地扎根于现实世界。基于此，戈特迪纳以社会符号学为基底的城市符号学理论，也就顺理成章地将"符号与物质过程的接合"作为其符号学分析的原点。③ 在这里，城市物质空间成为一种"意义载具"，城市符号借由"街道、广场、建筑物及其外立面"等"能指"，向城市居民传达出不同的符号意义。④

同城市符号学理论一样，城市传播研究也对城市的物质性存在十分重视，只不过相较于前者将物质性作为城市空间意义生成的前提，城市传播研究更强调城市的物质性存在对于塑造城市居民日常生活、社会关系与地方认同的价值。在城市传播学者看来，城市物

---

① （法）罗兰·巴尔特：《符号学原理》，李幼蒸译，北京：中国人民大学出版社，2008 年，第 33 页。
② （法）罗兰·巴尔特：《符号学历险》，李幼蒸译，北京：中国人民大学出版社，2008 年，第 203 页。
③ Mark Gottdiener & Alexandros Ph. Lagopoulos, eds. *The City and the Sign: An Introduction to Urban Semiotics*. New York: Columbia University Press, 1986, p. 16.
④ Mark Gottdiener & Alexandros Ph. Lagopoulos, eds. *The City and the Sign: An Introduction to Urban Semiotics*. New York: Columbia University Press, 1986, p. 3.

质空间一方面为城市传播活动提供了有形的载体；另一方面也作为社会网络的"行动者"一员①，参与塑造了人们在城市中生活、交往和相互理解的方式。因此，不能仅仅将城市物质空间看作城市传播活动的容器；相反，它更作为城市传播活动的中介发挥作用，它"聚合了人与物，并促使其互动产生新的行动和意义"②。所以，人们只有立足于城市物质空间、与其亲身接触，才能实现同他人和周遭环境的交流与互动，在这种交流与互动中感受到意义的流动。也只有当人们对城市物质性的感知被唤醒，抽象理性主义的城市观在城市规划和城市社会生活中的渗透才能得到遏制，从而避免城市空间与城市生活进一步陷入抽象化、虚拟化、同质化的境地。在此基础上，城市传播研究的分析思路，便理应以城市的物质性存在为落脚点，围绕它展开对复杂、多元的城市传播实践与城市社会关系的深入分析，亦即将"城市的砖块和灰浆，以及它们对特定行为、身份和实践的促进与阻碍作用"作为城市传播研究的核心关注对象。③

（二）社会性之维

在对城市物质性的强调之外，城市符号学理论与城市传播研究也共同注意到社会性因素之于城市中各种意义沟通活动的影响。如

---

① 戴宇辰：《"物"也是城市中的行动者吗？——理解城市传播分析的物质性维度》，《新闻与传播研究》2020 年第 3 期。
② 孙玮：《城市的媒介性——兼论数字时代的媒介观》，《南京社会科学》2022 年第 7 期。
③ Greg Dickinson & Giorgia Aiello, "Being Through There Matters: Materiality, Bodies, and Movement in Urban Communication Research," *International Journal of Communication*, vol. 10, 2016.

前所述，戈特迪纳的城市符号学理论以社会符号学为基底，而社会符号学相较传统结构主义符号学的拓展之处，除了将符号物质性作为考察符号意义的前提，更重要的是将社会性、批判性视角纳入符号学分析。在社会符号学视域下，"意义不能通过对'能指'的任意摆弄生产出来，相反，意义的生产受到社会权力的约束"①。

如前所述，戈特迪纳的城市符号学理论极为重视对城市符号背后隐含的权力关系与社会意识形态的揭示与批判。他将发达资本主义社会的城市符号视作"组织消费社会的工具"②，上层资产阶级对城市符号的塑造和使用、伪装与虚饰皆是出于追求利润最大化以满足自身利益的目的。在这一点上，戈特迪纳实际延续了列斐伏尔的城市符号观。在后者看来，任何符号编码"都包含着某种赌注和某种意义的生产"③。在发达资本主义社会，由于上层资产阶级掌握了社会的统治权力，他们可以主导城市空间意义生成的方向，"以暴力的形式让'能指'与'所指'达成一致"④，以使城市符号成为增长主义、消费主义意识形态的传播工具。譬如，房地产广告中对住宅与社会地位的强制勾连、城市形象宣传中对人造的城市景观与良

---

① Mark Gottdiener, "Semiotics and Postmodernism," in David R. Dickens & Andrea Fontana, eds., *Postmodernism and Social Inquiry*, London: UCL Press, 1994, p.177.
② （美）马克·戈特迪纳、雷·哈奇森：《新城市社会学》，黄怡译，上海：上海译文出版社，2018年，第122页。
③ （法）亨利·列斐伏尔：《空间与政治》，李春译，上海：上海人民出版社，2015年，第9页。
④ Henri Lefebvre, *The Production of Space*. Translated by Donald Nicholson-Smith. Oxford: Blackwell, 1991, p.162.

好生活方式的强制勾连等，无不出于吸引投资和刺激消费的目的。戈特迪纳城市符号学理论中的批判意识，正是从列斐伏尔对城市符号编码的这种揭露中获得了启发。

同城市符号学理论将符号意义的物质性与社会性维度并置的观点相近，在城市传播学者眼中，"城市的物理环境、建成环境与社会环境紧密相连，共同塑造了人们的感知、心态和行为"①。因而对城市传播实践的考察，亦需在物质性维度之外，将它所牵涉的种种社会性因素考虑在内。甚至可以说，城市传播研究最主要的研究对象，便是"瞬息万变的传播环境中的社会关系"②。这意味着，城市传播学者应从根本上转变对"传播"概念的认识，不能仅仅将它理解为"传递信息的载体与工具"，更应认识到它作为"一种建构意义的社会实践，是凝聚地方共同体经验的精神建构与文化再造"③。因此，如果要为某一城市传播问题寻找一种解决方案，或者说，如果要为城市中不同个体、群体之间的沟通困境找到一条疏解途径，那么城市传播学者就必然要从社会关系和社会结构着手发现问题源头，分析社会关系中的矛盾点或社会结构的局限性所在。在此基础上，尽力消除沟通困境得以滋生的社会根源，填补陷入困境的各方

---

① Matthew D. Matsaganis, Victoria J. Gallagher & Susan J. Drucker, eds. *Communicative Cities in the 21st Century*. New York: Peter Lang, 2013, p. 3.
② Gene Burd, Susan Drucker & Gary Gumpert, eds. *The Urban Communication Reader*. Cresskill: Hampton Press, 2007, p. 12.
③ 孙玮：《重构传播：基于城市研究的分析》，载黄旦主编：《城市传播：基于中国城市的历史与现实》，上海：上海交通大学出版社，2015年，第6页。

之间拉扯出的理念间隙，以期放大城市的"可沟通性"，让人们可以在"自发、安全和自由"的氛围中"互相倾听、互相了解"。①

（三）人本主义之维

从前文论述中不难看出，无论是城市符号学理论抑或是城市传播研究，两者均将发掘现代城市空间中被遮蔽的人的因素、从同一性的城市秩序中解放人的主体性视为己任。戈特迪纳的城市符号学理论通过肯定城市居民在城市空间意义生成中所发挥的决定性作用，呼吁城市居民通过对城市符号自觉地批判与反思，在揭示空间意义幻象的过程中行使自己的城市权利。戈特迪纳在其城市符号学理论中对人的主体性的强调，体现了新马克思主义空间理论内在的人本主义马克思主义底色。在列斐伏尔看来，人本主义精神是贯穿马克思主义思想始终的核心线索，他将实现"人的全面发展""完整的人"、从异化和威权中解放人视为马克思主义社会理论的一个重要目标。由这一观点出发，结合符号学对意义生成的理解，戈特迪纳提出：城市空间意义生成产生于"意见不一的群体之间互动的凝结"②，取决于广大普通城市居民而非少数精英的解释意向。这种意向的形成固然会受到来自外部的干预、引导，但其最终落脚之处则始终由城市居民自身决定。

---

① Cees J. Hamelink, "Urban Conflict and Communication," *The International Communication Gazette*, vol. 70, no. 3—4, 2008.
② Mark Gottdiener & Alexandros Ph. Lagopoulos, eds. *The City and the Sign: An Introduction to Urban Semiotics*. New York: Columbia University Press, 1986, p. 214.

在城市传播研究视域下，城市本身即被视为"人的生活空间，是以人为主体、以有益于人的体验和解放为价值取向的空间"①。在此基础上，相较于漠视人的主体性的传统城市社会学研究或经验主义传播研究，城市传播研究致力于塑造一种具有"可沟通性"的城市环境，以改善城市居民在城市空间中的生活和沟通条件。从这一目标出发，"可沟通城市"应被塑造为"允许居民和游客在其中互动并进行'放松的对话'的场所"②，它将为不同城市阶层之间的平等沟通提供物质保障。因此，建设"可沟通城市"的首要议题，便是"如何尊重多样性……给不同生活方式以存在的空间，给不同的价值观、审美趣味以充分的尊重"③。

此外，如城市符号学理论一般，城市传播学者同样认识到，城市管理者可以通过对城市空间或城市符号的塑造，对城市居民的传播实践进行干预和引导。在城市传播学者看来，固然"城市不断变化是因为城市居民创造了它的面貌"，但与此同时，"城市也会反过来准许或限制居民实现其个人或集体目标"。④ 这使城市居民无意识地遵从主导性社会意识形态所规定的、标准化且同质化的城市传播秩序，城市居民之间的沟通交流陷入了"自我退隐"的困局，人与

---

① 潘忠党：《城市传播研究的探索——"青年的数字生活与都市文化"专题研究的导言》，《新闻与传播研究》2016 年第 8 期。
② Cees J. Hamelink, "Urban Conflict and Communication," *The International Communication Gazette*, vol. 70, no. 3−4, 2008.
③ 孙玮：《城市传播：重建传播与人的关系》，《新闻与传播研究》2015 年第 7 期。
④ Matthew D. Matsaganis, Victoria J. Gallagher & Susan J. Drucker, eds. *Communicative Cities in the 21st Century*. New York: Peter Lang, 2013, p. 3.

人之间的交往变得务实、世故、无视个性，乃至冷漠、憎恨、厌恶丛生。基于此，对于城市传播学者而言，列斐伏尔从人本主义马克思主义视角出发提出的"城市权利"概念，亟需在城市传播研究中得到借鉴和挪用。如麦夸尔便将"城市权利"置于"网络化城市"语境中，提出"网络化城市权利"概念，将网络化城市的发展和人自身的发展紧密联系起来。① 由此可见，城市传播研究一如城市符号学理论一般，同样致力于为城市居民获取其应得的城市权利发声。为此，城市传播研究不断强调城市居民在城市传播实践中扮演的中心性角色，以期在人本主义尺度上塑造出一个能够摆脱主导性意识形态支配的、民主的城市空间。

综上所述，戈特迪纳的城市符号学理论作为新马克思主义空间理论与符号学形式论在城市问题上的接合产物，其在物质性、社会性和人本主义三个维度，与城市传播研究的理论内涵有所契合，因而可以被视为一种城市传播理论。城市传播学者对城市符号学理论的应用，应如戈特迪纳所强调的一般，将物质性、社会性和人本主义视角相统一。其中，物质性视角要求城市传播学者将城市物质空间的支撑作用作为探讨城市符号问题的前提，揭示城市空间意义生成所依托的物质对象及其形式构造。社会性视角要求城市传播学者在分析城市空间意义生成机制时，着重考察社会语境、社会关系和社会意识形态对其进行的干预与引导。人本主义视角则要求城市传

---

① （澳）斯科特·麦夸尔：《地理媒介》，潘霁译，上海：复旦大学出版社，2019年，第16页。

播学者从城市居民立场出发,一方面对城市空间意义生成背后不平等的权力关系进行揭示和反思;另一方面也积极推动城市居民摆脱增长主义、消费主义意识形态的遮蔽,发现并充分利用他们对城市空间意义的解释权,以及定义城市美好生活的权利。这种物质性、社会性和人本主义相结合的三位一体视角,正是戈特迪纳城市符号学理论与城市传播研究的契合之处,也是城市符号学理论能够作为一种城市传播理论被理解和使用的根本原因。

四、在"空间再现"与"再现空间"之间

作为一种城市传播理论的城市符号学理论,为城市传播学者心目中理想化的城市传播环境建设提供了意义论的指引。从符号学观点来看,符号以何种意义显现自身取决于接受者对符号本身的意义解释。如赵毅衡所言:"符号文本的意义,是由解释者决定的,文本是解释观照的对象,等待被解释。"[1] 而接受者对符号的意义解释,又由其身处的社会阶级、群体和生活环境而定,不同个体之间的身份和立场差异可能导致他们对同一符号产生截然不同的理解。因此,早在索绪尔那里,符号便被视为"在本质上是社会的",对符号的研究"应该从社会方面去进行研究……注意到语言中那些使它归属于其他制度,即多少依靠人们的意志的制度的特征"[2]。不同

---

[1] 赵毅衡:《哲学符号学:意义世界的形成》,成都:四川大学出版社,2017年,第129页。
[2] (瑞士)费尔迪南·德·索绪尔:《普通语言学教程》,高名凯译,北京:商务印书馆,1999年,第39页。

的社会制度环境必然引发符号接受者对符号意义的不同把握，这一观点已然是社会符号学的"立身之本"。如罗伯特·霍奇（Robert Hodge）、冈瑟·克雷斯（Gunther Kress）在分析呈现在大众媒体上的视觉符号时便指出："接受者与模仿层面的内容、与文本和制造者之间的关系定位方式非常多样，既然如此，那么，文本的模态价值就不是固定不变的，而要取决于接受者的立场和取向。"① 可见，在社会符号学中，影响符号接受者意义解释行为的不仅包括其所处的社会语境及由此产生的身份、阶级或地方性认同，它也受接受者与他人、与符号生产者的社会关系影响。

可以说，在对意义解释的相对性、历史性特点的认识上，符号学与解释学观点趋于一致，如同后者认为个体的意义解释同他"自己的解释学处境和时间距离的生产性并驾齐驱"② 一般，符号学也强调符号接受者对符号意义的解释不可避免地因个人所处的社会历史语境而异。换言之，接受者的意义解释"与接受者个人所接受的文化语境相关……对文本意义的理解的差异，源自接受者在不同语境中获得的不同社会习性"③。因此，在符号学视域下，不同符号接受者对同一符号的意义解释必然在不同程度上存在差异，但一如赵毅衡所言，"任何解释都是解释……不管解释活动会达到怎么样的

---

① （英）罗伯特·霍奇、冈瑟·克雷斯：《社会符号学》，周劲松、张碧译，成都：四川教育出版社，2012年，第144页。
② （加）让·格朗丹：《哲学解释学导论》，何卫平译，北京：商务印书馆，2009年，第181页。
③ 张碧：《社会文化符号学》，成都：四川大学出版社，2014年，第139页。

结果，不管这样解释出来的意义是否'正确'，符号解释得出的'意义'，作为意义本身总是合格的，它不一定需要与意图意义或文本意义对应"。① 格雷马斯在有关城市符号学的论述中，也同样强调了城市符号意义生成的这一"接受者中心论"，亦即"城市接受者表现为具有完整信息解码的接受结构，但是，其解码并不一定与发送者产生信息所使用的代码相一致"②。

然而，正如我们在列斐伏尔、戈特迪纳的城市符号学观点中看到的那样，掌握了符号生产与发送权力的发达资本主义社会城市管理者采用一切必要手段来引导"符号接受者－城市使用者"的意义解释倾向，"引导或促使接受者提供某种解释"③。他们通过对城市符号的意识形态编码营造出某种一致性幻觉，迫使城市使用者对城市空间的意义解释趋于同一，由此掩盖资本主义城市社会关系的深层矛盾，巩固统治精英及其主导意识形态在空间生产中的权威地位。而即便是城市管理者看似迎合城市使用者需求的城市符号设计，实则也只是为了缓和或掩盖社会冲突，遏制城市使用者对社会权威及其意识形态编码的抵抗。

因此，尽管新马克思主义空间理论学者的城市符号观肯定了符号接受者在意义解释过程中发挥的决定性作用，但在发达资本主义

---

① 赵毅衡：《符号学：原理与推演》，南京：南京大学出版社，2016年，第50页。
② （法）A. J. 格雷马斯：《符号学与社会科学》，徐伟民译，天津：百花文艺出版社，2009年，第146页。
③ 赵毅衡：《哲学符号学：意义世界的形成》，成都：四川大学出版社，2017年，第129页。

社会的城市空间生产过程中，符号接受者的意义解释行为不可避免地同符号生产者的引导、干预手段纠缠在一起。这体现出资本主义城市社会关系的二元性特征，即城市管理者与城市使用者之间的二元对立关系，或者说是"空间再现"与"再现空间"之间的二元对立关系。正如"空间再现"与"再现空间"为争夺"空间实践"主导权而发生冲突一般，对城市符号的意义解释权之争也同样激起了城市管理者和城市使用者之间的矛盾，即"引导"与"解释"的矛盾。

第五章

互动空间论：作为「再现空间—互动媒介」的城市

作为"再现空间－互动媒介"的城市空间是由城市使用者/城市居民主导的城市空间形态，它在城市使用者与城市管理者的沟通、协作乃至冲突中扮演中介角色。基于资本积累与阶级斗争的相互作用，资本主义社会关系的基本形态即表现为资本与劳动的二元对立，挪用到城市语境中，就是指抽象空间与具体空间的对立。城市传播学者也大多以这种二元性思维理解城市社会关系，即城市传播实践中城市管理者与城市使用者之间的二元关系。但这种社会关系二元论预先将城市管理者与城市使用者的关系设定为一种马克思意义上的压迫者与被压迫者关系，而未能阐明城市使用者在与城市管理者的互动中所具有的自发性和能动性。为此，本章从作为"再现空间－互动媒介"的城市出发，尝试在空间生产理论与城市传播研究的交叉中重新理解城市传播关系，并论证以三元传播关系替代二元传播关系的可能，这种三元传播关系的落脚点便是对城市使用者切身诉求的关切与回应。

第一节 城市社会关系二元论

一、从阶级斗争到城市社会关系二元论

无论是空间生产理论抑或是城市传播研究，两者在对城市社会关系基本构形的认识上，都惯用一种二元论理解方式。因此，尽管两者对城市社会关系的把握在激进程度上有一定差异，但在思考路

径上仍具有内在的连续性。而这一思考路径的源头则可追溯至马克思对资本主义社会关系的阐发。

马克思认为，人的本质不在其孤立的个体之中，而在他所处的一系列社会关系中。如其所言，"个体是社会存在物"①，社会则是"人们交互活动的产物"②，因此，人的本质在于其社会性，而人的社会性存在又为社会本身的构成奠定了基础。当马克思对城市中人与人之间的社会关系/交往形式进行分析时，他着重从生产资料的所有者与非所有者，或者说城市社会中的统治者与被统治者的对立关系入手。他探讨了这一对立关系从行会中师傅与帮工之间的师法关系，发展为工场手工业中资本家和工人的金钱关系，直至在大工业城市中又表现为资产阶级和无产阶级的阶级对立关系的整个过程。

在马克思看来，这种随社会结构变迁而不断发生变化的二元对立式的人类交往形式，与人类社会的生产力发展互为矛盾，亦即说，社会生产力越是发展，它便越使这种对立关系之于被统治者而言难以忍受，使后者甚至连最基本的生活需求也难以得到满足，进而越发拒绝屈从于统治与被统治、压迫与被压迫的固化等级秩序。从封建社会到资本主义社会，生产力的不断发展并没有从根本上超

---

① 马克思：《1844年经济学哲学手稿》，载《马克思恩格斯全集（第三卷）》，北京：人民出版社，2002年，第302页。
② 马克思：《马克思致帕维尔·瓦西里耶维奇·安年科夫（12月28日）》，载《马克思恩格斯全集（第四十七卷）》，北京：人民出版社，2004年，第440页。

越二元对立关系带给被统治者的苦难。这种生产力与人类交往形式之间的深刻矛盾,在马克思眼中正是人类历史一切社会冲突的根源所在。

生产力与人类交往形式的矛盾催生出从封建社会到资本主义社会连绵不断的阶级斗争。马克思在《共产党宣言》中对阶级斗争之于人类历史根本性作用的论断,在资本主义城市语境中同样适用。他写道:"至今一切社会的历史都是阶级斗争的历史。自由民和奴隶、贵族和平民、领主和农奴、行会师傅和帮工,一句话,压迫者和被压迫者,始终处于相互对立的地位,进行不断的、有时隐蔽有时公开的斗争,而每一次斗争的结局都是整个社会受到革命改造或者斗争的各阶级同归于尽。"[1] 一如黑格尔意义上的主奴关系被理解为"人与人之间基本关系的描述"[2] 一般,马克思亦将资产阶级与无产阶级的斗争关系视为资本主义社会阶级矛盾和社会生产关系的基本表现,两者相互纠缠、相互影响的交往史是贯穿人类历史的"压迫阶级和被压迫阶级的对立"[3] 的一种具体表现。马克思的这一阶级斗争观点对后来的新马克思主义空间理论学者产生了重要启发,尤其是在对城市基本社会关系的认识中,空间理论学者也着眼

---

[1] 马克思、恩格斯:《共产党宣言》,载《马克思恩格斯文集(第二卷)》,北京:人民出版社,2009年,第31页。
[2] Maurice Merleau-Ponty, *Humanism and terror*. Translated by John O'neill. Boston: Beacon Press, 1969, p.102.
[3] 马克思、恩格斯:《共产党宣言》,载《马克思恩格斯文集(第二卷)》,北京:人民出版社,2009年,第43页。

于从被压迫阶级与压迫阶级的对抗角度切入,发掘发达资本主义城市中被遮蔽的社会矛盾。

但和马克思将阶级斗争视为资本主义历史驱动力的观点不同,列斐伏尔尝试在"抽象空间"与"具体空间"两种空间观的对立中把握发达资本主义城市社会关系的基本表现——即便这两种空间观的对立最终仍落脚在压迫阶级与被压迫阶级的关系层面。如戈特迪纳便指出:在列斐伏尔那里,"抽象空间和社会空间(具体空间)之间的冲突是社会中的一个基本冲突,并且与阶级间的分裂冲突并列,但是常常是不同的。由于这个见解,他也与马克思主义的分析分道扬镳"[①]。而列斐伏尔眼中抽象空间与具体空间的矛盾,也可以具体化为资本与劳动力/消费者之间的矛盾,其表现为:"资本必然开发空间以获取利润,而消费者对空间有社会要求;换句话说,是利润和需求、交换价值和使用价值之间的矛盾。这种矛盾的政治表达,体现为个人主义和集体主义战略之间不断的政治斗争。这种矛盾和斗争,正是列斐伏尔对城市问题关注的核心。"[②] 由此可见,尽管列斐伏尔在思考发达资本主义城市社会关系时所使用的概念与马克思的阶级斗争观点有很大不同,但他在根本上仍试图通过一种二元论的社会关系结构解释资本主义社会中无处不在的阶级冲突。只

[①] (美)马克·戈特迪纳、雷·哈奇森:《新城市社会学》,黄怡译,上海:上海译文出版社,2018年,第106页。
[②] (英)彼得·桑德斯:《社会理论与城市问题》,郭秋来译,南京:江苏教育出版社,2018年,第138—139页。

不过相较于马克思从生产资料占有、社会分工和财富分配等"经济基础"因素出发,思考资产阶级与无产阶级的区分,列斐伏尔对抽象空间与具体空间的区分,或者说对两种空间观所指涉的城市统治者与城市被统治者的区分,则以其所掌握的政治权力、知识权威和文化领导权等"上层建筑"因素的差异为着眼点。

如果说在列斐伏尔眼中,马克思将城市问题仅理解成一个经济学问题,那么列斐伏尔本人则认为城市问题更多表现为政治问题、文化问题或意识形态问题。列斐伏尔从马克思、恩格斯对"生产"概念的界定出发,对其思想中蕴含的"经济主义"色彩进行反思,在他看来,"马克思、恩格斯没有把生产概念置于那种不确定状态。他们将生产概念狭义化,使得(与重复性'产品'相对的具有独特性的)'作品'被移出视线……这种概念狭义化使它更接近日常理解,因此也更平庸——感觉像是为经济学家而生的概念"[①]。但我们应当认识到,绝对的经济主义观念或者说"经济决定论"并非马克思、恩格斯思想的根本旨归。实际上,恩格斯晚年对此曾提出批评:"说经济因素是唯一决定性的因素,那么他就是把这个命题变得毫无内容的、抽象的、荒诞无稽的空话。经济状况是基础,但是对历史斗争的进程发生影响并且在许多情况下主要是决定着这一斗

[①] Henri Lefebvre, *The Production of Space*. Translated by Donald Nicholson-Smith. Oxford: Blackwell, 1991, p. 69.

争的形式的，还有上层建筑的各种因素。"① 因此，应该说列斐伏尔所批判的经济主义的"生产"概念针对的是对马克思、恩格斯的理念进行曲解和滥用的后来者，是他们将生产概念置于"狭隘或科学（经济）的意义上"②，而忽视了生产过程的社会性和"多元决定"性特征。

二、抽象空间与具体空间

回到"抽象空间－具体空间"的概念二元组，我们不难看出，尽管它同"资产阶级－无产阶级"概念二元组的出发点不同，但这两种二元关系论最终都落脚于对资本主义社会压迫与被压迫关系的批判上面。在一定程度上，这种批判精神恰恰才是马克思主义社会理论的核心所在，而列斐伏尔对抽象空间与具体空间的对立关系的讨论正是这种批判精神的具体反映。

在列斐伏尔看来，抽象空间是继绝对空间（物质空间）之后出现的一种新的、在发达资本主义社会占据主导性的空间形式。相较于绝对空间从自然环境的"碎片"中生成，并经由人的改造而成为宗教和政治仪式的表演场所，抽象空间则凭借"历史的力量摧毁自然，在其废墟上建立起积累的空间"，在此，"生产活动（劳动）不

---

① 恩格斯：《致约瑟夫·布洛赫（9月21—22日）》，载《马克思恩格斯文集（第十卷）》，北京：人民出版社，2009年，第591页。
② Henri Lefebvre, *The Production of Space*. Translated by Donald Nicholson-Smith. Oxford: Blackwell, 1991, p.70.

再是延续社会生活的再生产过程的一部分……劳动沦为抽象的牺牲品，从而成了抽象的社会劳动——以及抽象的空间"①。由此可见，抽象空间的产生源于社会劳动的抽象化，后者使劳动及其产物脱离劳动者自身，亦脱离劳动所根植的社会现实和生产关系。

这种抽象劳动同时也是一种异化劳动，它使劳动者生产的产品疏离于他自身，使劳动者的劳动行为变为异己的，最终使劳动者本身被当作为资产阶级利益服务的"物"来对待。这种异化逻辑在列斐伏尔那里成为抽象空间的统治逻辑，它使空间本身异化为与自然相背离的抽象存在，成为为上层资产阶级谋利的符号商品。具体而言，在抽象空间意义上，诸如山水花草等自然物被城市管理者从其所属的自然环境中剥离，丧失了它们原本的物质性特质，而仅作为一种伪自然的装饰，作为专业概念或规划图中的一笔，为提升城市形象之于投资者、消费者的吸引力而存在。因此，可以说抽象空间建立在资本主义社会普遍的抽象理性原则基础上，它以抽象理性压制物质性，以增长主义排斥自然主义，以符号幻象遮蔽真实的社会矛盾，最终使空间脱离其物质和社会根基，与空间中的人和物相脱节。

列斐伏尔将抽象空间的出现追溯至16世纪西方社会城乡地位交替的关键节点，"当时，在社会重要性方面，城镇超过了农村，空间的表现（空间再现）被运用到城市的概念化及其规划中。从这

---

① Henri Lefebvre, *The Production of Space*. Translated by Donald Nicholson-Smith. Oxford: Blackwell, 1991, p. 49.

里产生了资本主义的财富和资源积累的相对的和历史的空间"[1]。因此，抽象空间的出现意味着城市相对于乡村的优势地位的确立，城市所象征的抽象理性和异化逻辑取代了乡村生活的非理性。由此，抽象化的城市空间便成为资产阶级的盈利工具和权力中介。列斐伏尔进而将抽象空间界定为一种"工具性空间"，即"由它所在的场所和环境中的各种权威操纵的空间"，在其中，"生活经验被'构想'所粉碎、征服。历史被体验为怀旧，自然被体验为遗憾——因为它们正从我们的视线中快速消失"[2]。

与此同时，抽象空间也是量化、形式化的空间，它被一种专业逻辑支配，努力消除那些不能被中心性的权力、知识和话语整合的社会差异。如列斐伏尔所言，抽象空间"否定了所有的差异，否定那些源于自然和历史，以及源自身体、年龄、性别和族群的差异。因为这些因素的意涵，正好掩饰与驳斥了资本主义的运作。属于富裕与权力之中心的支配空间，不得不去形塑属于边缘的被支配空间"[3]。在这里，我们已经可以看到，列斐伏尔的批判目标指向了被抽象空间所掩盖的资本主义社会矛盾和社会冲突，尤其是中心与边缘、同一与差异的冲突。这使他的目光由抽象空间转向与之相对的

---

[1] （美）理查德·皮特：《现代地理学思想》，周尚意等译，北京：商务印书馆，2007年，第121页。
[2] Henri Lefebvre, *The Production of Space*. Translated by Donald Nicholson-Smith. Oxford: Blackwell, 1991, p.51.
[3] （法）亨利·列斐伏尔：《空间：社会产物与使用价值》，王志弘译，载包亚明主编：《现代性与空间的生产》，上海：上海教育出版社，2003年，第52页。

具体空间。

在列斐伏尔看来，尽管抽象空间力图掩盖空间中（尤其是城市空间中）的差异与矛盾，却无法消除它们。并且，差异与矛盾的力量在城市空间边缘的成长，会因资产阶级自身的统治危机而加速。[①]这意味着抽象空间本身携带着"新空间"，即差异空间或具体空间的种子，因为正是抽象空间及其所依托的资本主义社会制度固有的局限性，导致城市中的差异力量为捍卫自身生存条件结为联盟，共同对抽象空间的统治秩序发起挑战。

基于此，具体空间或者说差异空间可被理解为寄寓着个体日常生活经验的空间，它是列斐伏尔所谓"栖居的空间"，它"把'人类'与自然及其自身的本质关系、人类与'存在'及其自身存在的关系置于栖居之中，并在栖居中得以实现与理解"[②]。它是日常生活经验的多样性的投射，包含着真实的个体及其情感、身体活动和生活状态。这使具体空间始终站在抽象空间的对立面上，通过真实、具体的生产关系和生产活动来反抗抽象理性的支配，"结束那些破

---

① 哈维认为资本主义城市阶级斗争的导火索是城市统治危机的加剧，他写道："什么时候人们开始向阶级战争发起反击？经过取消抵赎押回权、城市住宅市场上持续性的掠夺、公共服务减少，以及最重要的几乎所有地方的城市劳动力市场都缺少切实的就业机会，城市生活质量迅速下降。反击的爆发点之一将集中在迅速下降的城市生活质量上。"参见（美）戴维·哈维：《叛逆的城市》，叶齐茂、倪晓晖译，北京：商务印书馆，2014年，第55页。

② （法）亨利·列斐伏尔：《都市革命》，刘怀玉、张笑夷、郑劲超译，北京：首都师范大学出版社，2018年，第92页。

坏个体身体、社会身体、人类需求主体和知识主体完整性的局限"①。这意味着具体空间是对"构想"的、概念化的空间的颠覆，它意指空间的物质存在以及空间使用者的身体实践。用列斐伏尔的话说，具体空间是"由部署在空间实践中的力量创造的。这一空间的属性不能归于人的思想或任何超越的精神，而只能归于对空间的实际占据"②。

不妨说，具体空间对抽象空间的统治秩序的反抗，实际上反映了唯物主义与唯心主义两种思辨立场之间的斗争，即复原空间的物质性与将空间符号化两种操作之间的斗争。前者通常是被压迫阶级寻求摆脱压迫阶级支配的途径，后者则是压迫阶级对被压迫阶级进行控制的必要手段。在这一点上，列斐伏尔认为，具体空间"超越了地理空间的概念，即可视空间的概念、特定空间的概念"，由此使抽象空间意图掩盖的社会矛盾凸显出来，如"交换—使用、中心—边缘、总体—局部、均质性—差异性，可能还有：生产—自我毁灭"。③ 概而言之，抽象空间与具体空间的对立关系正是对发达资本主义社会中支配与抵抗关系的还原，这种支配与抵抗关系是资产阶级统治下无法规避的根本性社会矛盾。

---

① Henri Lefebvre, *The Production of Space*. Translated by Donald Nicholson-Smith. Oxford: Blackwell, 1991, p.52.
② Henri Lefebvre, *The Production of Space*. Translated by Donald Nicholson-Smith. Oxford: Blackwell, 1991, p.171.
③ （法）亨利·列斐伏尔:《空间与政治》，李春译，上海：上海人民出版社，2015年，第92页。

在此，列斐伏尔眼中抽象空间与具体空间的对立关系，呼应了马克思对抽象劳动与具体劳动之间对立关系的认识，它们都指向"物质行为特殊性与价值普遍性"①的辩证关系。在马克思那里，劳动的二重性是商品二重性的基础，商品的价值与使用价值的冲突是其蕴含的抽象劳动与具体劳动之间对立关系的投射。如其所言："一切劳动，一方面是人类劳动力在生理学意义上的耗费；就相同的或抽象的人类劳动这个属性来说，它形成商品价值。一切劳动，另一方面是人类劳动力在特殊的有一定目的的形式上的耗费；就具体的有用的劳动这个属性来说，它生产使用价值。"② 如同价值与使用价值统一于商品之中一般，抽象劳动与具体劳动也共存于同一劳动过程，相互联系，又彼此对立。由此出发，列斐伏尔亦将抽象空间与具体空间视为同一空间的两面，前者意图通过对空间的形式化、符号化操作提高空间在生产、交换和流通过程中可能产生的经济价值，后者则使空间能够满足在其中生活的人的具体需要，在人与人、人与物以及人与环境之间建立起直接的、非异化的联系。

具体到城市语境中，如果说抽象空间反映了城市资产阶级无止境的资本积累和扩张欲望，那么具体空间则显示出城市普通人对其日常生活秩序和地方文化的维护。因此，这两种空间观所指涉的行

---

① （美）大卫·哈维：《希望的空间》，胡大平译，南京：南京大学出版社，2006年，第35页。
② 马克思：《资本论（第一卷）》，载《马克思恩格斯全集（第四十四卷）》，北京：人民出版社，2001年，第60页。

动者，在阶级斗争视域下，便是城市社会中的压迫阶级与被压迫阶级，他们为捍卫各自阶级利益而彼此对立，两者的对立关系构成发达资本主义城市最主要的社会关系形态。

然而，与马克思对城市社会关系的分析不同，在列斐伏尔看来，发达资本主义城市社会中压迫与被压迫阶级的冲突，不仅是出于资本与劳动对立的经济原因。固然，占有绝大多数城市固定资本和流动资本的压迫阶级对被压迫阶级的剥削是两者产生冲突的最终决定因素，但在 20 世纪下半叶的资本主义城市语境中，城市社会冲突产生的根源，除资本压榨劳动力所导致的普通人生存处境恶化之外，还可归因于城市中不同阶级之间等级权力、文化传统和生活方式等各方面的不相协调。一方面，资本主义城市社会固化的等级结构与其剥削关系相互配合，导致普通人改善其社会地位的努力只能是徒劳一场，"今天都市揭示了工业，而工业显现为一种与高度改进的剥削形式相配合的等级制度……决策者们将等级关系投射到土地之上"①；另一方面，资本主义城市中精英文化与民间文化、上层阶级生活方式与普通人生活方式的冲突造成后者常常被精英视为城市"文明化"的阻碍，或仅仅将其视为获取利益的可能性渠道，精英企图据此"营造一种生活方式与空间形式的设计，以便统合全

---

① （法）亨利·列斐伏尔：《都市革命》，刘怀玉、张笑夷、郑劲超译，北京：首都师范大学出版社，2018 年，第 46 页。

世界精英的象征环境,超越每个地域的特殊性"①。

此外,在列斐伏尔看来,自 19 世纪末以来,在城市建设领域逐渐占据主导的现代城市规划者,亦凭借对专业话语的垄断加深了城市精英与普通人的隔阂,前者试图以抽象理性原则生产出具有统一性、连续性,且能够满足资本积累所需的资本主义城市空间;后者则为捍卫地方文化和日常生活实践的自主性而不断探索抵抗以"科学""中性"为伪装的专家统治之道。如列斐伏尔所言,城市规划设计"是一种表现的方式,一种明确的、系统化的技能。因而,它是一个过滤器,对内容进行筛选,将某些'真实'去除,并用自己的方式来填补文本的空白……它有抹去社会要求的危险"。②

因此,可以说在列斐伏尔那里,发达资本主义城市抽象空间与具体空间的对立,或者说城市压迫阶级与被压迫阶级的对立,具体地体现在精英、专家与市民、大众的对抗关系之中。从空间生产的角度来看,也就是体现在"空间再现"与"再现空间"及其隐含的"构想空间"与"生活空间"的对立之中,这重重对立构成他眼中发达资本主义城市社会关系的基本构形。而卡斯特更是指出,这种精英与市民相对立的社会关系直至信息化时代仍旧在发达资本主义城市社会中延续:"我们社会里的基本支配形式奠基于精英的组织

---

① (美)曼纽尔·卡斯特:《网络社会的崛起》,夏铸九、王志弘等译,北京:社会科学文献出版社,2001 年,第 511 页。
② (法)亨利·列斐伏尔:《空间与政治》,李春译,上海:上海人民出版社,2015 年,第 8 页。

能力,而这伴随了精英解除其他群体之组织的能力;这些其他群体在社会中虽然构成数量上的多数,但在满足支配利益的框架里,其利益仅部分地(如果有的话)呈现出来。精英之间的接合与大众之间的区隔化和解体,似乎是我们社会中社会支配的孪生机制。空间在这种机制里扮演了基本的角色。"① 尽管卡斯特所观察的信息化社会与我们今天所处的社会环境并不完全等同,但他对流动空间与地方空间、精英与大众之间冲突关系的论断,在当代城市语境中仍具有相当程度的适用性。

三、城市传播实践中的城市管理者与城市使用者

城市传播研究对城市社会关系的理解,也大多基于二元论视角。如吉布森和洛韦思便认为全球与地方的对立关系是理解城市传播实践的一个重要维度,两者间的对立关系反映出城市建设过程中城市交换价值与城市使用价值之间的矛盾,亦即"将城市空间视为积累、投机、获利的资源以及将城市空间视为一种日常生活资源"两种观点之间的矛盾,"当开发者、投资者的城市规划威胁到城市居民的邻里生活和开放空间之时,城市居民便会集合其群体利益来维护现存的、让他们感到舒适的城市生活圈"。② 由此可见,吉布森

---

① (美)曼纽尔·卡斯特:《网络社会的崛起》,夏铸九、王志弘等译,北京:社会科学文献出版社,2001年,第509页。
② Timothy A. Gibson & Mark Lowes, eds. *Urban Communication: Production, Text, Context*. Lanham: Rowman & Littlefield, 2007, p.10.

和洛韦思对城市传播实践中蕴含的社会关系的认识,是从城市交换价值与使用价值的对立出发,并将二者关系具体化为掌握专业化知识的城市精英与坚守地方性的城市大众之间的对立,他们进而将城市中不同阶级之间的竞争关系视为理解资本主义城市传播活动的切入点。只不过我们在此看到的不是马克思主义意义上工业资本家与被剥削劳动者之间的斗争,而是规划专家、技术官僚与城市生活中具体个人之间的斗争。他们斗争的目标也并非为了财产再分配和物质生存处境的改善,而是"城市美好生活"的定义之争,事关"谁对城市美好生活的独特的文化想象将在城市未来发展中被实现"的问题,尽管"围绕物质资源的斗争仍是当代城市生活的基本特征",但经济因素在此显然已失去其独一无二的决定性地位。[1] 吉布森和洛韦思对城市社会关系的二元划分,受到空间生产理论的显著影响。实际上,他们所倡导的城市传播研究方法,格外强调批判性视角和政治经济学分析的重要性,并试图通过对城市生活的批判性考察,揭示被城市管理者所掩盖的社会矛盾和权力话语。

与此相似,中国城市传播学者在思考中国语境下的城市传播问题时,亦考虑到城市社会关系的二元性特征。如孙玮、潘霁在对 2015 年上海市静安、闸北两区合并事件的网络舆论进行分析时,便发现在掌握城市规划主动权的"城市行政管理者"与长期生活在两区之中的"普通市民"之间存在对空间意义理解的差异与分歧,

---

[1] Timothy A. Gibson & Mark Lowes, eds. *Urban Communication: Production, Text, Context*. Lanham: Rowman & Littlefield, 2007, p. 17.

前者即"政府及决策咨询专家",他们惯于从经济发展角度思考城市建设问题;后者即将城市当作"家"的一般民众,他们往往在城市生活和城市社会共同体中获得自己的地方认同感。用孙玮、潘霁的话说,两者间围绕"并区事件"的"冲突",实质上"是历史的诗意的文化空间与实用的功能主义的经济空间的碰撞,是大众期盼的行走的城市与政府规划的容器的城市之冲突"[1]。若从空间生产理论的视角来看,他们的表述实则指向抽象空间与具体空间两种空间观的对立。

同样从城市社会关系的二元论视角出发,於红梅则关注城市公共空间与私人空间在数字时代消费场景中的共存与互通问题。她通过对苏州平江路这一城市文化消费空间的分析,探讨了城市管理者与城市使用者之间的互动对于城市消费空间塑造的重要意义。如其所言:"同样的空间,在各具能动性的管理方以及使用者(店家和消费者)的共同参与下,得以重塑为不同的场所,并且相应地也提供了获得和分享不同文化体验的可能性。"[2] 值得注意的是,於红梅在此将城市社会关系的二元主体更明确地描述为"管理者"与"使用者",并对两者间的冲突与合作进行阐述。实际上,正如我们已经在吉布森、洛韦思,以及孙玮、潘霁的研究中看到的,城市传播

---

[1] 孙玮、潘霁:《空间争夺战——中国大城并区的媒介话语分析》,《探索与争鸣》2016年第10期。
[2] 於红梅:《数字媒体时代城市文化消费空间及其公共性——以苏州平江路为例》,《新闻与传播研究》2016年第8期。

学者对城市社会关系中相互对立的两种行动主体的表述,都可以用"管理者"与"行动者"两个范畴加以指代。

毋庸讳言,空间生产理论视域下的抽象空间与具体空间,以及城市传播研究意义上的城市管理者与城市使用者两组概念之间存在明显的对应关系。列斐伏尔在论及抽象空间与具体空间的关系时写道:"具体空间是栖居的空间……此具体内容,即时间镌刻于空间之中,一种不明白其自身名状的无意识的诗性,也正是被思想所误解的东西。取而代之的是,它蜕变为视觉的、几何学的抽象空间。那些绘图的建筑师与创作街区规划的都市规划者好高骛远,轻视了他们的'对象物',即建筑和街区。"[1] 这再次印证,在列斐伏尔看来,抽象空间与具体空间的冲突在资本主义城市空间生产过程中表现为城市规划者、建筑师及其背后的官僚、投资者与城市居民之间的冲突。

如前所述,列斐伏尔不仅将"空间再现"与"再现空间"的关系归结为单纯的二元对立关系,在他看来,两者也有"相辅相成"的可能,[2] 正因如此,对社会空间的分析"必须同时考虑再现空间与空间再现,最重要的是它们之间的相互联系,以及它们与社会实

---

[1] (法)亨利·列斐伏尔:《都市革命》,刘怀玉、张笑夷、郑劲超译,北京:首都师范大学出版社,2018年,第210页。
[2] Henri Lefebvre, *The Production of Space*. Translated by Donald Nicholson-Smith. Oxford: Blackwell, 1991, p.74.

践的联系"①。从这一点来看,城市传播学者对城市管理者与城市使用者的划分,可以被理解为"空间再现"与"再现空间"同社会实践相嫁接的结果,城市管理者与城市使用者的二元关系则是抽象空间与具体空间的二元关系介入城市社会现实,尤其是各类城市传播实践的结果。由此,我们便可在"抽象空间-具体空间""空间再现-再现空间""城市管理者-城市使用者"三组概念之间建立起内在的思想联系。

但我们也应看到,城市传播学者对城市管理者与城市使用者二元关系的理解,大多仍流于表面。城市传播研究意义上的城市管理者与城市使用者,更多仅作为不同社会角色之间的混合体出现在城市传播研究的论述之中。城市传播学者对城市管理者与城市使用者之间关系的把握,大多并未上升到阶级斗争和意识形态分析的层面,亦鲜少如新马克思主义空间理论学者一般,对两者间支配与抵抗、压迫与被压迫,或更具体地说,制造幻象与揭示幻象的对立关系进行批判性反思。这是新马克思主义空间理论与城市传播研究在认识城市社会关系时的显著差异之一。

因此,即使在吉布森、洛韦思等城市传播学者那里,批判理论被归为理解城市传播问题不可或缺的理论视角,但在具体研究实践中,特别是在对城市形象传播策略的研究中,批判性视角却常常缺席。而在索亚看来,城市研究如若将批判性反思束之高阁,并一味

---

① Henri Lefebvre, *The Production of Space*. Translated by Donald Nicholson-Smith. Oxford: Blackwell, 1991, p.116.

推崇德·塞托的"地面视角",即沉醉于对微观世界和城市功能性的研究,就会导致"牺牲对城市整体构建的理解,牺牲城市规划的宏观视角,以及城市化过程的政治经济"[①],由此也就失去了解构与重新建构城市社会现实的能力,以及对资本主义城市危机加以解释的能力。用列斐伏尔的话说,城市研究"只有依靠一种十分敏锐的批判性思想,才能够摆脱处于统治地位的那种强制性的意识形态"[②]。城市传播研究亦不例外。

实际上,早在20世纪70年代,城市社会学者雷·帕尔(Ray Pahl)便已提出"城市管理者"(urban managers)概念。在他看来,所谓"城市管理者",包括"诸如房地产经纪人、社会工作者、城市规划者和地方官僚"等,他们"控制着城市稀缺资源和设施的使用权",并有权决定这些资源在特定群体中的分配。[③] 但在批评者看来,帕尔对这一概念的认识仅仅"是描述性而非分析性的","因此,以这种观点为基础的研究很容易退化为无意识的经验主义,研究了一组又一组的城市管理者,统统都根据经验来认定,没有一致的理论基础,除了一些模糊的认识"[④]。这一批评显然也适用于城市

---

① (美)爱德华·索亚:《关于后都市的六种话语》,张玫玫译,载汪民安、陈永国、马海良主编:《城市文化读本》,北京:北京大学出版社,2008年,第32页。
② (法)亨利·列斐伏尔:《空间与政治》,李春译,上海:上海人民出版社,2015年,第13页。
③ (澳)德波拉·史蒂文森:《城市与城市文化》,李东航译,北京:北京大学出版社,2015年,第42—43页。
④ (英)彼得·桑德斯:《社会理论与城市问题》,郭秋来译,南京:江苏教育出版社,2018年,第107页。

传播学者对"城市管理者"概念的理解。

为了规避对"城市管理者"概念描述性、简单化的使用,我们应当从空间生产理论出发,思考这一概念的深层含义。列斐伏尔早有言道:"(空间)一直都是政治性的、战略性的。如果空间的形态相对于内容来说是中立的、公平的,因而也就是'纯粹'形式的、通过一种理性的抽象行为而被抽象化了的,那么,这正是因为这个空间已经被占据了、被管理了,已经是过去的战略的对象了,而人们始终没有发现它的踪迹。"① 这意味着发达资本主义社会城市管理者对城市空间的管理行为本身,就意在遮蔽空间之中具体、真实的社会矛盾。这些城市管理者在增长主义意识形态驱使下,营造出城市规划及城市社会秩序之"科学""中立"的理性幻象,以此遏制阶级冲突阻碍资本扩张的可能性。哈维则注意到发达资本主义社会的城市管理越来越向企业式管理靠拢,城市管理者为了在城市间竞争中获得优势,正越发依赖金融资本的投资以提升城市的"弹性积累"② 能力。城市空间本身成了城市管理者四处兜售的商品,它将

---

① (法)亨利·列斐伏尔:《空间与政治》,李春译,上海:上海人民出版社,2015年,第37页。
② "弹性积累"是20世纪70年代兴起的、与福特主义相对抗的一种新资本主义积累体制,相较于福特主义强调规模化、标准化、机械化的发展模式,"弹性积累"的特征"是出现了全新的生产部门、提供金融服务的各种新方式、新的市场,首要的是商业、技术和组织创新得到了极大强化的比率。它导致了不平衡发展模式中的各种迅速变化,包括各个部门之间与各个地理区域之间的迅速变化……这种增强了的灵活性与机动性的力量,使雇主们在受到(20世纪七八十年代)两回猛烈的通货紧缩削弱的情况下得以对工人们发挥更加强大的劳动控制的压力"。参见(美)戴维·哈维:《后现代的状况》,阎嘉译,北京:商务印书馆,2003年,第191页。

"更符合资本主义发展的规律和逻辑……甚至可能强行重复、系列复制某些发展模式"①。而当城市管理者为了进一步提升城市吸引力,规求无度地建设各类同质性的消费空间之时,城市便极易面临过度积累和过度投资的危机,导致资本过剩、劳动力过剩,进而引发资产的大规模贬值、工作岗位的缺失,使资本主义城市中普通人的生存处境更加艰难。

基于此,当我们从空间生产理论的角度认识发达资本主义社会中的城市管理者及其管理行为之时,不难察觉其中隐含的意识形态操作和政治经济动机,而资产阶级城市管理者在追求城市经济快速增长的同时,则将增长引发的危机转嫁于沉默的普通人身上。在这里,城市管理者以"统治阶级联盟"的姿态开展行动,这一联盟囊括了帕尔所归纳的主导城市策略的各个社会角色,他们"采取必要的手段来使其权威和权力合法化……通常谈论'为了公共利益'并且想尽办法来实施足够的权力或获得大众支持"②。由此一来,城市使用者便受制于一种合理性的虚假意识,在资本主义社会统治下将自身对象化,"被动地接受被强加给他们的任何东西"③。但在资本主义社会统治面临危机的时刻,艰难的生存处境也可能促使城市使

---

① (美)大卫·哈维:《从管理主义到企业主义:晚期资本主义城市治理的转型》,余莉译,载汪民安、陈永国、马海良主编:《城市文化读本》,北京:北京大学出版社,2008年,第8页。
② (美)大卫·哈维:《资本的城市化》,董慧译,苏州:苏州大学出版社,2017年,第151页。
③ Henri Lefebvre, *The Production of Space*. Translated by Donald Nicholson-Smith. Oxford: Blackwell, 1991, p. 43.

用者从资本主义社会的虚假意识中挣脱，捍卫自身应得的"城市权利"，进而自发地同城市管理者展开斗争。因此，从长时段视野来看，与其说是城市管理者或城市使用者中的一方主导城市空间生产，不如说这些"不同历史角色之间的冲突过程"才是塑造"城市形式"的首要因素。①

因此，对于城市传播学者而言，在使用"城市管理者"和"城市使用者"概念时，一方面，不应将两者经验主义地理解为相互对立的社会角色的表面混合体，剥离概念生成的社会语境，忽视其背后隐含的整体性、策略性意义；另一方面，亦不应割裂城市管理者与城市使用者之间概念和行动上的联系，无论两者间的联系是以冲突还是协作为主。

当下，在城市传播研究中，对城市管理者与城市使用者、城市空间生产与城市居民社会实践之间关系的把握，俨然已是研究者理解城市传播问题的主要切入点。如马萨贾尼斯等学者所言："城市千变万化，因为居民创造了它所是的样子，反过来，城市亦允许和限制居民实现其个人或集体的目标。"② 因此，可以说城市管理者与城市使用者的二元关系，作为"抽象空间－具体空间"二元关系的延伸和具体化，一如后者在空间生产理论中的理论地位一般，业已被城市传播学者普遍视为城市社会关系的基本构形，且对城市空间

---

① Manuel Castells, *The City and the Grassroots*. London: Edward Arnold, 1983, p. 303.
② Matthew D. Matsaganis, Victoria J. Gallagher & Susan J. Drucker, eds. *Communicative Cities in the 21st Century*. New York: Peter Lang, 2013, p. 3.

生产或城市传播环境建设产生着极为关键的影响。

四、"数字城市"① 中的二元矛盾

20世纪90年代以来,"数字城市"渐趋成为世界城市建设与管理的主流理念。"数字城市"借助新传播技术的力量,为城市使用者创造了更为便利的生活和交往条件,与此同时,它也丰富并强化了城市管理者的控制与管理手段。总的来看,尽管赋予了城市社会生活以更多新气象,但资本主义"数字城市"中的城市传播关系并未超越压迫与被压迫的二元关系矛盾。在发达资本主义社会,相较于改善城市使用者的生存处境,"数字城市"带来的技术革新和生产力发展更为城市管理者及其盟友青睐。一方面,城市管理者通过挪用新兴的数字化传播技术,极大地提高了城市管理效率,使空间部署更有利于城市经济的发展;另一方面,城市使用者也在新传播技术和数字基础设施的支持下,获得了更加便利的工作、生活、娱乐条件。

但与此同时,发达资本主义社会"数字城市"对数据管理的过分强调,也使其忽视了城市空间所仰赖的物质和社会语境,以及生活于城市之中的普通人的处境。列斐伏尔早在20世纪70年代便预见到这种可能,在他看来,当"痴迷于信息系统、科学理性、分类

---

① 本书以"数字城市"(digital city) 概念指涉所有将数字技术与城市管理相融合的、以数据化为核心的城市发展模式。与之相似的概念还有"信息化城市"(informational city)、"比特城市"(city of bits)、"互联城市"(networked city)、"智慧城市"(smart city) 等。

和控制"的"智能人"(cybernanthrope)成为城市支配者时,他们将"谴责人的弱点……在思想和行动上取消人本主义。清除主体性的'幻觉',即把人的创造力、快乐和激情都视为空洞",进而以"效率模型"取代人之主体性,以"需求"压制"欲望"。[①] 因此,我们对"数字城市"概念含义的理解,除了要认识到它对人类社会发展的促进作用之外,也应看到它可能对人们社会生活造成的消极影响。在城市传播学者和新马克思主义空间理论学者的论述中,"数字城市"的这种辩证性特点均有所体现。

(一)城市传播研究视域下的"数字城市"

对于 21 世纪初兴起的城市传播研究而言,"数字城市"始终是其认识城市传播问题的现实出发点。无论是国内还是国外的城市传播学者,他们进行城市传播研究的动力无不是出于对自身所处的"数字城市"的内在观察。而当他们深入"数字城市"的生活场景时,却发现由数字化的新传播技术带来的日常生活表面的便捷,实则是人们用自身残留在互联网中的数据信息所换取。因而,"数字城市"作为一种空间控制技术的策略性特点,从一开始便被城市传播学者视为一个值得反思的问题。麦夸尔直言:"数字城市"已然成为新传播技术的生产商和供应商们连同城市管理者对城市使用者的生活和行动进行操控的"自上而下推动的项目",在"数字城市"

---

① Andy Merrifield, *Henri Lefebvre: A Critical Introduction*. New York: Routledge, 2006, pp. 89—90.

意义上，"城市空间成了科学管理的对象而非列斐伏尔所说的城市空间是人们日常'栖息'和生活的所在"。① 换言之，"数字城市"对城市使用者严密的数据管理已经使其演变成为城市管理者利益服务的工具，它以严格的行为规范限制了人们对城市生活的想象和参与，进而也限制了城市中人与人的自由交往，"限制了公共空间继续作为偶遇和交往的媒介发挥作用的可能性"②。正因如此，城市传播学者才提出"可沟通城市"的设想，以克服"数字城市"及其空间控制技术对城市使用者传播实践的诸多约束。

城市传播学者的"数字城市"观点受城市研究者威廉·米切尔（William J. Mitchell）影响颇深。如孙玮便认为，米切尔提出的"比特城市"概念，体现出他对互联网早期阶段"传播技术创造新型城市空间从而改变社会生活的深远意义"的深刻洞见。③ 他认识到了以互联网为依托的虚拟技术与城市实体空间相互融合、嵌入的总体趋势，以及数字化技术对普通人城市生活带来的影响，如其所言，"数字时代新的城市建筑和空间安排会对我们产生深远的影响：影响我们获取经济机会和公共服务，影响公共话语的性质和内容、文化活动的形式、权力的运行，影响那些赋予我们日常活动形式与

---

① （澳）斯科特·麦夸尔：《网络化公共空间》，褚传弘译，载孙玮主编：《中国传播学评论（第七辑）》，上海：复旦大学出版社，2017 年，第 16 页。
② （澳）斯科特·麦夸尔：《地理媒介》，潘霁译，上海：复旦大学出版社，2019 年，第 35 页。
③ 孙玮：《城市传播的研究进路及理论创新》，《现代传播》2018 年第 12 期。

实质的生活经历"①。这意味着"数字城市"在促成城市管理手段革新的同时,也将引发城市居民生活方式、交往方式和社会关系建构的深刻变革。

米切尔早期对"数字城市"语境中的人际沟通活动总体上仍持一种较为乐观的预期。在他看来,数字化技术介入城市居民之间的沟通活动,不仅不会造成"在场"的交流的丧失以及人们交往能力的下降,相反,它还会"提高我们社会交往的总能力……网上交流可以激发起人们对更亲近的实际会面的要求"②。换言之,数字化的通信和传播技术将进一步促进社会交往的发展,它不仅拓宽了人们交往和联系的时间、空间范围,更可刺激人们从虚拟沟通转向现实沟通。但米切尔未能说明的是,刺激人们将其交往活动从虚拟世界转向现实世界的动力是什么?数字化技术的介入又如何促进人们交往能力的提高?除此之外,人们借由数字化技术实现的社会交往是否是其自发性的活动,抑或只是城市管理者、技术生产商和开发商操控之下的产物?

在其"数字城市三部曲"③的尾声《我++》一书中,米切尔面对"9·11"事件后动荡的世界形势,逐渐认识到那无处不在、

---

① (美) 威廉·J. 米歇尔:《比特城市》,余小丹译,重庆:重庆大学出版社,2017年,第5—6页。
② (美) 威廉·J. 米切尔:《伊托邦》,吴启迪、乔非、俞晓译,上海:上海科技教育出版社,2005年,第94页。
③ "数字城市三部曲"分别为《比特城市》(*City Of Bits*,1996)、《伊托邦》(*E-topia*,1999) 和《我++》(*Me++*,2004)。

无法逃离的互联网技术对人们城市生活和城市沟通活动带来的影响也有其消极的一面。他尤其感受到，21世纪城市居民对互联网的依赖已使他们被动地卷入到"数字城市"的权力控制之中，"作为交流的网络应该代表着解放，但是它也可以为我们每个人建造个人的逻辑牢笼。逻辑牢笼确定了实际空间和网络空间中的活动区域和禁止区域。它们……是由管理名单、软件以及电子器具建造的"[1]。在此背景下，米切尔原有的技术乐观主义被一种乐观与悲观相交织的技术观点取代。他所预言的"伊托邦"——21世纪的文明城市——未能如期出现，相反，一个充满不确定性风险的"数字城市"或"互联城市"使人们的日常生活和社会交往陷入日趋紧绷的状态。人与人之间的信任缺失使以互惠原则为中心的交往成为奢望，城市管理者以数字化技术和理性规范对人们交往活动的干预最终将发展为对交往行为本身的限制。对于城市管理者来说，"这个密集的、无可逃避的互连世界会是一个危险的、令人恐惧的地方。必须使用彻底监视……以及电子化执行的高科技暴力来控制这个互连世界"[2]。

米切尔的"数字城市"观点对城市传播学者认识"数字城市"起到了重要的启发作用。我们已经看到，麦夸尔和后期的米切尔一

---

[1] （美）威廉·J. 米切尔：《我＋＋》，刘小虎等译，北京：中国建筑工业出版社，2006年，第184页。
[2] （美）威廉·J. 米切尔：《我＋＋》，刘小虎等译，北京：中国建筑工业出版社，2006年，第190页。

样，对"数字城市"的前景同样不甚乐观，因而其"数字城市"观亦呈现出辩证性特点。这种"数字城市"观被城市传播研究广泛沿用，如塞亚·雷德尔和弗劳克·泽勒便认为，"网络数字技术的发展改变了城市空间性的本质——而这种技术发展本身被经济和其他结构性力量缠绕和框定"。① 吴予敏以"媒介化都市生存"概念形容数字化技术和当代新媒体技术影响下普通人的城市生活，指出这种数字城市生活的核心"关乎到人，而不是单纯的技术、产业、利润、权力和符号形象"。② 由此可见，如同空间理论学者一般，城市传播学者也同样积极关注"数字城市"和数字化技术中潜藏的权力关系问题。

在这个意义上，城市传播学者提出"可沟通城市"概念的目标正是在于克服"数字城市"的弊端，尤其是克服它对人们沟通活动的压抑。在麦夸尔看来，"数字城市"概念对效率和商业利益的看重，以及对由此衍生的以新传播技术为依托的数据控制和管理手段的强调，已使城市生活本身日益失去活力。因此，城市传播学者应将"数字城市"概念"通过反思转化为'可沟通城市'……进而开始想象、试验和表达网络化公共空间的不同前景"③。

---

① Seija Ridell & Frauke Zeller, "Mediated urbanism: Navigating an interdisciplinary terrain," *The International Communication Gazette*, vol. 75, no. 5—6, 2013.
② 吴予敏:《从"媒介化都市生存"到"可沟通的城市"——关于城市传播研究及其公共性问题的思考》,《新闻与传播研究》2014 年第 3 期。
③ 黄旦、孙玮、(澳)斯科特·麦夸尔:《对话麦夸尔》,译者不详,载孙玮主编:《中国传播学评论（第七辑）》,上海:复旦大学出版社,2017 年,第 33 页。

(二) 新马克思主义空间理论视域下的"数字城市"

尽管由于生活年代的缘故,列斐伏尔对"数字城市"相关概念的关注和论述并不多见,但在他之后的新马克思主义空间理论学者,无论是哈维、卡斯特,抑或是戈特迪纳,都对"数字城市"概念及其对当代城市空间生产的影响报以相当程度的关注。

他们所关注的"数字城市"问题首先是"数字城市"的"空间实践-传播语境"问题,亦即构成"数字城市"空间肌理的物质中介和传播技术手段。20世纪90年代至今,随着互联网技术的迅猛发展,"数字城市"已经成为当代城市规划和城市管理所依托的重要工具,它建立在以互联网技术为支撑的数字基础设施基础之上。数字基础设施作为连接人与人、人与空间的媒介,正日益在"数字城市"中扮演着不可或缺的枢纽性角色,它"不仅提供了我们社会生活的基础设施,而且提供了我们社会生活的结构"[①]。

如前所述,卡斯特认为:"网络社会"是互联网技术在全球范围内蔓延和扩张的结果,"网络建构了我们社会的新社会形态,而网络化逻辑的扩散实质地改变了生产、经验、权力与文化过程中的操作和结果。虽然社会组织的网络形式已经存在于其他时空中,新信息技术范式却为其渗透扩张遍及整个社会结构提供了物质基

---

① (加)菲利普·N. 霍华德:《卡斯特论媒介》,殷晓蓉译,北京:中国传媒大学出版社,2019年,第113页。

础"①。当人们以手机、电脑等电子通信设备接入互联网时,实际上是与通信基站这一数字基础设施建立联系,展开信号接发的互动。而全球众多的通信基站的无线电覆盖、卫星通信技术的最新发展则使人们的沟通活动可以跨越空间与时间的限制,使实时交互成为可能。但与此同时,人们在数字沟通过程中产生的数据流也被留存在通信网络开发商和运营商庞大的服务器集群之中,这些数据进而被城市管理者、规划者、投资者以合法的手段利用,成为执行"数字城市"规划与管理的重要凭据。我们已在麦夸尔对"数字城市"的批判中看到与此相似的论述,而这同时也是新马克思主义空间理论学者批判资本主义"数字城市"的重要方面。

卡斯特有言,新信息技术在三个层面对"资本主义重组"起决定性作用,即"通过各种手段提高利润率""加强政府对资本积累和支配进行干预"以及"经济全球化"。② 其论断对于"数字城市"同样适用。新信息技术在"数字城市"中的全方位介入,为城市管理者扩大城市资本积累、提高经济效益提供了便利。通过对城市居民留存在通信网络中的数据流进行收集和管理,资本主义社会城市管理者得以对人们的生产和消费行为进行更富针对性的控制与操纵。用卡斯特的话说,"网络,在信息技术基础上,把生产中由社

---

① (美) 曼纽尔·卡斯特:《网络社会的崛起》,夏铸九、王志弘等译,北京:社会科学文献出版社,2001年,第569页。
② (美) 曼纽尔·卡斯泰尔:《信息化城市》,崔保国等译,南京:江苏人民出版社,2001年,第31—32页。

会和空间决定的关系转化为信息流，为新的灵活的生产与管理体系的相互联系提供了组织基础"①。

与新信息技术兴起相伴的是数字服务业在城市空间中的密集部署。譬如以互联网为依托的共享经济在今天已成为"数字城市"生活中人们习以为常的一部分。当人们使用共享设备时，便即刻接入"数字城市"的信息网络，人们彼此之间数据流的串联构成了"数字城市"意义上的城市新管网。由此，流动性便成为"数字城市"的重要特征之一，不仅是人、物品的流动，更是信息、数据的流动，这意味着"数字城市"是"以知识为基础，围绕着网络而组织，以及部分由流动所构成，因此信息化城市并非一种形式，而是一种过程，这个过程的特征是流动空间的结构性支配"②。

当然，强调"数字城市"的网络化、全球化、流动性特征，并不是说它已彻底转化为信息和数据的虚拟集聚，而丧失了物质空间的立足之地；相反，物质空间对于"数字城市"而言同样不可或缺。如戈特迪纳所言："虽然互联网存在于无限的空间，但是它需要在研究、开发和制造业中资源的一个集中，并且虽然这些服务和生产节点可能位于不同的国家，或更可能分散在整个一个大都市区

---

① （美）曼纽尔·卡斯泰尔：《信息化城市》，崔保国等译，南京：江苏人民出版社，2001年，第34页。
② （美）曼纽尔·卡斯特：《网络社会的崛起》，夏铸九、王志弘等译，北京：社会科学文献出版社，2001年，第491页。

域,但它们仍然立足于物质空间。"① 换言之,互联网技术对"数字城市"空间形式的改造,不会动摇其物质性存在的根本地位,无论是人们以信息基础设施为中介的数字沟通活动,还是城市管理者通过收集和处理数据信息对城市空间的再部署,都离不开城市的物质空间,即作为空间实践或传播语境的城市所发挥的作用。

然而,列斐伏尔所观察到的资本主义城市的抽象化、符号化趋势,在"数字城市"时代仍以迅猛的发展势头冲击着物质空间的支撑性地位。我们已经看到,互联网技术在"数字城市"中的介入使得信息、数据的流动和交换成为城市使用者进行数字沟通或城市管理者进行数据管理的基本条件。在此过程中,物质空间的重要性不断下降,乃至时常被去物质化的抽象符号替代。尽管戈特迪纳认为城市物质空间的根本地位在"数字城市"时代依然如是,但他也承认,数字化技术和移动通信设备的普及已使城市物质空间的重要性越发难以在人们的日常生活实践中被感知,人们现在"能够通过手机和因特网技术与重要的其他人保持稳定的联系。这个模式被称作'没有地点的社区'"②。当"没有地点的社区"逐渐成为人们日常生活和沟通活动的常态,那么城市物质空间在人们的认知中似乎就变得"可有可无"。譬如,当人们坐在公园长椅上收发手机信息时,

---

① 〔美〕马克·戈特迪纳、雷·哈奇森:《新城市社会学》,黄怡译,上海:上海译文出版社,2018年,第497页。
② 〔美〕马克·戈特迪纳、雷·哈奇森:《新城市社会学》,黄怡译,上海:上海译文出版社,2018年,第421—422页。

很可能会忽略公园这一物质空间的存在,而深陷于移动通信技术编织的数字世界。

哈维认为:在发达资本主义社会,这种由"信息革命"引发的"通讯领域中'空间的非物质化'"现象"源于军事机构,但马上被金融机构和跨国资本当作一种手段来利用,以调整它们在空间上的瞬时行为"[①]。由此,"空间的非物质化"现象在发达资本主义社会已成为上层资产阶级为自身牟利的工具,他们通过生产一个个同质性的空间商品符号,吸引城市居民、外部投资者和游客在城市中为空间进行消费。换言之,对于"数字城市"的城市使用者来说,信息和数据成为他们认知城市的起点,网络界面上的城市景观作为一种被人为打造的抽象符号,似乎较之城市物质空间本身更具刺激消费的吸引力。

这一点从当下"网红打卡地"的流行中已可得见。人们对"网红打卡地"的青睐和消费并不是基于对其实体空间的切身感受,而是通过手机端、电脑端呈现的抽象符号来评判其是否具有消费价值。德波指出,旅游业是将"人类的流动看作一种消费"[②]的产业。而在"数字城市"背景下,操纵人类流动倾向的力量便是由(图像化的)信息、数据构成的抽象符号,它的生产者则是资本主义社会的既得利益者群体。在此,列斐伏尔在20世纪70年代的论断如今

---

① (美)大卫·哈维:《希望的空间》,胡大平译,南京:南京大学出版社,2006年,第60页。
② (法)居伊·德波:《景观社会》,张新木译,南京:南京大学出版社,2017年,第107页。

依然适用，如其所言："旅游和休闲成为投资和盈利的主要领域……消费满足需求、休闲和欲望，即使它们只是在空间再现中统一起来（在其中，日常生活被悬置，被暂时以一种更不同、更富足、更简单、更正常的生活取代）。"[①] 在这个意义上，旅游业打造的"第二自然"便取代了物质空间本身，成为人们追求的休闲场所。"数字城市"时代的"网红打卡地"经济，正是城市管理者通过操控物质空间的空间再现或传播内容，塑造理想化的"中产阶级消费模型"，来引导人们的空间消费行为，以为城市带来更多收益的经济活动。

随着发达资本主义城市空间的数字化、抽象化趋势不断深入，资本主义城市社会的两极冲突亦越发尖锐。在空间三元论意义上，这意味着作为"空间再现－传播内容"的城市与作为"再现空间－互动媒介"的城市两种概念之间的冲突日益凸显。城市管理者和城市使用者之间围绕城市权利分配展开的竞争进一步发展为对信息、数据主导权的争夺。如哈维所言，"技术为资本家提供了控制的重要方式"，[②] 数字化技术的兴起则促使资本家将数据管理作为一种控制工具，对人们的社会行为和日常生活实践进行操纵。这种数字化操纵常常以城市使用者难以察觉的方式潜移默化地干预和引导人们

[①] Henri Lefebvre, *The Production of Space*. Translated by Donald Nicholson-Smith. Oxford: Blackwell, 1991, p.353.
[②] （美）大卫·哈维：《资本的城市化》，董慧译，苏州：苏州大学出版社，2017年，第139页。

的空间生产和消费行为，并切断人与人之间的切身联系，进而使西美尔意义上的原子化社会及其抽象化、功利化的交往氛围愈趋成为一种合乎"常理"的社会现实。一如发达资本主义社会统治的一贯作风，"数字城市"的城市管理者通过数据管理掌控人们的生产、消费行为与日常生活实践的目的，正在于推进城市资本扩张，实现上层资产阶级利益最大化。如戈特迪纳便指出："生产技术从机电的到电子的转变，涉及更多的无限小的时间和空间的固态操纵，一般来说，技术革新的加速成为垄断阶级获取利益的主要手段。"①

但这种来自"垄断阶级"的控制并不是绝对的，数字化技术的发展不仅为城市管理者提供了操纵空间生产与消费的新手段，它同时也为城市使用者参与城市空间生产过程提供了一个新渠道。如卡斯特便一方面承认数字化技术加强了城市管理者的支配地位，另一方面亦看到新技术对民主的城市社会的促进作用。在他看来，"信息技术的快速革新为双向信息流通提供了便利，使得民众团体有可能使用民主原则来抑制政府而不失去它们作为公共利益代表的职能"。② 与此同时，数字化技术对城市管理者支配地位的加强，也会激起城市使用者对自身数据被用作牟利工具可能带来的负面影响的恐慌。在当代资本主义社会，人们对依靠收集和处理个人用户信息

---

① （美）马克·戈特迪纳：《城市空间的社会生产》，任晖译，南京：江苏教育出版社，2014年，第218页。
② （美）曼纽尔·卡斯泰尔：《信息化城市》，崔保国等译，南京：江苏人民出版社，2001年，第21页。

来获利的互联网企业的批评，便显示出他们对数字化时代个人数据主导权的积极追求。而围绕数据主导权归属展开的斗争，必将使资本主义社会的城市管理者与城市使用者之间的矛盾更加激化，同时也将有望给两者间关系带来转机。

总而言之，"数字城市"并未脱离发达资本主义社会统治的一贯传统，它只是上层资产阶级通过城市空间牟利的数字化版本，且不断重复着城市管理者与城市使用者、空间再现与再现空间之间的斗争循环。而破除这一资本主义社会斗争循环的唯一方式，便是建立起一个能够超越发达资本主义社会统治逻辑的社会主义城市——它将城市使用者即人民的利益置于城市空间生产目标的首位，以三元性而非二元性的社会关系建构作为城市治理的基础，力求打造出一个适宜于人民生活和交往的、可沟通的城市环境。这可以说是新马克思主义空间理论学者与城市传播学者共同的理论追求所在。

第二节 空间三元辩证法与城市传播中的三元传播关系

对人类传播关系的想象和构筑，历来是传播学研究无法回避的话题之一。如何在"最不具确定性"的传播关系[①]中探索出一种具有普遍性的模式构形，则更是传播学发展史乃至人类思想史中被反复论说的一大议题。而该议题所牵涉的关键争议，即人类传播关系

---

① 陈昌凤：《传播关系千变万化，人是不变的主体》，《全球传媒学刊》2021年第1期。

应建立在何种人际沟通模式之上?

在"现代性的二分逻辑"① 统摄下,对这一争议的回应,往往以二元论为起点,将人类传播关系描绘为两个不同主体之间的冲突或协作关系,"二元关系既表示第一次社会综合和统一,也表示第一次社会分离和对立"②。这种对人类传播关系的二元阐释,也影响了早期传播学研究认识人际沟通模式的出发点。如施拉姆(Wilbur Schramm)所言:"社会传播过程要求至少有两个人。他们结成信息分享关系,共享一套信息符号。"③ 然而,施拉姆在这里所遵循的二分逻辑,是否足以用来解释人类传播关系为何会在冲突与协作的两歧之间不断摆动?或者说,复杂多面的人类传播关系,是否能够仅在表面上"两个人"的传播活动中真正建立起来?

具体而言,若没有一种介于两极之间的"第三方"(无论其以何种方式"在场")发挥串联作用,那么处于传播过程两端的主体何以能够直接地建立联系?如果在传播过程中没有作为中介的第三方对"信息符号"进行转译,或为"信息符号"的流通搭建通道,那么信息发送者与接受者之间的传播何以成为可能?对此,彼得斯(John Durham Peters)早有言道:"作为人际活动的'交流',现在

---

① (美)麦克尔·哈特、(意)安东尼奥·奈格里:《帝国:全球化的政治秩序》,杨建国、范一亭译,南京:江苏人民出版社,2008年,第140页。
② Georg Simmel, *The Sociology of Georg Simmel*. Translated by Kurt H. Wolf, Glencoe: The Free Press, 1950, p.145.
③ (美)威尔伯·施拉姆、威廉·波特:《传播学概论》,何道宽译,北京:中国人民大学出版社,2010年,第56—57页。

只有将其放在各种中介传播的阴影之下，我们才可以思考之。"① 故而，在人类传播关系的形成过程中，第三方扮演的角色好比架设于传播过程两端之间的桥梁，他为"信息符号"的通达创造了条件。用马塞尔·莫斯（Marcel Mauss）的话说，"第三方的介入可以得出明确的解释"，即对模糊的情境加以澄清，到那时"双方之间的关系才确定下来"。②

在城市传播学者提出的"可沟通城市"概念背后，也隐含着他们对一种三元性城市传播关系的构想。这种三元传播关系的实现，有赖于对二元传播关系的超越。尽管新马克思主义空间理论学者和城市传播学者仍将二元关系作为城市社会的基本传播关系，但通过对城市社会现实的体察，他们均认识到城市传播关系的具体表现形式理应在二元主体之间加入一个作为中介性因素的物质现实或第三方主体。这种建立在二元传播关系基础上的三元传播关系，既为我们理解资本主义城市问题提供了适切的观念指引，也为我们克服资本主义城市的二元性矛盾准备了重要的理论资源。

一、对二元论的反拨

在西方思想史上，对二元论的反拨已成为笛卡尔（René Descartes）之后西方思想理论发展的重要动力之一。在这个意义

---

① （美）约翰·杜翰姆·彼得斯：《对空言说：传播的观念史》，邓建国译，上海：上海译文出版社，2017年，第8页。
② （法）马塞尔·莫斯：《礼物》，汲喆译，北京：商务印书馆，2019年，第198页。

上，笛卡尔的身心二元论可谓西方近代哲学的滥觞，它"支配了从近代到当代的哲学传统"①。笛卡尔的身心二元论将身体与心灵视为截然二分的两种完全独立的实体，一方面，"主体、心灵或'思维实体'是一种纯粹自为的存在，是一种对自身完全透明的自我意识，一种纯粹内在的'我思'"；另一方面，"对象或'广延实体'是一种纯粹自在的存在，一种被'我思'的目光完全展开的纯粹外在性"。② 在这里，内在与外在、主体与客体、意识与广延成为相互对立的两种存在模式，主体化的意识与对象化的身体被切割为同一思想操作的两个对立方面，它显示出人类社会的基本矛盾源于理性与情感之间的深刻冲突。而理与情的冲突又可进一步还原为压迫者与被压迫者之间的关系，其中，前者把持社会秩序主导权，并以抽象理性为其定义，而后者则无权力可言，其情感冲动和欲望往往被压制在理性幻象之下。笛卡尔的关注焦点无疑是前者，即在人类思想操作中（进而也是在社会活动中）占有统治地位的理性因素。他以意识统摄身体，进而将"我思"提升到存在论的超然地位。

与笛卡尔不同，尼采（Friedrich Wilhelm Nietzsche）则将身体视为身心二元论的核心，如其所言，"我全是肉体，其他什么也不是；灵魂不过是指肉体方面的某物而言罢了……你称之为精神的你

---

① 陈嘉明主编：《实在、心灵与信念》，北京：人民出版社，2005年，第178页。
② 刘胜利：《身体、空间与科学》，南京：江苏人民出版社，2014年，第69页。

的小的理性也是你的肉体的工具，你的大的理性的小工具和玩具"。① 由此，尼采将笛卡尔之后贯穿近代西方哲学的二元论的重心转移到身体这一长期被理性所压抑和遮蔽的范畴上面。他如此呼吁道："要以肉体为出发点，并且以肉体为线索。肉体是更为丰富的现象，肉体可以仔细观察。肯定对肉体的信仰，胜于肯定对精神的信仰。"② 换言之，尼采所希冀的是人类主观情感相对于抽象理性的优势地位。

尼采对笛卡尔身心二元论的颠倒启发了梅洛-庞蒂（Maurice Merleau-Ponty）。而后者在将身体确立为哲学核心范畴的同时，又进一步以身体为线索，将笛卡尔截然二分的主体与客体统一于"身体-主体"之中。换句话说，在梅洛-庞蒂看来，"灵魂和身体的结合不是由两种外在的东西——一个是客体，另一个是主体——之间的一种随意决定来保证的。灵魂和身体的结合每时每刻在存在的运动中实现"。③ 由此可见，梅洛-庞蒂拒绝以意识或身体、理性或情感的任何一方作为决定论的基础，以此把握世界；相反，梅洛-庞蒂糅合这两类范畴于"身体-主体"概念，他相信人们正是通过"身体-主体"来拓展自我对世界的想象与感知。在这个意义上，

---

① （德）弗里德里希·尼采：《查拉图斯特拉如是说》，钱春绮译，北京：生活·读书·新知三联书店，2014年，第31页。
② （德）弗里德里希·尼采：《权力意志》，张念东、凌素心译，北京：商务印书馆，1991年，第178页。
③ （法）莫里斯·梅洛—庞蒂：《知觉现象学》，姜志辉译，北京：商务印书馆，2001年，第125页。

梅洛－庞蒂的观点摆脱了身心二元论的存在论预设，并宣告："心智与身体、主体性与物质性事实上是不可分离的，反而是完全交织在一起的……意义存在于身体中，而身体存在于世界中。"①

然而，梅洛－庞蒂对身心二元论的超越，实则指向某种一元论假设，他"用一种彻底的经验主义来取消思维和存在的对立，所谓彻底的经验就是以原初的、现象的身体投入于世界之中，这是最彻底的体验，是意义的充分表达"②。因此，可以说尽管梅洛－庞蒂在存在论层面推翻了主体与客体、意识与身体二分的"定论"，但他并没有为消解这种"定论"在认识论层面所起的作用提供一个明确答案。正因如此，在作为现象学家和存在主义者的梅洛－庞蒂去世后的20世纪60年代，结构主义逐渐取代了现象学和存在主义在西方思想界的主导地位。

结构主义者一方面将"结构"视为一种具有普世性的先验范畴，一个构成各种语言成分的统一规律和不变的系统，因而在"结构"之中并无主体与客体的二分；另一方面，他们也认识到"二元对立"是语言符号乃至人类社会关系的构成基础，"对二元对立的辨认是儿童'最初的逻辑活动'，在这种活动中我们看到文化对自

---

① （英）西蒙·威廉姆斯、吉廉·伯德洛：《身体的"控制"——身体技术、相互肉身性和社会行为的呈现》，朱虹译，载汪民安、陈永国主编：《后身体：文化、权力和生命政治学》，长春：吉林人民出版社，2003年，第406—407页。
② 季晓峰：《论梅洛－庞蒂的身体现象学对身心二元论的突破》，《东南学术》2010年第2期。

然的最初的独特的介入"①。实际上，早在结构主义先驱索绪尔那里，语言符号便被视为一种二元性概念，是"一种两面的心理实体"，是"概念和音响形象的结合"，亦即相互对立的"所指"与"能指"的结合。②但索绪尔仅将语言符号的这种二分式限定在主体的心理层面，换言之，概念与音响形象的对立，并非主体与客体、认识与对象的对立，而是人们在言语活动不同阶段所产生的心理印迹的对立。

列维－斯特劳斯（Claude Levi-Strauss）进一步将这种语言符号二分式推进到人类社会关系层面。在他看来，"人对文化与自然、人与神、死亡与生存、我们与他们等诸如此类的关系有着同样的焦虑和问题，所以必然产生出一套相同的深层结构的二元对立"。③列维－斯特劳斯认为，正是这一系列的"二元对立"赋予文化以意义，为人们的社会实践提供指引，同时也为我们理解和把握"结构"开辟了进路。在此基础上，格雷马斯更具体地将二元对立的对象归结为不同的"行动素"，"行动素可以体现在某个具体人物身上，或者说，可以因为人物在故事基本的'对立'结构中所起的共

---

① （英）特伦斯·霍克斯：《结构主义和符号学》，瞿铁鹏译，上海：上海译文出版社，1987年，第15页。
② （瑞士）费尔迪南·德·索绪尔：《普通语言学教程》，高名凯译，北京：商务印书馆，1999年，第101－102页。
③ （美）约翰·费斯克：《传播研究导论》，许静译，北京：北京大学出版社，2008年，第108页。

同作用而体现在不止一个人物的功能之中"①。由此，二元对立关系便被具体化为不同人类主体之间结构性的对立关系，人与人之间的沟通与冲突成为二元对立在人类社会关系中的再现。

但这种二元对立关系的问题则在于，它以一种具有对称性的"相互关系"作为前提，即"甲之于乙相当于乙之于甲"，但很多人类社会关系是不对称的，即"甲对乙，而乙对丙"。谢晶以"君臣关系"举例言道："如果说臣的本质属性在于事君，那么君就不能事臣，而应该是更高一级的存在。"② 正是在这个意义上，社会关系的原型不是二元的，而应是三元的。在自我与他人的沟通过程中，作为中介的"交换物（商品、信息）"必不可少。如在莫斯所考察的礼物交换关系中，礼物便作为一种中介"在两个社会成员之间建立一定的权利义务关系。"③ 由此一来，结构主义者所信奉的"行动素"之间的二元对立关系便应被一种更具解释力的三元关系取代。这种三元关系论在中西思想史上早已有迹可循。其中，马克思对三元关系的阐发对新马克思主义空间理论，尤其是列斐伏尔空间三元辩证法的影响尤为显著。

---

① （英）特伦斯·霍克斯：《结构主义和符号学》，瞿铁鹏译，上海：上海译文出版社，1987年，第90页。
② 谢晶：《法国社会哲学中的结构主义争论——从二元符号结构主义到三元话语结构主义》，《复旦学报（社会科学版）》2015年第5期。
③ 谢晶：《法国社会哲学中的结构主义争论——从二元符号结构主义到三元话语结构主义》，《复旦学报（社会科学版）》2015年第5期。

二、马克思的三元关系论

冲突与协作，是人类传播关系发展走向的两歧。列维-斯特劳斯通过对美洲、亚洲和大洋洲等地原始部落的观察，提出"二元组织"在人类社会结构中普遍存在，"其特点是社会群体——无论部落、氏族还是村落——分成两个半族，双方成员的相互关系包括从最亲密的合作一直到隐而不彰的敌视态度，往往这两种行为兼而有之"[①]。而"二元组织"之所以走向冲突或协作的两歧性结局，则是三元关系运作的结果，"二元现象从来就没有按照二元设想，而仅仅被视为三联体的一种极端形式"[②]。同时，"二元组织"的形成，也赋予了三元关系持续运作的动力。用萨特的话说："二元构形作为人对人的中介关系，是任何一种三元关系的必然基础。"[③] 这一观点也呼应了马克思三元关系论的核心主张，即三元主体间的互动，最终总会收束于两种阶级或两种立场之间。

所谓马克思的三元关系论，即马克思对人类社会关系之三元性特征的论证。在查尔斯·泰勒（Charles Taylor）看来：马克思对人类社会关系的把握，在一定程度上受到了黑格尔有关主奴辩证法

---

① （法）克洛德·列维-斯特劳斯：《结构人类学（1）》，张祖建译，北京：中国人民大学出版社，2006年，第12页。
② （法）克洛德·列维-斯特劳斯：《结构人类学（1）》，张祖建译，北京：中国人民大学出版社，2006年，第159页。
③ （法）让-保罗·萨特：《辩证理性批判》，林骧华、徐和瑾、陈伟丰译，合肥：安徽文艺出版社，1998年，第247页。

论题的启发,尤其是黑格尔认为主人对奴隶的奴役"为奴隶的最终解放,实际上是为所有人的解放作好了准备"的观点,在马克思那里产生了回响。① 黑格尔的主奴辩证法将主人与奴隶之间的对立关系,理解为"人们为了得到承认而斗争"的关系,并且这种承认"必须是相互的承认"。② 也就是说,主人与奴隶只有通过彼此承认才能成为具有自我意识的人,"自我意识只有在一个别的自我意识里才获得它的满足"③。同时,主人与奴隶之间的等级关系并非固定不变,当奴隶意识到主人依赖他而存在,并对他被主人压迫和剥削的地位不满时,便向主人的权威发起挑战与抗争。如波斯特所言:"正是奴隶将人性推向自我实现的更高层次……他从压迫中获得自由的欲望是人变得更加人性的根据。"④

然而,尽管主奴辩证法是黑格尔有关人类社会关系的重要论述,但我们不能因此将他的社会关系观点归之于一种"主人－奴隶"的二元对立关系。相反,我们应将这种"主人－奴隶"关系置于黑格尔的"正题—反题—合题"或"肯定—否定—否定之否定"的逻辑进路中进行认识。从这一点出发,可以说主奴辩证法"贯穿

---

① (加)查尔斯·泰勒:《黑格尔》,张国清、朱进东译,南京:译林出版社,2012年,第214页。
② (加)查尔斯·泰勒:《黑格尔》,张国清、朱进东译,南京:译林出版社,2012年,第211页。
③ (德)黑格尔:《精神现象学(上卷)》,贺麟、王玖兴译,北京:商务印书馆,1983年,第121页。
④ (美)马克·波斯特:《战后法国的存在主义马克思主义》,张金鹏、陈硕译,南京:南京大学出版社,2015年,第12—13页。

与塑造了（黑格尔）所有的三段论式结构，主人与奴隶之间两极对立、彼此依赖又克服转化的复杂关系是对所有实体性存在的本质刻画……任何'肯定—否定—否定之否定'的三段论式逻辑进路都不过是类似于'主人－奴隶－欲望对象及其满足'这一结构"①。在泰勒看来，这意味着主奴辩证法实际上是一种三元社会关系的反映，主人与奴隶相互争夺的"欲望对象"，便是作为二者间交往中介的"物质现实"，"主人与奴隶发生关系是以这个现实为中介的：通过运用锁链，通过对物的这个指令，主人使奴隶臣服。但与此同时，主人通过奴隶才与物发生关系"②。

如若我们从这种主人、奴隶与物质现实之间的三元关系出发考察马克思的社会关系观点，便不难在马克思的"资本－利润－资产阶级""土地－地租－土地所有者阶级""劳动－工资－无产阶级"三元论中发现其与黑格尔三元论的呼应之处。在马克思那里，人类社会关系的表现形式取决于不同历史阶段的生产力发展水平，"各个人借以进行生产的社会关系，即社会生产关系，是随着物质生产资料、生产力的变化和发展而变化和改变的"③。从古代社会、封建社会直至资本主义社会，人类社会关系经历了从"地主－奴隶"到"工厂主－雇佣工人"再到"资产阶级－无产阶级"的演变过程。

---

① 潘斌:《"为了承认而承认"：重审黑格尔主奴辩证法的神话》,《社会科学》2017年第11期。
② （加）查尔斯·泰勒:《黑格尔》,张国清、朱进东译,南京：译林出版社,2012年,第213页。
③ 马克思:《雇佣劳动与资本》,载《马克思恩格斯文集（第一卷）》,北京：人民出版社,2009年,第724页。

而在马克思看来，资产阶级与无产阶级之间的关系，亦即资本主义社会生产关系，则是"社会生产过程的最后一个对抗形式"[①]，资本主义社会因此被视为人类社会中阶级社会的最后一种社会形态。可以说，马克思对资本主义社会的考察，正是以资产阶级与无产阶级之间的这种二元关系为基础展开的。如其所言："至今一切社会的历史都是阶级斗争的历史……压迫者和被压迫者，始终处于相互对立的地位。"[②] 换言之，压迫阶级与被压迫阶级之间的斗争，是人类社会历史发展的重要动力，只要阶级存在，斗争便一定存在。

但在列斐伏尔看来，如果仅从这种阶级斗争角度将资本主义社会的一般社会关系界定为一种二元对立关系，那么我们便将陷入"经济主义"的圈套，亦即将社会关系和社会交往的表现形式仅仅理解为一种经济活动，"无论在现实还是概念领域，将历史从属于经济"，乃至将对社会历史和社会形态演变的一切解释都融入经济领域当中。[③] 列斐伏尔认为：马克思实际上已经注意到这一问题。他在《资本论》中为反拨二元对立式的社会关系观点，着手将土地和土地所有者阶级确立为资本主义社会关系的第三方因素。也就是说，即便资产阶级以资本取代了土地在社会生产关系中的支配地

[①] 马克思：《〈政治经济学批判〉序言》，载《马克思恩格斯全集（第三十一卷）》，北京：人民出版社，1998 年，第 413 页。
[②] 马克思、恩格斯：《共产党宣言》，载《马克思恩格斯文集（第二卷）》，北京：人民出版社，2009 年，第 31 页。
[③] Henri Lefebvre, *The Production of Space*. Translated by Donald Nicholson-Smith. Oxford: Blackwell, 1991, p. 324.

位，土地所有者阶级的政治重要性却仍然没有消失，"地租没有放弃土地转向利润和工资。更重要的是，地下与地上的资源问题——整个星球的空间——变得越来越重要"①。

这样一来，马克思便构建了一种资本主义社会生产关系的三元模式，并把"现代资产阶级社会分成的三大阶级"②，或者说"构成现代社会骨架的三个并存的而又互相对立的阶级"③，即土地所有者阶级、资产阶级和无产阶级之间的相互关系视为资本主义社会生产关系的表现形式。如其所言："资本—利润（企业主收入加上利息），土地—地租，劳动—工资，这就是把社会生产过程的一切秘密都包括在内的三位一体的形式。"④ 如果说在其思想早期阶段，马克思还认为资本主义社会取代封建社会有赖于资本家对土地所有者的胜利，甚至土地所有者随劳动者阶级一同衰落；⑤ 那么在写作《资本论》时期，他则发现土地所有者已凭借对作为"资本流动管道"⑥ 的土地的占有，与资产阶级共同瓜分其剥削成果，即通过地租参与社会剩余价值分配。从这一点出发，资产阶级、土地所有者

---

① Henri Lefebvre, *The Production of Space*. Translated by Donald Nicholson-Smith. Oxford: Blackwell, 1991, p.324.
② 马克思:《〈政治经济学批判〉序言》，载《马克思恩格斯全集（第三十一卷）》，1998年，第411页。
③ 马克思:《资本论（第三卷）》，载《马克思恩格斯全集（第四十六卷）》，北京：人民出版社，2003年，第698页。
④ 马克思:《资本论（第三卷）》，载《马克思恩格斯全集（第四十六卷）》，北京：人民出版社，2003年，第921页。
⑤ 马克思:《哲学的贫困（节选）》，载《马克思恩格斯文集（第一卷）》，北京：人民出版社，2009年，第625页。
⑥ （美）大卫·哈维:《资本的城市化》，董慧译，苏州：苏州大学出版社，2017年，第89页。

阶级和无产阶级的关系便可描述如下："资本使资本家以利润的形式吸取他从劳动中榨取的剩余价值的一部分，土地的垄断使土地所有者以地租的形式吸取剩余价值的另一部分，劳动使工人以工资的形式取得最后一个可供支配的价值部分。"①

由此，资本主义社会的压迫与被压迫关系，便可被视为资本及与之并列的土地的联盟对劳动的剥削关系。"在这个世界里，资本先生和土地太太，作为社会的人物，同时又直接作为单纯的物，在兴妖作怪。"② 这种社会关系形态是随生产力发展和社会语境的不同而不断发生变化的。具体而言，如果说资产阶级与无产阶级的对立在资本主义社会背景下不可避免，那么土地所有者阶级则会"暂时地同某一阶级相联合以反对另外一个阶级"③，这取决于哪一种联合能为其带来最大化的经济利益。事实上，在土地作为核心生产要素的封建社会，封建地主为了与工业资本家抗衡，曾与农业短工"联合"，通过将农业短工固定于土地之上，地主期望在与资本家的冲突中掌握一定主动性。故而，资产阶级、土地所有者阶级和无产阶级之间的社会关系与交往形式并不是固定不变的，但总的来看，在三者的关系中，土地所有者阶级更多扮演着协调资产阶级与无产阶级之间沟通或冲突的中介角色。

---

① 马克思：《资本论（第三卷）》，载《马克思恩格斯全集（第四十六卷）》，北京：人民出版社，2003 年，第 936 页。
② 《马克思恩格斯文集（第七卷）》，北京：人民出版社，2009 年，第 940 页。
③ （波兰）莱泽克·科拉科夫斯基：《马克思主义的主要流派（第一卷）》，唐少杰等译，哈尔滨：黑龙江大学出版社，2015 年，第 360 页。

综上所述，在马克思那里，资本主义社会三元关系的形成实际是由土地财产关系的变化衍生而来。他对资产阶级、无产阶级和土地所有者阶级之间三元关系的阐发，本质上仍是其阶级斗争观的延续，或者说三元关系归根结底就是资本积累与阶级斗争相互作用的具体表现形式。由此，不难发现，马克思三元关系论的立足点，在于以阶级斗争的二元构形作为三元关系得以建立的基础。甚至不妨说，马克思对社会关系三元结构的拆解，更多是为解释阶级斗争的二元矛盾提供补充。而这也是列斐伏尔思考空间三元关系的一个基本出发点。

三、列斐伏尔的空间三元辩证法与三元关系论

在列斐伏尔看来，压迫者与被压迫者的二元关系是资本主义城市社会关系的基本构形。如其所言："阶级斗争在空间生产中的作用非常重要，因为空间的生产是由阶级、阶级的分层和阶级的群体再现来完成的。今天，阶级斗争比任何时候都更铭刻于空间之中。"[1] 循此思路，资本主义城市社会中的阶级斗争，实际便是具体空间对抽象空间的空间主导权之争，两者分别由城市使用者和城市管理者掌控。而城市使用者和城市管理者之间的关系，在相当程度上即马克思笔下无产阶级与资产阶级关系的城市版本。在 20 世纪下半叶的发达资本主义社会，被压迫者对压迫者的斗争主要发生于

---

[1] Henri Lefebvre, *The Production of Space*. Translated by Donald Nicholson-Smith. Oxford: Blackwell, 1991, p. 55.

城市空间,"列斐伏尔定义了城市积极的、革命性的方面,它那被释放的压抑,已经是革命实践的一部分……与阶级斗争密切相关的激进行为需要一个真正解放的空间构成"①。

然而,尽管列斐伏尔认可阶级斗争在发达资本主义城市社会中所处的关键地位,并将二元关系视为资本主义城市社会关系的基本构形和矛盾根源,但他同时认为资本主义城市中的阶级斗争不能简化为某种二元论,如其所言,"即便对既定秩序的抗争和挑战总是可归之于'阶级斗争',但这种斗争不再可能被描述为统治阶级与被剥削、被压迫阶级之间领土之争的边界"②。基于此,列斐伏尔从马克思的三元关系论获得灵感。如前所述,马克思将资产阶级、土地所有者阶级、无产阶级,或他们分别代表的资本、土地和劳动要素视为现代资本主义社会的三元关系支柱。在三者中,作为社会关系之中介的土地则通常是资本和劳动所欲争取的对象。沿着这一思路,列斐伏尔也在抽象空间与具体空间、城市管理者与城市使用者的二元对立关系基础上寻求一个作为中介的第三方因素的参与,从而在空间尺度上建立一种三元关系模式。其空间三元辩证法/空间三元论正是由此应运而生。

如前所述,列斐伏尔的空间三元辩证法将空间划分为三种基本

---

① (美)马克·戈特迪纳:《城市空间的社会生产》,任晖译,南京:江苏凤凰教育出版社,2014年,第158页。
② Henri Lefebvre, *The Production of Space*. Translated by Donald Nicholson-Smith. Oxford: Blackwell, 1991, p. 418.

图式,即"空间实践""空间再现"和"再现空间"。其中,空间实践指的是"隐含在社会空间中的实践",即人们能够触碰和感知的实体空间,它"构建了生活的现实,包括联结场所和人的路线和网络"等,它在空间再现和再现空间之间起中介作用,正是由于空间实践的存在,空间关系从简单的二元关系上升为一种三元关系;空间再现指的是"概念化的空间"或"构想的空间",它是"由各种专业人士和技术官僚构建的空间……充满各种符号和行话……通常意识形态、权力和知识就潜伏其内",因此,空间再现在资本主义社会扮演着主导空间的角色;再现空间指的是"日常经验的空间"或"生活的空间",它是居住者和使用者的空间,是抵抗管理者的支配和占有行为的空间。[①] 由此可见,列斐伏尔所划分的三种空间图式,实际就是对马克思三位一体图式及其中隐含的资本主义社会生产关系的空间化表述。在此,空间再现与资本要素对应,空间实践与土地要素对应,再现空间则与劳动要素对应。

和马克思一样,列斐伏尔也在三种空间图式之间建立起一种辩证联系,并将三者归之于社会空间中的三种社会主体。如其所言,"资本主义的'三位一体'同样在空间中得以确立——土地-资本-劳动的三位一体不再是抽象的,而只有在一个三层制度空间中

[①] Andy Merrifield, *Henri Lefebvre: A Critical Introduction*. New York: Routledge, 2006, pp.109—111.

才能聚集起来"。① 换言之，资本主义的"三位一体"图式可以被空间化，由于"任何空间都意味着、包含着、掩饰着各种社会关系"②，因而无论是空间实践、空间再现，抑或是再现空间，都在资本主义社会空间中有其具体的指涉对象，并扮演着社会交往活动中的不同角色。

正如列斐伏尔所界定的那样，空间再现和再现空间在资本主义社会关系中分别指涉空间生产者和空间使用者。而在空间生产者与空间使用者之间，空间实践则发挥着不可或缺的连接、调解作用。诚如梅里菲尔德所言，空间实践同时"包含生产和再生产、概念和行动、构想以及生活……空间实践中介了构想与生活，使空间再现与再现空间团结却又分离"③。因此，列斐伏尔眼中资本主义社会关系的基本形态，是基于一种"三元决定"，而非简单的二元关系。资本主义社会关系的冲突本质，正在于空间生产者与空间使用者之间围绕空间实践展开的意义解释权之争，以及参与空间实践再生产的权利之争。在这个过程中，由于资本主义社会的空间生产者掌握空间生产的主导权，并推行一套以积累为核心、以一致性为掩护的意识形态操作，致使空间使用者在大多数情况下陷入沉默状态，忽

---

① Henri Lefebvre, *The Production of Space*. Translated by Donald Nicholson-Smith. Oxford: Blackwell, 1991, p. 282.
② Henri Lefebvre, *The Production of Space*. Translated by Donald Nicholson-Smith. Oxford: Blackwell, 1991, pp. 82—83.
③ Andy Merrifield, *Henri Lefebvre: A Critical Introduction*. New York: Routledge, 2006, pp. 110—111.

视自身参与空间生产的权利被剥夺的处境。

此外,列斐伏尔也注意到,资本主义社会的三元关系建构在其空间构造中有着具体的反映。他以整体层(G,global)、私人层(P,private)、媒介层(M,medium)区分这三类空间,说明三者之间的内在关联。在他看来,整体层代表"系统",它是社会主导权力在空间中的具体化,由统治者修建的公共空间如宫殿、庙宇均可归入此列;私人层代表"居民"与"地方",普通人居住的房屋,他们的一切私人生活空间都在该范围内;媒介层则是整体层与私人层之中间地带,它是连接两大层次的过渡地区,如城市道路等。而这三种空间分类又各自包含内部衍生的三种次空间分类,即"Gg;Gm;Gp""Mg;Mm;Mp""Pg;Pm;Pp"(如图5-1)。①

$$G \begin{cases} g \\ m \\ p \end{cases} \quad M \begin{cases} g \\ m \\ p \end{cases} \quad P \begin{cases} g \\ m \\ p \end{cases}$$

图 5-1 列斐伏尔的空间分类

对于资本主义社会的空间生产而言,尤其对于资本主义城市规划而言,这三类空间的部署和分配方式,将直接影响资本主义社会关系的建构与运作,进而形塑人们的社会交往活动。而在列斐伏尔眼中,东方世界与西方世界对于如何部署这三种层次之间的相互关

---

① Henri Lefebvre, *The Production of Space*. Translated by Donald Nicholson-Smith. Oxford: Blackwell, 1991, p. 155.

系,有着十分不同的倾向。如果说西方世界更注重整体层的公共空间,那么东方世界则更关注私人层的私人空间。①换言之,相较于西方世界而言,东方世界的空间部署更强调"栖居""沉思"和个体化的意义。尽管列斐伏尔对东方世界传统空间构造的想象不乏过度的理想化色彩,但在这里,我们也能看到他对一种健全的空间关系和社会关系的期望,建立在尊重私人空间、日常生活和个人的自由选择之上。只有个体化的、有能力沉思的人,才能从空间生产者营造的一致性幻象中挣脱,洞穿其本质,揭示他们试图掩盖的资本主义社会关系的矛盾与冲突,并将"沉默的使用者"聚集起来以挑战空间生产者的绝对权威。

而空间使用者与空间生产者的斗争,离不开媒介层,即各类过渡空间的串联与中介。如马克思所言,大工业为扩大积累、赢得竞争所建造的"大工业城市和廉价而便利的交通",也为无产者的联合创造了条件,战胜了"同这些孤立的、生活在每天都重复产生着孤立状态的条件下的个人相对立的一切有组织的势力"。②从当代语境来看,可以说新传播技术的引入和数字基础设施的建设,固然使资本主义城市管理者、空间生产者掌握了更有利于控制人们社会生活的工具;但另一方面,城市使用者也可以通过学习、使用新传播

---

① Henri Lefebvre, *The Production of Space*. Translated by Donald Nicholson-Smith. Oxford: Blackwell, 1991, p.159.
② 马克思、恩格斯:《德意志意识形态(节选)》,载《马克思恩格斯文集(第一卷)》,北京:人民出版社,2009 年,第 568 页。

技术，利用数字基础设施提供的便利，更充分地联合起来以对抗资本主义城市的增长主义意识形态及其对城市中人的因素的压抑。在此，新传播技术、数字基础设施、发达资本主义社会的城市空间构造都可被视为城市管理者与城市使用者之间的沟通中介，这使得城市传播关系从"管理者－使用者"的简单二元关系，转变为"管理者－技术/实体空间/第三方－使用者"之间的三元关系。这一三元关系图式，理应成为我们理解城市传播关系的基本出发点。实际上，在经典传播学理论中，亦不难捕捉到过往传播学者有关三元关系的观点，这甚至可以追溯到早期传播学者从二元传播关系走向三元传播关系的认识论转变。

四、从二元传播关系到三元传播关系

传播学研究中对传播模式演进历程的学术史叙事，几乎都遵循了一条从单向到双向，再到多向的传播关系的叙事线索。哈罗德·拉斯韦尔（Harold Lasswell）提出的"5W"模式，直至今日仍然被视为划分人类传播活动类型的重要理论依据。在"5W"模式中，信息发送者和信息接收者之间仅仅存在信息传受的单向关系，两者之间并无互动。在这里，传播关系被简化为一种不平等的二元关系，信息发送者的权力凌驾于信息接收者之上。正因如此，有学者认为主导早期传播学传播观念的"皮下注射"说便是由拉斯韦尔始,他试图"以此表示被动受众承受的影响"①。另一种在早期传播学史叙事中经常被提及的传播模式,即克劳德·香农(Claude Shannon)和沃伦·韦弗(Warren Weaver)提出的传播过程的数学模式。该模式同样将传播过程归纳为五个阶段,即"信源→发射器→信道→接收器→信宿"。不难看出,在该模式中,信源和信宿之间仍然处于一种相互隔绝的状态,香农、韦弗和拉斯韦尔一样,并未将信息发送者和信息接收者之间的双向互动考虑进去。丹·席勒(Dan Schiller)就此指出,将这种传播模式引入传播学正统叙事之中的做法,实则是强化了一种"脱离社会关系才能研究传播过程"的信念。② 在这种二元关系中,作为主体的信息发送者与作为客体的信息接收者截然二分,后者作为被动接收信息的对象,在传播过程中的等级地位明显处于掌握传播主动权的信息发送者之下。

相较于以上提到的两种单向传播模式,卡茨和拉扎斯菲尔德提出的两级传播模式,实际上已认识到信息传播并非从信息发送者到信息接收者的直接传递过程,在两者之间还有"意见引领者"这一第三方主体发挥着中介作用,人们"对任何媒体讯息的反应和回应将不会是直接即时的,而是经社会关系的中介并受到影响的"③。换

---

① (法)埃里克·麦格雷:《传播理论史》,刘芳译,北京:中国传媒大学出版社,2009年,第36页。
② (美)丹·席勒:《传播理论史》,冯建三、罗世宏译,北京:北京大学出版社,2012年,第85页。
③ (英)丹尼斯·麦奎尔、(瑞典)斯文·温德尔:《大众传播模式论》,祝建华译,上海:上海译文出版社,2008年,第57页。

句话说，由媒体机构生产和传播的信息并非直接传达给信息接收者，而是经由"意见引领者"的解释和转播，方才对他们产生影响。这意味着信息传播过程是一个两级过程，在此两级过程中又牵涉到三个不同的社会主体。然而，归根结底，两级传播模式仍然是一种单向传播模式，尽管它明确了传播过程中中介性角色的存在，但并未注意到三者之间相互影响的可能。

与此相比，C. E. 奥斯古德（C. E. Osgood）和施拉姆构建的传播模式则主要以信息传受主体间的互动、循环为特点，"主要关心传播过程中各主要行动者的行为"①。在此，信息发送者和信息接收者不再彼此隔绝，两者作为传播过程的重要构成单元相互影响，乃至互为转化。与此同时，奥斯古德和施拉姆也不再将信息传播主体的角色和功能限制在信息发送与接收的二元关系范围内；相反，在他们那里，信息传播主体扮演着三重角色，即编码者、释码者、译码者。由此，一种三元传播关系的雏形便显露出来，它超越了二元对立式的思考人类传播关系的方式，而将作为中介的第三方引入进来。并且，三者间地位平等、互相依存，信息发送方和信息接收方之间的权力关系被淡化，前者不再凌驾于后者，后者也不再被视为被动的客体。

在主流的经验主义传播研究之外，三元传播关系也在范围更广的人本主义传播研究或传播批判理论中有所反映。尽管人本主义传

---

① （英）丹尼斯·麦奎尔、（瑞典）斯文·温德尔：《大众传播模式论》，祝建华译，上海：上海译文出版社，2008年，第18页。

播学者或传播批判理论学者大多将二元对立视为资本主义社会信息生产与传播的基本关系结构,但他们也积极寻求推翻这种二元对立关系的途径。约翰·杜威(John Dewey)便尝试以民主教育的手段消除二元对立之势,在他看来,"人们由于彼此有共同点而聚为社群;社群中的人因为能相互沟通而有共同之处……沟通即要使人与自己达成共识,就必须激发对方与自己相似的感性与知性意向"。①换言之,在杜威看来,一种民主的传播关系的基础应当是传、受双方之间基于"共识"的互惠与合作,而非对立与对抗。而实现互惠与合作的前提,则在于传、受双方能够共享一种理念或信仰。在这一点上,凯瑞的传播仪式观便着力于"将人们的注意力从简单地传输信息转向传输共同经历、共同参与和创造性地表达"②。正如凯瑞在界定传播仪式观的含义时所言:"传播一词与'分享''参与''联合''团体'及'拥有共同信仰'这一类词有关……传播的'仪式观'并非直指讯息在空中的扩散,而是指在时间上对一个社会的维系;不是指分享信息的行为,而是共享信仰的表征。"③这意味着人与人之间的沟通过程,不仅仅是两个主体之间直接的信息传递过程,在此过程当中,还应有一种两者共同认可的信念体系作为中介,他们只有通过共享这一信念体系,并在其调解之下,才能完成

---

① (美)约翰·杜威:《民主与教育》,薛绚译,南京:译林出版社,2014年,第4页。
② (澳)马克·吉布森:《文化与权力》,王加为译,北京:北京大学出版社,2012年,第158页。
③ (美)詹姆斯·W. 凯瑞:《作为文化的传播》,丁未译,北京:华夏出版社,2005年,第7页。

意义的传播。

埃里克·麦格雷（Éric Maigret）则明确摒弃了"二元对立的传播定义"，而"把传播看成一个我们永久居住的三维空间"。① 他对这种"三维空间"及其中蕴含的三元传播关系的设想，受到了符号学家皮尔斯的符号三分法的启发。在皮尔斯那里，符号被构想为一种三元综合体，它由再现体、对象和解释项构成。其中，再现体是指"一个将观念传达给心灵的载体"，对象是指"符号所指涉的事物"，而解释项则指"另一个对符号进行解释的观念"。② 换言之，皮尔斯将符号意义的形成划分为三个相互依存的阶段，即符号的生产、中介物以及符号的消费，它们分别对应传播过程中的三个不同主体，即发送者、符号文本与解释者。由这三者构建起的三元传播关系，可概括为"传播发送者与解释者之间借助符号探寻共同解释项的互动过程"③。也就是说，这种三元传播关系的目的在于获取一种能够在发送者与解释者之间达成平衡的共识，其中介手段便是对符号的解释。而在皮尔斯看来，符号意义的确定最终是以解释者的意义解释为中心，发送者则更多起一种引导作用。由此，皮尔斯的符号三分法便不仅动摇了"以'传—受'关系为核心的传统二元传播观"，更开创了"以意义生产与协商为核心的三元传播关系"，并

---

① （法）埃里克·麦格雷：《传播理论史》，刘芳译，北京：中国传媒大学出版社，2009 年，前言第 3 页。
② Mark Gottdiener. "Semiotics and Postmodernism," In David R. Dickens & Andrea Fontana, eds. *Postmodernism and Social Inquiry*. London: UCL Press, 1994, p. 160.
③ 赵星植：《论皮尔斯符号学中的传播学思想》，《国际新闻界》2017 年第 6 期。

且"完全站在了传播接受的这一方"。①

此外,韦恩·伍德沃德(Wayne Woodward)于1996年发表的《三元传播:作为交互性参与》("Triadic Communication: As Transactional Participation")一文中就"三元传播"这一概念进行了专门探究。伍德沃德的"三元传播"概念主要关注人类传播实践作为一种"中介化"活动的展开过程,他尤其强调人与物质环境的交互如何为人类传播关系的构造奠定根基。为了追踪这种"知识"或"经验"的产生过程,伍德沃德从符号学、社会学及符号互动论中汲取灵感,归纳出人类传播实践所依托的"三元领域"(triadic field),即"语言与技术""社会关系/个人和集体文化""物理/人工基础设施"。"三元领域"在人类传播实践中的关系表现为:"同语言与技术相关的中介活动,使人们能够与物理/人工基础设施进行交互,从而产生社会关系以及个人和集体文化。"②

伍德沃德的"三元传播"论比较明显地受到德布雷(Régis Debray)媒介学理论的影响。③ 在德布雷那里,所谓"中介",是

---

① 赵星植:《论皮尔斯符号学中的传播学思想》,《国际新闻界》2017年第6期。
② Woodward, W., "Triadic Communication: As Transactional Participation," *Critical Studies in Media Communication*, vol. 13, no. 2, 1996.
③ 作为北美学界关注媒介学理论较多的学者之一,伍德沃德曾为一部法语德布雷研究文集撰写文章,探讨德布雷的媒介学理论同北美学界传播与媒介研究之间的对话和联系,从中可见伍德沃德对媒介学的理论观点颇为熟悉。参见 Woodward, W., "Dialogue Transatlantique: Harold Innis, James Carey et le project médiologique (North American Voices Speak to mediology: Harold Innis, James Carey and the mediological project)," translated by Stéphane Spoiden, in Spoiden, S., ed., *Régis Debray et la médiologie*, Amsterdam: Rodopi, 2007, pp. 73—87.

"使两者发生关系的第三者",没有这个"处于中间,介入两者之间"的"第三者",则"关系就不会存在"。① 由此可见,德布雷业已将人类传播关系理解为一种三元模式。其中,作为"第三者"的"中介",在传播关系的两造之间发挥着必不可少的"连接桥梁的作用"。② 德布雷也将"第三者"指涉的对象范围延伸至物质现实的领域,即整个物质环境皆可作为传播关系中的"中介"或"第三者":"一个咖啡馆、一次研讨会、一座科学研究院,在各种机会条件下,只要是用来作为一个组织集体变化的载体,作为某种思想形成的模式,都可以承担'中介'的功能。"③ 正是在这一点上,德布雷的媒介学理论也可为城市传播研究对城市三元传播关系的构想提供灵感。

五、城市传播中的三元传播关系

在过往城市研究者的论述之中,"冲突"作为"交往形式和交往关系的一种表现"④,常常被视为理解城市社会关系的一个重要切入点。如西美尔便注意到资本主义城市社会关系中冲突与分化的无

---

① (法)雷吉斯・德布雷:《媒介学引论》,刘文玲译,北京:中国传媒大学出版社,2013年,第122页。
② (法)雷吉斯・德布雷:《媒介学引论》,刘文玲译,北京:中国传媒大学出版社,2013年,第123页。
③ (法)雷吉斯・德布雷:《媒介学引论》,刘文玲译,北京:中国传媒大学出版社,2013年,第129页。
④ 殷晓蓉:《城市冲突研究中的学科交融——以传播"关系"和"意义"为导向》,《杭州师范大学学报(社会科学版)》2016年第2期。

所不在。在他看来，冲突是"既存在于政治语境又存在于经济语境的相互作用的一般性或者纯粹形式，这种形式可以通过不同的方式得到表述，对应着不同的内容"①。在城市社会交往中，冲突则主要反映在人与人之间日益加剧的分化层面，这表现为"非个人性、超然、孤独、支离破碎的友谊、关系的商品化，最重要的，还有边界的意义"②。这也导致相互分离的社会群体各自把自己固定在某一特定城市空间范围内，进而造成城市空间内部不同地方的割裂与冲突。

如果说西美尔对城市冲突的观察主要是从城市居民自身的交往活动展开，那么马克思则将城市冲突置于资本主义社会资本积累与阶级斗争相互作用的背景下进行分析，将城市本身视为孕育阶级斗争的温床。如其所言："一切历史冲突都根源于生产力和交往形式之间的矛盾。"③ 循此思路，资本主义城市中的社会冲突，实则缘起于资本主义社会生产力与城市社会生产关系之间的深刻矛盾。具体而言，资本主义工业城市的经济增长虽然为资产阶级统治者带来了巨大财富，但掌握工业城市主导权的资产阶级统治者却并未将此便利充分惠及于普通人身上。这造成资本主义城市中精英与平民、资

---

① （英）安杰伊·齐埃利涅茨：《空间和社会理论》，邢冬梅译，苏州：苏州大学出版社，2018年，第39页。
② （美）艾拉·卡茨纳尔逊：《马克思主义与城市》，王爱松译，南京：江苏教育出版社，2013年，第19页。
③ 马克思、恩格斯：《德意志意识形态（节选）》，载《马克思恩格斯文集（第一卷）》，北京：人民出版社，2009年，第567—568页。

产阶级与无产阶级之间的鸿沟不断扩大,资本主义社会从封建社会继承来的等级制框架越发严苛地挤压着无产阶级的生存空间。这最终促使无产阶级联合在一起,反抗资产阶级的剥削与奴役。当然,如前所述,马克思的社会关系观最终呈现为一种三元关系模式,资本、土地、劳动对于塑造资本主义社会关系而言缺一不可,但这种三元关系模式最终总会回到二元构形的基础之上。资本主义社会的城市社会关系亦是如此,在这里,"冲突和联盟建设一直是城市生活的一部分。然而,基本的斗争仍然存在于资本和劳动力之间"①。

因此,我们对三元传播关系的强调,并不意味着要彻底抛弃二元构形在城市社会关系中占据的基础地位。对三元传播关系的理解,最终仍要落脚于城市社会的二元冲突问题上。如列斐伏尔便指出,"社会空间的结构二元性"支撑着"三元决定","二元性在社会空间的每一次连续重铸中重复出现,在这个过程中获得新的意义,并始终服从于整体运动"。② 基于此,"二元性"可以说是三元传播关系的支柱,它所反映的控制与抵抗、整体与个人的二元关系,亦是资本主义城市社会关系建构的落脚点。

如吉布森、洛韦思便认为,城市精英与草根之间的对立关系影响着"城市活力"或"城市美好生活"的含义界定和表现形式。一

---

① (美)马克·戈特迪纳、雷·哈奇森:《新城市社会学》,黄怡译,上海:上海译文出版社,2018年,第110页。
② Henri Lefebvre, *The Production of Space*. Translated by Donald Nicholson-Smith. Oxford: Blackwell, 1991, p.411.

方面，城市管理者试图以经济增长为依归定义"城市活力"；另一方面，城市居民则通常基于已有的城市生活经验，以及他们在城市事务中的参与程度来界定"城市美好生活"。故而，"精英建设城市的努力往往必须与草根的'城市美好生活'定义相斗争，并且需要合理地取用和分配当地资源"①。可见，吉布森和洛韦思眼中的城市传播关系主要立足于城市管理者与城市使用者之间的二元关系。但与此同时，他们也注意到城市传播关系中第三方因素即作为"当地资源"的城市空间实践的存在与影响。因此，如果我们仅从二元对立角度理解城市传播关系，那么必然会忽视在对立的两者之间的第三方因素所发挥的中介作用。

用德布雷的话说，"中介，或者说使两者发生关系的第三者，如果没有这个作为第三者的中介，这种关系就不会存在"②。就此，孙玮也曾提出，我们对城市传播关系的认识应当建立在"构成主客体的中介化实践"的基础之上。在此，"传播"（广义的或狭义的）成为人们彼此之间产生联系的唯一方式，"传播"的介入颠覆了二元对立的现代性图式，"传播与主体、客体的关系反转了，传播是主体的存在方式，是构成主体的方式，是主客体得以显现的实践场域……没有传播，就没有主体、客体"③。

---

① Timothy A. Gibson & Mark Lowes, eds. *Urban Communication*: *Production*, *Text*, *Context*. Lanham: Rowman & Littlefield, 2007, pp. 10—11.
② （法）雷吉斯·德布雷：《媒介学引论》，刘文玲译，北京：中国传媒大学出版社，2013年，第122页。
③ 孙玮：《城市传播：重建传播与人的关系》，《新闻与传播研究》2015年第7期。

由此，城市传播关系便从二元对立关系转变为"主体/客体－传播－主体/客体"的三元传播关系。而相较于经验主义传播学者仅仅将作为中介的传播要素理解为承担信息传递任务的大众媒体机构，我们更应扩大视野、拓宽媒介含义，尤其应认识到城市空间本身在城市传播活动中扮演的传播中介角色。如麦夸尔便将当代城市视为一种"媒体－建筑复合体"，它既是"麦克卢汉所说的环境"，又是"基特勒所说的'介质'"。① 因此，城市不仅连接了城市社会中的不同主体，为人们的社会交往活动提供背景，同时城市空间本身也介入人们的社会交往活动当中，以自身为中介聚合城市中持不同立场的个人或群体。

　　但这也衍生出我们思考城市传播关系时所面临的核心问题，即作为中介的城市空间的主导权应当由哪一方掌握？这一问题也是空间理论学者将三元传播关系的基础确定为一种二元构形的原因所在。因为对城市空间主导权的争夺，必然会使处于社会关系两极的城市管理者与城市使用者陷入矛盾与冲突之中。诚如克劳斯·布鲁恩·延森（Klaus Bruhn Jensen）所言："无论是从整体上而言的传播的物质与社会条件，还是具体而言的现代媒介，它们都拥有着极其重要的地位。也正因为此，无论是在理论语境还是实践语境中，

---

① （澳）斯科特·麦奎尔：《媒体城市》，邵文实译，南京：江苏教育出版社，2013年，前言第1—2页。

它们总是成为不断被争夺的目标。"① 孙玮、潘霁则立足于中国城市发展的现实语境，提出"在当前中国的城市化进程中，围绕着'空间'的战争正在持续性地展开。这场空间争夺战的实质是列斐伏尔所言的'城市权'问题：谁掌控城市发展方向，什么才是美好城市的内涵"②。

基于此，城市传播研究对三元传播关系的理解，可以说是对列斐伏尔空间三元辩证法的延伸。如前所述，在列斐伏尔那里，城市社会关系表现为"空间再现/空间生产者"与"再现空间/空间使用者"围绕空间实践展开的斗争。在资本主义社会，空间再现作为社会主导力量，通过掌握和支配空间生产过程对再现空间进行控制，而当这种控制发展到个体无法忍受的程度时，即这种社会生产关系无法再适应城市生产力发展时，再现空间便反过来通过城市社会运动等种种方式夺取城市权利、参与空间生产，以具体空间、差异空间对抗资本主义社会的抽象空间、同一空间。这一空间三元关系显然也可被用来解释当代城市的城市传播关系，因为它们均以空间争夺为线索，将三元关系建立在二元构形之上。

而从三元传播关系的角度来看，城市管理者与城市使用者之间作为中介的第三方，其地位类似于黑格尔的"物质现实"、马克思

---

① （丹）克劳斯·布鲁恩·延森：《媒介融合》，刘君译，上海：复旦大学出版社，2012年，第42页。
② 孙玮、潘霁：《空间争夺战——中国大城并区的媒介话语分析》，《探索与争鸣》2016年第10期。

的"土地"、列斐伏尔的"空间实践"。在城市传播语境中,这一第三方因素可以是具体的公共场所或虚拟的网络空间,也可以是某个在两极之间居中调节的群体、机构或个人。

第三节 三元传播的乡村实验:借鉴梁漱溟的乡村关系论

一、三元传播关系中的第三方

当下,越来越多的城市传播学者开始有意识地"将城市建成环境本身作为一种传播媒介。城市的砖块和灰泥在某种程度上是可沟通的,因为它们塑造、限制并最终中介个人和社区的日常生活"[1]。在此观点背后,存在一种超越"人类中心主义"传播观的预设,即一改过往传播研究将人视为传播活动唯一参与者的论断,而把物质对象、物质环境提升为传播活动的行动者一员。

但这显然不意味着以人为中介的传播活动在今天已不再具有考察价值。正如马克思将资本、土地、劳动的三元关系具体化为资产阶级、土地所有者阶级和无产阶级三种人类主体之间的关系一般,城市三元传播的参与者也可以具体到人的层面,其最常见的三种参与者类型,即城市管理者、城市使用者,以及介于两者之间的第三

---

[1] Greg Dickinson & Giorgia Aiello, "Being Through There Matters: Materiality, Bodies, and Movement in Urban Communication Research," *International Journal of Communication*, vol. 10, 2016.

方。在此，城市管理者与城市使用者竞争的目标，便是"赢得一个或多个第三方的偏爱，竞争以这样的方式迫使竞争双方都尽可能地接近那个第三方"①。

如哈贝马斯（Jürgen Habermas）所言，"人际关系是由言语者、听众和当时在场的其他人所具有的视角系统构成的，这些视角相互约束、相互作用"；其中，"当时在场的其他人"即人际关系中的"观察者"，他以一种"纯粹客观化"的立场"面对世界中的实体"，"观察者视角即便已经具有反思性，也会导致客观化。从第三人称角度来看，不管是向内看还是向外看，一切都必然会成为对象"。② 这意味着"观察者"在人际互动中扮演的角色明显不同于作为参与者的"言语者"或"听众"，他处于一种看似中立的"客观性"视角，并在此基础上作为第三方调节"言语者"和"听众"之关系。

而在城市传播活动中，"观察者"在人际互动过程中倾向于"言说者"或"听众"、城市管理者或城市使用者之间的哪一方，将最终决定城市社会如何再现自身，"如果城市始终是一幅自为的景象，并不是因为观察者意识到了一幅外在于现实的画面，而是因为他的一瞥使其整合为一体。这恰恰就是都市形式被揭示了出来"③。

---

① （德）西美尔：《金钱、性别、现代生活风格》，顾仁明译，上海：华东师范大学出版社，2010年，第111页。
② （德）于尔根·哈贝马斯：《现代性的哲学话语》，曹卫东译，南京：译林出版社，2011年，第348页。
③ （法）亨利·列斐伏尔：《都市革命》，刘怀玉、张笑夷、郑劲超译，北京：首都师范大学出版社，2018年，第134页。

在这里，城市观察者发挥的作用正是列斐伏尔眼中介于"意识形态和栖居二者之间的（混合的）媒介"的作用，他处于一个"适于斗争的领域……它不会成为目的，除非它临时性地代表某种战略"。① 由此，城市观察者就成为城市传播中的"人类中介者"，他既可以如同桥梁一般"连接两岸"，也可以"在两岸之间拉开距离"。②

基于此，我们可将一切介于城市管理者与城市使用者之间的第三方归入城市观察者行列，譬如在城市空间生产过程中发挥重要影响的专业知识分子便可被视为城市观察者一员。需要注意的是，尽管在先前论述中，我们多将专业知识分子归之于发达资本主义社会城市管理者的统治同盟，但如果抛开发达资本主义社会的特定语境来看，包括规划师、建筑师、城市研究者在内的专业知识分子群体，在城市传播关系中首先应作为具有"客观性"的城市观察者存在，他们并非自然而然地依托、仰赖城市管理者及其统治权威而活动，他们也可能会受城市使用者影响，进而为后者争得城市权利提供方便。

城市观察者的这种灵活性、不确定性特点，将在后文论述乡村传播关系中的知识分子作用时得到进一步展现。而对乡村传播关系中知识分子作用的考察，也将有助于我们明确城市观察者在城市传

---

① （法）亨利·列斐伏尔：《都市革命》，刘怀玉、张笑夷、郑劲超译，北京：首都师范大学出版社，2018年，第100页。
② Georg Simmel, *The Sociology of Georg Simmel*. Translated by Kurt H. Wolf, Glencoe: The Free Press, 1950, p.129.

播关系中应当发挥何种中介作用。

二、从乡村理解城市

相较于规模庞大、人口流动性强的城市社会，规模相对较小、人员较为固定的乡村社会为三元传播关系的践行提供了一方天然的试验场所。如列斐伏尔所言："在世界上所有有历史的地方，城市都是伴随着或跟随着农村出现的。耕地、农村以及农村文化慢慢分泌出都市的现实。"① 乡村与城市的关系，表现为"耗散性边缘"与"凝结性中心"的关系②，而只有边缘与中心、乡村与城市的结合，才构成我们生存于其中的"整个空间"③。因此，当空间理论学者从马克思主义立场审视和批判资本主义城市社会时，也并不否认乡村这一城市发展的"先决条件"的必要性，如戈特迪纳所言，"马克思的分析方式提出，对由发达资本主义带来的一种变革的认识应该从农业开始"。④

由此观之，对资本主义城市社会关系的认识，也可从乡村社会关系中获得灵感。如谢静所言："城市既是不同于乡村的一种生活

---

① （法）亨利·列斐伏尔：《都市革命》，刘怀玉、张笑夷、郑劲超译，北京：首都师范大学出版社，2018年，第10页。
② （美）爱德华·W. 苏贾：《后现代地理学》，王文斌译，北京：商务印书馆，2004年，第51页。
③ （法）亨利·列斐伏尔：《空间与政治》，李春译，上海：上海人民出版社，2015年，第105页。
④ （美）马克·戈特迪纳：《城市空间的社会生产》，任晖译，南京：江苏凤凰教育出版社，2014年，第239—240页。

方式，又是联系城市和乡村的一种中介机制……（城市传播）在一定程度上甚至包含了部分被认定的乡村传播。"① 实际上，乡村传播学者在观察和思考乡村社会的传播关系时，也注意到以一种简单二元对立模式解释复杂乡村传播现象的局限性。如沙垚便依据乡村田野调查的经验，指出："化解二元矛盾的最佳方式是引入第三方力量，从而将二元关系撑开为三元乃至多元。"② 因而，我们对城市三元传播关系的设想，理应可以借鉴乡村传播关系的构造方式。基于此，本节将目光转向乡村，具体而言，即转向20世纪上半叶的中国乡村建设运动，通过借鉴时人对乡村三元传播关系的理想构造，尝试为理解当代城市传播关系提供一种新思路。

20世纪上半叶，一批城市知识分子苦恼于时局动荡、城市混乱无序，而投身于对中国乡村社会的建设、改造运动，以期在乡村建设实践中发现改良中国社会的道路。相较于其他乡村建设运动推动者，梁漱溟的乡建思想更为看重理论建构的分量，其乡建实践也最为成熟、完善。如颜炳罡所言："在20世纪所有乡村建设运动中，理论体系最为系统、组织最为完备、规模最大、影响力最为持久者，当属梁漱溟在山东从事的乡村建设运动。从某种意义上说，梁漱溟已经成为'乡建派'的代名词。"③ 艾恺（Guy S. Alitto）也

---

① 谢静：《连接城乡：作为中介的城市传播》，《南京社会科学》2016年第9期。
② 沙垚：《可沟通关系：化解乡村振兴多元主体关系的内在张力——基于A县的田野观察》，《新闻与传播研究》2023年第8期。
③ 颜炳罡：《人类文明的中国模式何以可能——梁漱溟乡村建设理论的实质及其当代意义》，《文史哲》2021年第4期。

曾指出:"虽然梁漱溟在邹平的工作无法代表乡建运动的方方面面,但他是这场运动的唯一真正的思想家,并且也只有他提出了一套系统周详的理论。"①

与此同时,在20世纪上半叶一众乡建思想家中,梁漱溟对乡村传播关系的思考也显得最为深入、透彻,他明确地将中国实现现代化的希望寄托于"不断调整社会关系"之上。② 他坚信能够通过知识分子的介入在乡村社会中重建一种中国传统的、区别于西方功利主义的人际关系模式,即在相互交往中"讲求'信'与'礼',即是信任彼此、崇敬对方"。③ 温铁军因此称他是"中国体现儒家思想从事乡村建设研究的第一人",而其试图以"儒学思想"处理的关键问题之一便是乡村中人与人的关系问题,他"强调的是共同体的共同利益,关注我们这个社会形成一个良性发展的基础"④,这是因为"儒家特别相信个人周遭的交游环境有助于个人内心的迁化向善"⑤。故而,当我们尝试在城市传播层面借鉴20世纪上半叶乡建运动经验时,最需要关注的正是梁漱溟的乡建思想和实践。他对乡

---

① (美)艾恺:《最后的儒家:梁漱溟与中国现代化的两难》,王宗昱、冀建中译,北京:外语教学与研究出版社,2018年,第260页。
② 艾恺指出,"'不断调整社会关系'这句话在梁漱溟的全部著作中反复被提到,它类似于甘地所谓的用'转变社会关系'的途径来解决社会矛盾"。参见(美)艾恺:《最后的儒家:梁漱溟与中国现代化的两难》,王宗昱、冀建中译,北京:外语教学与研究出版社,2018年,第217页。
③ 聂石重:《梁漱溟乡村建设实践的文化向度与社会基础》,《兰州学刊》2021年第5期。
④ 温铁军、(美)艾恺:《立足乡土 认识乡土 复兴社会》,《中国投资》2014年第1期。
⑤ (美)艾恺:《最后的儒家:梁漱溟与中国现代化的两难》,王宗昱、冀建中译,北京:外语教学与研究出版社,2018年,第30页。

村传播关系的认识和构造,也对我们推进城市传播关系建构具有积极的借鉴价值。

三、乡村传播与梁漱溟的乡村三元关系论

在梁漱溟的乡建思想中,知识分子作为中国传统的"士人",被视为乡村传播关系的重要一环,他们为"乡治"的推行提供了不可或缺的支撑。在梁漱溟那里,知识分子被视为乡村传播关系中的"第三方",其在国家统治者与平民之间起一种中介作用。而知识分子或者说士人的这种中介作用,对中国传统社会秩序的维持来说必不可少。如梁漱溟所言:"中国旧日社会秩序之维持,不假强制而宁依自力……然强制虽则少用,教化却不可少……教化所以必要,则在启发理性,培植礼俗,而引生自力。这就是士人之事了。"① 换言之,中国传统知识分子通常在乡村传播关系中扮演着一个"教化者"的角色,知识分子的农民教育活动一方面是帮助统治者维持乡村社会安定的手段,另一方面也是使农民自身社会权利能够得到保障的必要前提。只有提升农民对现实问题的理解能力,增进其理性与主动性,乡村社会才能避免依附于统治者的掌控,达到"自力"的程度。因此,尽管中国传统知识分子常被视为统治集团的利益同盟,但他们实际上仍将"为民请命"视为自身的社会责任之一,"他们视自己家乡的福利增进和利益保护为己任。在政府官员面前,

---

① 梁漱溟:《中国文化要义》,上海:上海人民出版社,2005年,第182页。

他们代表了本地的利益"①。

梁漱溟进而将中国传统士人/知识分子视为在君主/统治者与众庶/农民之间的中介者，"历史上中国社会的秩序还是君主统治的局面，士人则介于君主与众庶之间以为调节缓冲"（如图 5-2）。②

$$\boxed{\text{君主} \leftarrow \text{士人} \leftarrow \text{众庶}}$$

图 5-2　君主、士人、众庶的三元关系

在此，士人即"中国的儒者"，作为"人与人之间的媒介"③，其所发挥的调节作用不仅在于教化民众，同时也需在君主面前为民众谋求福祉。士人的存在使得位于权力关系两极的君主与民众拥有了相互沟通、了解的管道，尤其在乡村传播关系中，当君主权势无法直抵基层，而农民利益又难以上达朝堂之时，士人的串联和中介作用便更为凸显。如梁漱溟所言：士人"一面常提醒规谏君主，要他约束自己……一面常教训老百姓要忠孝和睦，各尽其分……如是，就适合了双方的需要而缓和了他们的冲突"④。正是在此基础

---

① 张仲礼：《中国绅士：关于其在 19 世纪中国社会中作用的研究》，李荣昌译，上海：上海社会科学院出版社，1991 年，第 54 页。
② 梁漱溟：《乡村建设理论》，上海：上海人民出版社，2006 年，第 41 页。
③ （美）杨联陞：《中国文化中"报""保""包"之意义》，贵阳：贵州人民出版社，2009 年，第 151 页。
④ 梁漱溟：《乡村建设理论》，上海：上海人民出版社，2006 年，第 42 页。

上，梁漱溟时常强调知识分子推动乡村与外界"内外相通，上下相连"①之必要，并由此极力提倡乡农学校、村学、乡学建设，深化乡村教育的方法与内容。

在梁漱溟看来，实现"上下通气"不仅是构建稳定、和睦的乡村传播关系的重要条件，同时它也可被拓展为解决20世纪上半叶中国社会问题的根本手段。梁漱溟指出：推动中国社会变革的动力，一者是吸收了先进科学知识的"知识分子发动者"，一者是自我封闭、无知而盲动的"农民发动者"，他们分别构成推动中国社会变革的上层动力和下层动力。而近代中国历史则显示出这两种动力之间相互乖离、"上下不相通"的状况，"在下层动力固盲动而无益于事，在上层动力，以其离开问题所在而纯秉虚见以从事"②，这导致近代中国社会问题始终未能得到根本解决，反而越发混乱芜杂。而梁漱溟构想的连接上层动力与下层动力以解决中国社会问题的手段，则在于"革命的知识分子"的介入。

"革命的知识分子"既不同于那种脱离乡村实际而空谈社会问题的新式知识分子，也不同于缺乏科学知识储备和开放视野的旧式

---

① 梁漱溟在这里所认识的"外界"已不单单限于凌驾在乡村之上的统治者。19世纪以来的时代巨变，中西文化、科学与传统的激烈碰撞，尤其是国内军阀混战的混乱局面，已促使梁漱溟将知识分子所串联的对象从君主与众庶，转向东方与西方、传统与现代、乡村实际与学术研究。但不可否认的是，在梁漱溟那里，无论"内"与"外"、"上"与"下"各自的指涉对象发生何种变化，知识分子在乡村传播关系中的中介性作用仍一以贯之。参见梁漱溟：《乡村建设大意》，北京：中华书局，2018年，第123页。
② 梁漱溟：《中国问题之解决》，载梁漱溟：《梁漱溟乡村建设文集（一）》，北京：中国社会科学出版社，2018年，第279页。

农民领袖，他的定位介于两者之间，同时又擅于融合两者长处。最重要的是，"革命的知识分子"能够"下乡间去，与乡间居民打并一起而拖引他上来"①。而所谓"拖引"的方向所在，就是将农民从传统拖至现代，使其摆脱东方文化桎梏，吸取西方文化精髓。② 钱理群因此认为，在梁漱溟眼中，乡村知识分子的主要作用便在于"沟通"，既沟通科学与传统，也沟通西方与东方，其精神发展路径表现为"首先要'走出乡村'，这样才能'与西洋文明接气'，并产生改造与建设乡村的要求；然后，又要'回到乡村'，'建设新社会'，同时也找到自我生命的归宿。正是在这一'出'一'回'之间，'完成东西方文明的沟通工作'，实现了知识分子的使命"③。

由此可见，梁漱溟在构思和推广其乡村建设思想时，始终将农民的切身利益置于"革命的知识分子"的关注重心。亦即说，在梁漱溟笔下，"革命的知识分子"虽是连接上层动力与下层动力的中介，但他们的主张和举措应当始终向下层农民的诉求靠拢。如其所言，"知识分子不能左右乡下人，而乡下人能左右知识分子。表面

---

① 梁漱溟：《中国问题之解决》，载梁漱溟：《梁漱溟乡村建设文集（一）》，北京：中国社会科学出版社，2018 年，第 278 页。
② 梁漱溟将西方文化的长处概括为"三大特异彩色"，即"征服自然之异采""科学方法的异采""德谟克拉西（democracy）的异采"。但梁漱溟所主张者并非全盘西化，而是强调中西融通，因为"中国文化那善于调节人与人关系和人与自然关系的长处，又特别适合工业发达社会"，故而在他看来，中西精神的沟通调和才是解决中国问题的关键。参见梁漱溟：《东西文化及其哲学》，上海：上海人民出版社，2006 年，第 58 页；罗志田：《文化翻身：梁漱溟的憧憬与困窘》，《近代史研究》2016 年第 6 期。
③ 钱理群：《梁漱溟乡村建设思想及其当代价值》，《中国农业大学学报（社会科学版）》2016 年第 4 期。

上也许乡下人听知识分子的话;实际上知识分子要为乡下人尽力,真能代表他的要求,他才听你的",在此基础上,"以知识分子为媒介,而农民亦不难广大联合起来"。① 由是观之,在梁漱溟的乡村建设实践中,"革命的知识分子"作为一个紧密团结的整体为居于乡村传播关系"下端"的农民发声。如果说"空间实践"尚且会在"空间再现"与"再现空间"之间摆动,那么"革命的知识分子"则始终以融入乡村、联结农民作为其在乡村与国家、传统与现代、东方与西方之间发挥中介作用的必要前提。在这个意义上,可以说,参与乡村建设的"革命的知识分子"具有更为强烈的文化研究式的"介入"意识和"述行"精神,亦即"在实际介入在地空间的同时也持续与理论论述进行对话"。这也可以为我们思考城市传播关系中的第三方作用提供一定启发。

在具体的乡村建设实践中,梁漱溟采取了多种方式来扩大知识分子在乡村传播关系中所发挥的中介作用,由知识分子举办乡农学校、村学、乡学便是其颇具代表性的举措之一。梁漱溟曾直言道:"从我们人生向上求进步的意思,要有这个乡农学校;非有乡农学校,不足表现我们求进步的要求,发挥我们求进步的作用。"② 可见,梁漱溟将其乡村建设能否取得成功的关键寄托于乡农学校、村学、乡学等乡村教育基地的举办。而乡农学校、村学、乡学作为乡村组织,其举办者实际并非外来知识分子,而应是本地农民,其教

---

① 梁漱溟:《乡村建设理论》,上海:上海人民出版社,2006年,第283页。
② 梁漱溟:《乡村建设理论》,上海:上海人民出版社,2006年,第177页。

育的对象也是本地农民。外来知识分子在乡农学校、村学、乡学中主要作为教员发挥作用。

在梁漱溟主持的邹平乡村建设实验中，这些能够承担教员工作的知识分子首先需在"山东乡村建设研究院"接受训练，使其理解乡农学校、村学、乡学的教学用意，进而成为乡村建设运动的有机组成部分。知识分子以教员身份下乡，不意味着他们要去做凌驾于农民群体之上的"家长"；相反，他们要深入乡村实际，并努力成为乡村社会一员。为此，他们"应时常与村众接头，作随意之亲切谈话，随地尽其教育工夫……应注重实际社会活动，向着一个预定目标进行……更要紧的是吸引阖村人众喜于来村学内聚谈"①。而知识分子吸引村民在村学内聚谈的目的，则是帮助在平日里"不一定常常见面"的乡村领袖和村民间建立沟通渠道，"使乡村领袖与民众因此多有聚合的机会"，唯有将这两方人常常聚合，才能"促他们自觉必须大家合力来解决"其所面临的现实困难。同时，"假使他们不十分聚合时，我们的教员（乡村运动者）要设法从中作吸引的工夫、撮合的工夫、使他们聚合"②。由此，梁漱溟便将乡村传播关系确定为一种三元形式，即乡村领袖、农民和乡村运动者（知识分子教员）之间的相互关系。显然，知识分子在其中发挥的作用，

---

① 梁漱溟：《村学乡学须知》，载梁漱溟：《梁漱溟乡村建设文集（二）》，北京：中国社会科学出版社，2018年，第138页。
② 梁漱溟：《乡农学校的办法及其意义》，载梁漱溟：《梁漱溟乡村建设文集（二）》，北京：中国社会科学出版社，2018年，第37页。

便在于中介调和、串联各方。在梁漱溟的乡村建设实践中，他们是不可或缺的传播关系第三方。

如果说乡村领袖、农民和乡村运动者之间的三元关系是乡村传播关系在微观层面的表现，那么政府、社会与乡村知识分子之间的三元关系则可谓是乡村传播关系的宏观形式。在后者中，乡村知识分子仍然扮演着一个媒介角色，他们是居于"政府与社会，又上级机关与下级机关，中间的联介而沟通的人"，在这种相互关系中，乡村知识分子"常以县政府意见传达于地方……同时地方上的情形和公共意见亦应由他转达于县政府"。① 除此之外，乡村知识分子作为乡建教员实际上还处于另一组三元关系中，即研究院、"学长"与教员之间的相互关系。所谓"学长"，即农民学生代表，其任务是代表农民与知识分子教员沟通。同时，"学长"亦可被视为知识分子教员在农民中的代表，其任务的另一目的便是协助教员工作。在这个意义上，"学长"本身也成为一个类似于乡村知识分子的乡村三元传播关系中的中间环节。

我们不妨借列斐伏尔的三种空间层次分类来整理乡村传播关系中的各种三元关系形式。如前所述，列斐伏尔将空间活动划分为空间实践、空间再现和再现空间三类，其中空间实践介于后两者之间。列斐伏尔又将此三元空间具体化为整体层（G）、私人层（P）、媒介层（M）三种层次，可分别对应空间再现、再现空间、空间实

---

① 梁漱溟：《村学乡学须知》，载梁漱溟：《梁漱溟乡村建设文集（二）》，北京：中国社会科学出版社，2018 年，第 141 页。

践三种空间概念。其中，整体层代表"系统"，它是社会主导权力在空间中的具体化；私人层代表"居民"与"地方"；媒介层则是整体层与私人层之中间地带，它是连接两大层次的过渡区域。而这三种空间分类又各自包含内部衍生的三种次空间分类，即"Gg；Gm；Gp""Mg；Mm；Mp""Pg；Pm；Pp"[①]。由此推之，乡村三元传播关系分类可概括如下（如图5-3）：

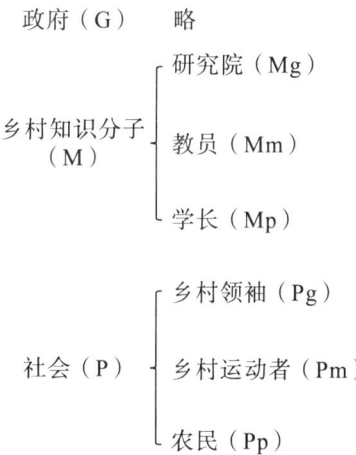

图5-3 乡村三元传播关系分类

从这一分类图示中，我们可以更为明确地把握梁漱溟乡建实践中乡村三元关系的各种表现形式，而其乡村三元关系建设始终致力于实现作为广大平民的普通人的解放。这与空间理论学者的三元关系论正相契合，因后者同样尝试以三元传播关系取代二元传播关

---

① Henri Lefebvre, *The Production of Space*. Translated by Donald Nicholson-Smith. Oxford: Blackwell, 1991, p.155.

系，进而克服资本主义社会对普通人的异化和压迫，实现人的解放与全面发展。

梁漱溟的乡村三元关系论再次将我们理解人类传播关系的视角转向人类主体自身。不容否认的是，在此三元传播关系中，乡村实体空间的中介作用仍然存在，它仍然介于传播关系两端之间承担着沟通渠道的功能，并且也必然会引发政府和地方社会围绕其归属权展开斗争。但相较于强调物质环境的中介作用，对于解决社会实际问题而言，确立一种以人类主体为中介和第三方的三元传播关系模式理应更具现实意义。这也是城市传播学者从梁漱溟乡建思想和实践中可获取到的一种可资借鉴的经验。

四、城市三元传播关系的理想模式

从本章论述可知，数字城市的发展无法从根本上改变城市传播关系的二元对立格局。而推动当代城市社会良性运转的关键，在于将城市传播关系的表现形式从二元转向三元。城市三元传播关系中的第三方，固然会引发传播关系两极之间的意见分歧和矛盾冲突，但它也在两者间提供缓冲、和解的过渡区域。

梁漱溟的乡村三元传播关系让我们看到了构造城市传播关系的一种可能路径。这首先要求我们对城市传播关系中第三方的指涉对象进行界定。在新马克思主义空间理论学者看来，发达资本主义城市的规划者、建筑师等参与城市建设的专业知识分子一概可归入城市管理者的统治阶级同盟之列。如列斐伏尔所言："都市规划者与建筑师很合得来……无论他们双方是携手并进还是分庭抗礼，都得接受秩序并服从于单一的、统一的社会秩序……他们很快就放弃了那一丁点儿乌托邦，即寥寥无几的疯狂。"[1] 对资本主义城市规划者、建筑师的这种极度悲观的认识，使得列斐伏尔将整个资本主义城市规划实践都视之为"城市的敌人""资本主义和国家操纵碎片化的城市现实并掌控空间生产的策略工具"[2]。

然而，列斐伏尔对资本主义城市规划实践的否定，并不意味着他从根本上否定城市规划之于城市建设的现实意义。实际上，列斐伏尔所批判的只是一种经由资本主义意识形态打磨的、策略性的城市规划实践及其拒普通人于门外的专业知识体系。在列斐伏尔看来，城市规划者、建筑师在城市传播关系中原本同样是一类无权的群体，"将建筑师、城市专家或规划者视为空间的最终权威是一种巨大的错觉……他们只不过扭曲他们（来自下层）的需要去适应（来自上层）的指令，他们这种非强迫性的自我克制甚至超出意识操纵者的意愿"[3]。换言之，城市规划者、建筑师并非其自以为的"利益相关者"的一员，他们只是作为无权的群体被发达资本主义社会的城市管理者利用，以为其空间生产策略效劳。甚至连符号学

---

[1] （法）亨利·列斐伏尔：《都市革命》，刘怀玉、张笑夷、郑劲超译，北京：首都师范大学出版社，2018年，第109页。
[2] Henri Lefebvre, *The Survival of Capitalism*. Translated by Frank Bryant. New York: St. Martin's Press, 1976, p. 15.
[3] Henri Lefebvre, *The Production of Space*. Translated by Donald Nicholson-Smith. Oxford: Blackwell, 1991, p. 95.

家格雷马斯都注意到,"城市规划师不具备任何实在的权力,所以他也就部分地免除了错误责任"①。基于此,我们应当寻求的是一种能够为城市使用者发声的城市规划模式,用列斐伏尔的话说,这种城市规划模式"一方面超越再现空间,另一方面超越空间再现,并且能够恰当阐明矛盾(首先是再现空间和空间再现的矛盾)"②。这意味着城市规划者、建筑师应当重新回到其在城市传播关系中的中介位置上去,作为一个连接城市管理者和城市使用者的第三方发挥作用。

在列斐伏尔之后,哈维也将理想中的城市规划者视为保证城市传播关系矛盾双方利益平衡的协调者。如其所言:"在影响和解的努力中,规划师必须求助于达到社会和谐的可能性观念……规划师试图干预,目的是恢复'平衡'……当然,规划师可能有时会被一个或另一个阶级/派系所捕获,从而失去作为稳定者和协调者的能力。"③ 换言之,城市规划者的理想定位应是作为一个中立的第三方在城市管理者和城市使用者之间维持双方平衡,他试图"在各种利益集团冲突中扮演裁决者的角色"④,但现实中社会权力关系的变动

---

① (法)A. J. 格雷马斯:《符号学与社会科学》,徐伟民译,天津:百花文艺出版社,2009年,第144页。
② Henri Lefebvre, *The Production of Space*. Translated by Donald Nicholson-Smith. Oxford: Blackwell, 1991, p. 365.
③ (美)大卫·哈维:《资本的城市化》,董慧译,苏州:苏州大学出版社,2017年,第174—175页。
④ (美)大卫·哈维:《资本的城市化》,董慧译,苏州:苏州大学出版社,2017年,第164页。

却又不可避免地将城市规划者推向两者中的某一方。而当城市规划者偏向于城市管理者及其统治阶级同盟时，其规划实践就必然成为城市管理者行使权力的策略性工具，他所打造的城市空间则被占据、管理，成为政治性的、意识形态性的"战略对象"。由此，城市规划者在城市管理者与城市使用者之间发挥的中介作用便失去了"客观、中性"的"纯粹性"① 而被城市管理者肆意操纵。

然而，正如我们已在列斐伏尔观点中看到的，空间理论学者对发达资本主义城市规划实践的批判，并不意味着他们否认城市规划本身的现实价值。在批判之外，他们也积极寻求改造资本主义城市规划并使其将重心转向城市使用者的建设性途径，"他们热爱拥有繁荣中心的城市。他们想要扩大这个中心，让它适合其他人居住，而不仅仅是那些篡夺、掠夺并逃离它的富人"②。因此，列斐伏尔所批判的是一种作为"技术统治论"的、意识形态化的资本主义城市规划实践，但他同时也试图超越这种城市规划实践的阴影，"制订一系列关于城市主义的构想……来对抗他认为的资本主义对日常生活全新而包罗万象的统治模式"③。在他看来，相较于把城市空间本身定位为"科学"的对象，并认同、消化其知识体系，对普通人来说更重要的是了解资本主义城市空间生产的知识，认识到资本主义

---

① （法）亨利·列斐伏尔：《空间与政治》，李春译，上海：上海人民出版社，2015年，第36—37页。
② Andy Merrifield, *Metromarxism*. New York: Routledge, 2002, p. 48.
③ （英）彼得·桑德斯：《社会理论与城市问题》，郭秋来译，南京：江苏教育出版社，2018年，第137页。

城市规划实践本身的政治性、策略性和意识形态性。

在此基础上，卡斯特指出：一种理想化的城市规划实践应当尽力糅合城市管理者和城市使用者的诉求，城市规划者在这一过程中应真正扮演好一个中性的协调者角色，"城市规划是达成一种共享的城市意义之城市功能的协商调适……城市设计是在特定城市形式中表达各方共同接受的城市意义的符号化尝试"①。在这里，城市规划者回归其在城市传播关系中的第三方位置，城市空间的意义生产不再被城市管理者垄断，而为城市管理者与城市使用者共有。

而对空间理论学者来说，城市管理者与城市使用者在城市规划实践中的利益平衡，又应以城市使用者的切身诉求为中心。在这个意义上，可以说他们承继了历史学家阿诺德·汤因比（Arnold Toynbee）对城市规划者所抱有的期许："他可以通过减轻物质环境的压力来给予我们帮助；或许他可以把建筑以及人群的无序状态规范在一个人性化的居住空间内，使我们在有限的圈子内重建邻里关系……如果一个城市规划者既拥有想象力也拥有技巧，他可以帮助大都市的居民赢得他们的精神战役。他可以通过向人们提供令人振奋的直观形式，用这些精神财富的实体象征，来帮助大都市的人群。"②

在列斐伏尔看来，推动城市规划者从城市管理者一端向城市使

---

① Manuel Castells, *The City and the Grassroots*. London: Edward Arnold, 1983, p. 304.
② （英）阿诺德·汤因比：《历史上的城市》，倪凯译，载陈恒、王刘纯主编：《新史学（第十四辑）》，郑州：大象出版社，2015 年，第 17 页。

用者一端转变的关键,就是"依靠一种十分敏锐的批判性思想……摆脱处于统治地位的那种强制性的意识形态"①。这种"批判性思想"常常被资本主义城市规划实践束之高阁,却可以代表最广大城市使用者的切身诉求,使其不再陷入被动沉默的处境。列斐伏尔进而呼吁将实现城市使用者的城市权利纳入城市规划实践的目标。即便实现这一目标需要投入颇高的经济成本,但唯其如此,"社会财富的极大增长,以及同时发生的社会关系本身的深刻变革,在行使进入都市的权利的时候,会为某些其他的市民权和人权提供一个入口……这样的经济增长本身并没有什么'目的',也不再把积累(持续快速的)当成自己的目标,而是为一个高级的'目的'服务"②。而如若拒绝为这一目标投入,那么城市规划者终将无法扮演好城市管理者与城市使用者之间的协调者角色,社会关系中的二元矛盾亦将随之进一步恶化。到那时,"否定'进入都市的权利'所要付出的社会代价……将比实施这种权利的代价高得多"③。

综上所述,在城市三元传播关系中,城市规划者、建筑师发挥着类似于梁漱溟乡村建设运动中乡村知识分子的中介作用。只不过相较于乡村知识分子以教育为手段连接政府与社会、地方领袖与农

---

① (法)亨利·列斐伏尔:《空间与政治》,李春译,上海:上海人民出版社,2015年,第13页。
② (法)亨利·列斐伏尔:《空间与政治》,李春译,上海:上海人民出版社,2015年,第15页。
③ (法)亨利·列斐伏尔:《空间与政治》,李春译,上海:上海人民出版社,2015年,第15页。

民两者，城市规划者、建筑师则透过空间生产介于城市管理者与城市使用者之间。然而，相比梁漱溟眼中的乡村知识分子始终将乡村传播关系中的弱势群体作为其倾斜、调和的重心，空间理论学者眼中发达资本主义社会的城市规划者却通常被纳入城市管理者的统治同盟。因此，为了规避由发达资本主义城市规划引发的种种社会问题，与之相对的社会主义城市建设，就务须从作为协调者的规划者、建筑师这一城市传播关系中的第三方着手，促使其满足城市使用者的切身诉求，进而缓和城市社会中的二元矛盾，塑造出一种健全、公正、以人为本的城市传播关系。正如城市传播学者吉布森、洛韦思所言，城市传播研究理应在提出"对当代城市生活中的不平等的令人信服的批评"的同时，也"支持更多的参与性城市规划过程的出现"，唯其如此，才能"开拓出有利于市民生活的城市空间，并捍卫城市空间应服务于社会和文化需求的原则，而不仅仅是维持积累和利润"。[1]

---

[1] 吉布森、洛韦思将这一观点归功于列斐伏尔及其《空间的生产》一书的启发。参见 Timothy A. Gibson & Mark Lowes, eds. *Urban Communication: Production, Text, Context*. Lanham: Rowman & Littlefield, 2007, pp. 17—18, 21.

结语

在"数字成了一切生命的关键"① 的当下,人与人之间"健全的交往"② 正变得愈发难以实现。只需观察我们周遭生活发生的变化即可发现,在今天,人们更习惯于通过手机、电脑等电子设备中介与他人进行交流,更习惯于通过网络数据传递信息和表达意义。人们不同程度地融入数字时代的社会生活,这种数字化生活方式使时空距离不再成为交往的阻碍,但也使人与人之间紧密、具体的联结成为日渐稀缺的可贵之物。

基于此,探索"空间生产"与"城市传播"观念纠缠的现实意义之一,便在于引导人们以经典理论为抓手,把握城市传播关系的本质。而实现这一目标的关键,首先在于对城市社会保持一种批判性的审视姿态,探究城市社会得以形成的内在机理。在这个意义上,空间理论学者对西方发达资本主义社会中种种城市问题的批判性审视,为我们重新认识城市社会、把握城市传播关系提供了不可多得的思想资源。

就像列斐伏尔所指出的那样,观念的引领对于人们认识事物的过程而言至关重要,"任何东西都只有通过并借助意识、意志和观念才能发生和完成"③。他将意识与现实之间的关系理解为一种"反

---

① (德)弗里德里希·基特勒:《留声机 电影 打字机》,邢春丽译,上海:复旦大学出版社,2017年,第20页。
② 郭旭东:《从"占有"到"存在":论弗洛姆的人本主义交往观》,《新闻与传播评论》2021年第1期。
③ (法)亨利·勒斐弗尔:《马克思主义的当前问题》,李元明译,北京:生活·读书·新知三联书店,1966年,第63页。

射"而非"反映"关系,这意味着人们的观念从现实中来,又反过来作用于现实。对于研究者来说更是如此——若缺少某种理论观念的指引,其研究本身便很可能陷入非理性的解释怪圈。如卢卡奇(Georg Lukács)所言:"理论无非是记录下每一个必要的步骤并使之被意识到,它同时成为下一个步骤的必要前提。"[1]

在此意义上,诞生于20世纪70年代的空间生产理论,以及由它肇始的新马克思主义空间理论,直到今天仍对当代城市研究、城市传播研究具有极为重要的启发价值。正如艾洛、托索尼所言,空间生产理论是城市传播研究的理论基础之一。对于城市传播研究来说,了解新马克思主义空间理论中的城市传播观念,其意义不仅在于城市传播学者可借空间理论对当代纷繁多样的城市传播现象展开批判的审视,更重要的是,他们也能透过"空间生产"与"城市传播"的观念纠缠,重新确认城市传播研究自身的缘起与创建初衷。

基于此,城市传播学者不妨将新马克思主义空间理论融入城市传播研究的思想脉络,以丰富城市传播研究"研究城市生活的批判性方法"[2]。如孙玮在批评大众传播研究忽视地理、空间元素时便写道:"无论在理论还是现实层面,地理、空间元素早在20世纪70年代已经进入众多人文、社会科学的视野,即出现了所谓的'空间

---

[1] (匈)卢卡奇:《历史与阶级意识》,杜章智、任立、燕宏远译,北京:商务印书馆,1999年,第50—51页。
[2] Timothy A. Gibson & Mark Lowes, eds. *Urban Communication: Production, Text, Context*. Lanham: Rowman & Littlefield, 2007, p. 17.

转向'……列斐伏尔从马克思主义政治经济学的角度，以'空间的生产'概念，揭示了资本主义与空间的内在关联。"① 由此，将新马克思主义空间理论转化为一种城市传播研究的思想资源，不仅有助于城市传播研究自身的批判性方法的发展，更可促使我们更新对"传播"概念和传播研究对象的理解，将目光由大众媒介及其信息文本转向空间媒介，以及支撑信息传递、意义沟通和社会关系建构活动的"社会空间"。

此外，新马克思主义空间理论作为一种人本主义马克思主义理论，也可为城市传播研究以人为本的研究宗旨提供思想观念上的支撑。城市传播研究从其诞生之初便将保障城市居民的切身利益作为核心目标，其首倡者力图通过对城市传播问题的考察，探索资本主义城市摆脱沟通困境之道，以使城市居民的生活和沟通质量得到真正改善。正因如此，哈姆林克提出的"可沟通城市"概念受到城市传播学者广泛推崇，它俨然赋予城市居民以参与城市空间生产和定义城市美好生活的权利。

在这个意义上，可以说城市传播学者所追求的"可沟通城市"本身，即渗透着新马克思主义空间理论学者的城市理想，因为两者都力图为城市居民争取其应得的"城市权利"，使城市居民能够更深入地参与城市空间生产的过程。而贯彻这一目标的关键步骤，便是城市居民之间的沟通与联合。如列斐伏尔所言，城市权利反对以

---

① 孙玮：《城市传播：地理媒介、时空重组与社会生活》，载孙玮主编：《中国传播学评论（第七辑）》，上海：复旦大学出版社，2017 年，第 6 页。

"隔离"为基础建立起来的中心与权威的压迫，而力求为城市居民争取"集合与联合的权利"①。

基于此，新马克思主义空间理论学者所希冀的理想城市图景，实际上与"可沟通城市"有着明显的相近之处。它是列斐伏尔眼中的"城市乌托邦"，在其中，"日常生活将成为一种创造，每一个市民和社区都有能力实现的创造"②。这一"城市乌托邦"是"具体空间""差异空间"的具象化，它"意指从支配到取用的转变，以及使用优先于交换"③。由此，它最终指向一种更加人性化的、具有充分可沟通性的城市空间，一种为社会主义而生的城市空间，"正如资本主义城市的兴起对维持资本主义是必要的一样，一种独特的社会主义城市化模式的建构对于向社会主义的转变也是必要的。考虑社会主义城市化的道路就是为社会主义的替代性选择自身规划道路"④。

尽管新马克思主义空间理论学者的城市理想大多停留于理论观念层面，缺乏对其现实可操作性的具体论证，但他们从新马克思主义立场出发，对发达资本主义城市种种弊端的批判、对未来超越发

---

① （法）亨利·列斐伏尔：《空间与政治》，李春译，上海：上海人民出版社，2015年，第13页。
② （美）马克·波斯特：《战后法国的存在主义马克思主义》，陈硕译，南京：南京大学出版社，2015年，第232—233页。
③ （法）亨利·列斐伏尔：《空间：社会产物与使用价值》，王志弘译，载包亚明主编：《现代性与空间的生产》，上海：上海教育出版社，2003年，第55页。
④ （美）大卫·哈维：《资本的城市化》，董慧译，苏州：苏州大学出版社，2017年，第224页。

达资本主义城市的社会主义城市图景的构想，对于21世纪的社会主义城市建设，尤其是城市传播环境建设而言仍有相当程度的启发价值。其具体表现大致可归结为以下四个方面：

其一，新传播技术的发展和使用在为经济增长及城市生活注入活力的同时，也应坚持为城市使用者创造福祉，新传播技术的发展成果应由城市管理者和城市使用者共享，避免被一方垄断而造成城市发展的片面化或停滞不前。

其二，城市规划知识应围绕城市使用者的切身诉求重构自身知识体系和实践策略，避免城市规划的过度专业化造成其与群众、与社会现实的脱节，城市规划的知识体系和专业术语应对城市使用者保持透明，为城市使用者参与城市空间生产创造条件。

其三，社会主义城市建设应注意规避增长主义、消费主义意识形态的渗透，避免陷入发达资本主义城市的符号消费乱象，这要求社会主义城市建设者充分尊重并落实城市居民对城市形象、城市符号的意义解释权。

其四，社会主义城市的城市传播关系应超越二元对立结构，进而在空间再现、空间实践、再现空间三种空间类型之间，或城市管理者、城市观察者、城市使用者三元主体之间建立起协调稳定的互动关系，而保持三者协调稳定的关键，就在于城市发展诉求的统一，其重心应落脚于对城市使用者的切身诉求的关切。

在这一理想化的城市传播环境中，一种更为健全的城市传播关系，将随着人的中心地位的确立被建立起来。在此，新技术的应用、城市符号的设计、空间资源的分配,以及城市管理者与城市使用者之间沟通活动的开展,都将以"人的全面发展"为旨归。在此,"可沟通"的社会气氛将包容人们所有的差异、个性与交往需要,并在实体空间的地基之上,构造出一个以人为中心,且永远充满活力的城市社会空间。

参考文献

一、中文专著

（澳）德波拉·史蒂文森：《城市与城市文化》，李东航译，北京：北京大学出版社，2015年。

（澳）马克·吉布森：《文化与权力》，王加为译，北京：北京大学出版社，2012年。

（澳）斯科特·麦夸尔：《地理媒介》，潘霁译，上海：复旦大学出版社，2019年。

（澳）斯科特·麦奎尔：《媒体城市》，邵文实译，南京：江苏教育出版社，2013年。

（波兰）莱泽克·科拉科夫斯基：《马克思主义的主要流派（第一卷）》，唐少杰等译，哈尔滨：黑龙江大学出版社，2015年。

（丹）克劳斯·布鲁恩·延森：《媒介融合》，刘君译，上海：复旦大学出版社，2012年。

（丹）路易斯·叶姆斯列夫：《叶姆斯列夫语符学文集》，程琪龙译，长沙：湖南教育出版社，2005年。

（德）弗里德里希·基特勒：《留声机 电影 打字机》，邢春丽译，上海：复旦大学出版社，2017年。

（德）弗里德里希·尼采：《查拉图斯特拉如是说》，钱春绮译，北京：生活·读书·新知三联书店，2014年。

（德）弗里德里希·尼采：《权力意志》，张念东、凌素心译，北京：商务印书馆，1991年。

（德）汉斯-格奥尔格·伽达默尔：《哲学解释学》，夏镇平、宋建平译，上海：上海译文出版社，2005年。

（德）黑格尔：《精神现象学（上卷）》，贺麟、王玖兴译，北京：商务印书馆，1983年。

（德）瓦尔特·本雅明：《巴黎，19世纪的首都》，刘北成译，北京：商务印书馆，2013年。

（德）西美尔：《金钱、性别、现代生活风格》，顾仁明译，上海：华东师范大学出版社，2010年。

（法）A. J. 格雷马斯：《符号学与社会科学》，徐伟民译，天津：百花文艺出版社，2009年。

（法）埃里克·麦格雷：《传播理论史》，刘芳译，北京：中国传媒大学出版社，2009年。

（法）奥古斯特·科尔纽：《马克思恩格斯传（第三卷）：历史唯物主义的形成》，管士滨译，北京：生活·读书·新知三联书店，1980年。

（法）保罗·维利里奥：《视觉机器》，张新木、魏舒译，南京：南京大学出版社，2014年。

（法）贝尔纳·米耶热：《传播思想》，陈蕴敏译，南京：江苏人民出版社，2008年。

（法）亨利·勒斐弗尔：《马克思主义的当前问题》，李元明译，北京：生活·读书·新知三联书店，1966年。

（法）亨利·列斐伏尔：《都市革命》，刘怀玉、张笑夷、郑劲超译，北京：首都师范大学出版社，2018年。

（法）亨利·列斐伏尔：《空间与政治》，李春译，上海：上海人民出版社，2015年。

（法）亨利·列斐伏尔：《日常生活批判（第一卷）》，叶齐茂、倪晓晖译，北京：社会科学文献出版社，2017年。

（法）居伊·德波：《景观社会》，王昭风译，南京：南京大学出版社，2006年。

（法）科耶夫：《黑格尔导读》，姜志辉译，南京：译林出版社，2005年。

（法）克洛德·列维－斯特劳斯：《结构人类学（1）》，张祖建译，北京：中国人民大学出版社，2006年。

（法）勒·柯布西耶：《走向新建筑》，陈志华译，西安：陕西师范大学出版社，2004年。

（法）雷吉斯·德布雷：《媒介学引论》，刘文玲译，北京：中国传媒大学出版社，2013年。

（法）雷吉斯·德布雷：《普通媒介学教程》，陈卫星、王杨译，北京：清华大学出版社，2014年。

（法）路易·阿尔都塞：《保卫马克思》，顾良译，北京：商务印书馆，2016年。

（法）罗兰·巴尔特：《符号学历险》，李幼蒸译，北京：中国人民大学出版社，2008年。

（法）罗兰·巴尔特：《符号学原理》，李幼蒸译，北京：中国人民大学出版社，2008年。

（法）罗兰·巴尔特：《神话修辞术/批评与真实》，屠友祥、温晋仪译，上海：上海人民出版社，2009年。

（法）马塞尔·莫斯：《礼物》，汲喆译，北京：商务印书馆，2019年。

（法）米歇尔·德·塞托：《日常生活实践：1. 实践的艺术》，方琳琳译，南京：南京大学出版社，2009年。

（法）米歇尔·福柯：《权力的眼睛：福柯访谈录》，严锋译，上海：上海人民出版社，1997年。

（法）莫里斯·梅洛－庞蒂：《知觉现象学》，姜志辉译，北京：商务印书馆，2001年。

（法）让·鲍德里亚：《符号政治经济学批判》，夏莹译，南京：南京大学出版社，2015年。

（法）让－保罗·萨特：《辩证理性批判》，林骧华、徐和瑾、陈伟丰译，合肥：安徽文艺出版社，1998年。

（加）查尔斯·泰勒：《黑格尔》，张国清、朱进东译，南京：译林出版社，2012年。

（加）菲利普·N. 霍华德：《卡斯特论媒介》，殷晓蓉译，北京：中国传媒大学出版社，2019年。

（加）哈罗德·伊尼斯：《传播的偏向》，何道宽译，北京：中国传媒大学出版社，2018年。

（加）简·雅各布斯：《美国大城市的死与生：纪念版》，金衡山译，南京：译林出版社，2006年。

（加）理查德·J. 莱恩：《导读鲍德里亚》，柏愔、董晓蕾译，重庆：重庆大学出版社，2016年。

（加）让·格朗丹：《哲学解释学导论》，何卫平译，北京：商务印书馆，2009年。

（美）C. 赖特·米尔斯：《社会学的想象力》，李康译，北京：北京师范大学出版社，2017年。

（美）索杰（Soja. E. W.）：《第三空间》，陆扬等译，上海：上海教育出版社，2005年。

（美）埃里希·弗洛姆：《在幻想锁链的彼岸》，张燕译，长沙：湖南人民出版社，1986年。

（美）艾恺：《最后的儒家：梁漱溟与中国现代化的两难》，王宗昱、冀建中译，北京：外语教学与研究出版社，2018年。

（美）艾拉·卡茨纳尔逊：《马克思主义与城市》，王爱松译，南京：江苏教育出版社，2013年。

（美）爱德华·W. 苏贾：《后现代地理学》，王文斌译，北京：商务印书馆，2004年。

（美）保罗·亚当斯：《媒介与传播地理学》，袁艳译，北京：中国传媒大学出版社，2020年。

（美）本·阿格：《作为批评理论的文化研究》，张喜华译，开封：河南大学出版社，2010年。

（美）大卫·哈维：《希望的空间》，胡大平译，南京：南京大学出版社，2006年。

（美）大卫·哈维：《资本的城市化》，董慧译，苏州：苏州大学出版社，2017年。

（美）大卫·哈维：《资本的限度》，张寅译，北京：中信出版社，2017年。

（美）戴维·哈维：《后现代的状况》，阎嘉译，北京：商务印书馆，2003年。

（美）戴维·哈维：《叛逆的城市》，叶齐茂、倪晓晖译，北京：商务印书馆，2014年。

（美）丹·席勒：《传播理论史》，冯建三、罗世宏译，北京：北京大学出版社，2012年。

（美）丹尼尔·杰·切特罗姆：《传播媒介与美国人的思想》，曹静生、黄艾禾译，北京：中国广播电视出版社，1991年。

（美）段义孚：《恋地情结》，志丞、刘苏译，北京：商务印书馆，2017年。

（美）海登·怀特：《话语的转义》，董立河译，郑州：大象出版社，2011年。

（美）凯文·林奇：《城市意象》，方益萍、何晓军译，北京：华夏出版社，2001年。

（美）理查德·皮特：《现代地理学思想》，周尚意等译，北京：商务印书馆，2007年。

（美）理查德·沃林：《东风：法国知识分子与20世纪60年代的遗产》，董树宝译，北京：中央编译出版社，2017年。

（美）刘易斯·芒福德：《城市发展史》，宋俊岭、倪文彦译，北京：中国建筑工业出版社，2005年。

（美）马克·波斯特：《战后法国的存在主义马克思主义》，陈硕译，南京：南京大学出版社，2015年。

（美）马克·戈特迪纳、雷·哈奇森：《新城市社会学》，黄怡译，上海：上海译文出版社，2018年。

（美）马克·戈特迪纳：《城市空间的社会生产》，任晖译，南京：江苏凤凰教育出版社，2014年。

（美）麦克尔·哈特、（意）安东尼奥·奈格里：《帝国：全球化的政治秩序》，杨建国、范一亭译，南京：江苏人民出版社，2008年。

（美）曼纽尔·卡斯泰尔：《信息化城市》，崔保国等译，南京：江苏人民出版社，2001年。

（美）曼纽尔·卡斯特：《网络社会的崛起》，夏铸九、王志弘等译，北京：社会科学文献出版社，2001年。

（美）莎伦·佐金：《裸城》，丘兆达、刘蔚译，上海：上海人民出版社，2015年。

（美）托马斯·S. 库恩：《必要的张力：科学的传统和变革论文选》，纪树立、范岱年、罗慧生等译，福州：福建人民出版社，1981年。

（美）托尼·朱特：《未竟的往昔：法国知识分子，1944－1956》，李岚译，北京：中信出版社，2016年。

（美）威尔伯·施拉姆、威廉·波特：《传播学概论》，何道宽译，北京：中国人民大学出版社，2010年。

（美）威廉·J. 米切尔：《我＋＋》，刘小虎等译，北京：中国建筑工业出版社，2006年。

（美）威廉·J. 米切尔：《伊托邦》，吴启迪、乔非、俞晓译，上海：上海科技教育出版社，2005年。

（美）威廉·J. 米歇尔：《比特城市》，余小丹译，重庆：重庆大学出版社，2017年。

（美）维托尔德·雷布琴斯基：《嬗变的大都市》，叶齐茂、倪晓晖译，北京：商务印书馆，2016年。

（美）杨联陞：《中国文化中"报"、"保"、"包"之意义》，贵阳：贵州人民出版社，2009年。

（美）约翰·杜翰姆·彼得斯：《对空言说：传播的观念史》，邓建国译，上海：上海译文出版社，2017年。

（美）约翰·杜威：《民主与教育》，薛绚译，南京：译林出版社，2014年。

（美）约翰·费斯克：《传播研究导论》，许静译，北京：北京大学出版社，2008年。

（美）詹姆斯·W. 凯瑞：《作为文化的传播》，丁未译，北京：华夏出版社，2005年。

（瑞士）费尔迪南·德·索绪尔：《普通语言学教程》，高名凯译，北京：商务印书馆，1999年。

（匈）卢卡奇：《历史与阶级意识》，杜章智、任立、燕宏远译，北京：商务印书馆，1999年。

（意）安琪楼·夸特罗其、（英）汤姆·奈仁：《法国1968：终结的开始》，赵刚译，北京：生活·读书·新知三联书店，2001年。

（意）乌蒙勃托·艾柯：《符号学理论》，卢德平译，北京：中国人民大学出版社，1990年。

（英）艾瑞克·霍布斯鲍姆：《极端的年代：1914－1991》，郑明萱译，北京：中信出版社，2017年。

（英）安东尼·吉登斯：《社会学：批判的导论》，郭忠华译，上海：上海译文出版社，2016年。

（英）安杰伊·齐埃利涅茨：《空间和社会理论》，邢冬梅译，苏州：苏州大学出版社，2018年。

（英）保罗·科布利编：《劳特利奇符号学指南》，周劲松、赵毅衡译，南京：南京大学出版社，2013年。

（英）本·海默尔：《日常生活与文化理论导论》，王志宏译，北京：商务印书馆，2008年。

（英）彼得·克拉克：《欧洲城镇史：400－2000年》，宋一然、郑昱、李陶等译，北京：商务印书馆，2015年。

（英）彼得·克拉克主编：《牛津世界城市史研究》，陈恒、屈伯文等译，上海：上海三联书店，2019年。

（英）彼得·桑德斯：《社会理论与城市问题》，郭秋来译，南京：江苏凤凰教育出版社，2018年。

（英）戴维·麦克莱伦：《恩格斯传》，臧峰宇译，北京：中国人民大学出版社，2017年。

（英）戴维·麦克莱伦：《马克思以后的马克思主义》，李智译，北京：中国人民大学出版社，2016年。

（英）丹尼斯·麦奎尔、（瑞典）斯文·温德尔：《大众传播模式论》，祝建华译，上海：上海译文出版社，2008年。

（英）多琳·马西：《保卫空间》，王爱松译，南京：江苏教育出版社，2013年。

（英）多琳·马西：《空间、地方与性别》，毛彩凤、袁久红、丁乙译，北京：首都师范大学出版社，2018年。

（英）罗伯特·霍奇、冈瑟·克雷斯：《社会符号学》，周劲松、张碧译，成都：四川教育出版社，2012年。

（英）迈克·费瑟斯通：《消解文化》，杨渝东译，北京：北京大学出版社，2009年。

（英）佩里·安德森：《西方马克思主义探讨》，高铦、文贯中、魏章玲译，北京：人民出版社，1981年。

（英）莎拉·贝克韦尔：《存在主义咖啡馆》，沈敏一译，北京：北京联合出版公司，2017年。

（英）斯图尔特·霍尔主编：《表征：文化表征与意指实践》，徐亮、陆兴华译，北京：商务印书馆，2013年。

（英）特伦斯·霍克斯：《结构主义和符号学》，瞿铁鹏译，上海：上海译文出版社，1987年。

包亚明主编:《现代性与都市文化理论》,上海:上海社会科学院出版社,2008年。

包亚明主编:《现代性与空间的生产》,上海:上海教育出版社,2003年。

陈恒、王刘纯主编:《新史学(第十四辑)》,郑州:大象出版社,2015年。

陈嘉明主编:《实在、心灵与信念》,北京:人民出版社,2005年。

程巍:《中产阶级的孩子们:60年代与文化领导权》,北京:生活·读书·新知三联书店,2006年。

复旦大学当代国外马克思主义研究中心编:《当代国外马克思主义评论(第17辑)》,北京:人民出版社,2018年。

胡翼青:《再度发言:论社会学芝加哥学派传播思想》,北京:中国大百科全书出版社,2007年。

黄旦主编:《城市传播:基于中国城市的历史与现实》,上海:上海交通大学出版社,2015年。

李彬:《传播符号论》,北京:清华大学出版社,2012年。

梁漱溟:《东西文化及其哲学》,上海:上海人民出版社,2006年。

梁漱溟:《梁漱溟乡村建设文集(一)》,北京:中国社会科学出版社,2018年。

梁漱溟:《梁漱溟乡村建设文集(二)》,北京:中国社会科学出版社,2018年。

梁漱溟:《乡村建设大意》,北京:中华书局,2018年。

梁漱溟:《乡村建设理论》,上海:上海人民出版社,2006年。

梁漱溟:《中国文化要义》,上海:上海人民出版社,2005年。

刘海龙:《重访灰色地带:传播研究史的书写与记忆》,北京:北京大学出版社,2015年。

刘怀玉:《现代性的平庸与神奇》,北京:中央编译出版社,2006年。

刘胜利:《身体、空间与科学》,南京:江苏人民出版社,2014年。

《马克思恩格斯全集(第二卷)》,北京:人民出版社,1957年。

《马克思恩格斯全集(第三卷)》,北京:人民出版社,2002年。

《马克思恩格斯全集(第十一卷)》,北京:人民出版社,1995年。

《马克思恩格斯全集(第二十六卷)》,北京:人民出版社,2014年。

《马克思恩格斯全集(第二十八卷)》,北京:人民出版社,2018年。

《马克思恩格斯全集(第三十一卷)》,中央编译局编译,1998年。

《马克思恩格斯全集(第四十四卷)》,北京:人民出版社,2001年。

《马克思恩格斯全集(第四十六卷)》,北京:人民出版社,2003年。

《马克思恩格斯全集(第四十七卷)》,北京:人民出版社,2004年。

《马克思恩格斯文集(第一卷)》,北京:人民出版社,2009年。

《马克思恩格斯文集(第二卷)》,北京:人民出版社,2009年。

《马克思恩格斯文集(第三卷)》,北京:人民出版社,2009年。

《马克思恩格斯文集(第七卷)》,北京:人民出版社,2009年。

《马克思恩格斯文集(第十卷)》,北京:人民出版社,2009年。

孙玮主编:《中国传播学评论(第四辑)》,上海:复旦大学出版社,2009年。

孙玮主编：《中国传播学评论（第七辑）》，上海：复旦大学出版社，2017 年。

陶东风、周宪主编：《文化研究（第 10 辑）》，北京：社会科学文献出版社，2010 年。

陶东风主编：《文化研究精粹读本》，北京：中国人民大学出版社，2006 年。

汪民安、陈永国、马海良主编：《城市文化读本》，北京：北京大学出版社，2008 年。

汪民安、陈永国主编：《后身体：文化、权力和生命政治学》，长春：吉林人民出版社，2003 年。

汪民安：《身体、空间与后现代性》，南京：江苏人民出版社，2006 年。

张碧：《社会文化符号学》，成都：四川大学出版社，2014 年。

张仲礼：《中国绅士：关于其在 19 世纪中国社会中作用的研究》，李荣昌译，上海：上海社会科学院出版社，1991 年。

赵毅衡：《符号学：原理与推演》，南京：南京大学出版社，2016 年。

赵毅衡：《哲学符号学：意义世界的形成》，成都：四川大学出版社，2017 年。

郑也夫：《城市社会学》，北京：中信出版社，2018 年。

李欣然：《处变观通：郭嵩焘与近代文明竞争思路的开端》，北京：北京大学出版社，2020 年。

二、中文论文

（法）T. 昂得莱尼：《马克思主义在法国——托尼·昂得莱尼教授在中山大学的演讲》，王晓升译，《世界哲学》2007年第5期。

（美）保罗·C. 亚当斯、安德烈·杨森：《传播地理学：跨越学科的桥梁》，李淼、魏文秀译，《新闻记者》2019年第9期。

（美）理查德·沃林：《五月风暴与马克思主义的回应》，任培艺译，《国外理论动态》2018年第8期。

（英）戴维·莫利：《传播与运输：信息、人和商品的流动性》，王鑫译，《新闻记者》2020年第3期。

陈昌凤：《传播关系千变万化，人是不变的主体》，《全球传媒学刊》2021年第1期。

戴宇辰：《"物"也是城市中的行动者吗？——理解城市传播分析的物质性维度》，《新闻与传播研究》2020年第3期。

郭旭东：《从"占有"到"存在"：论弗洛姆的人本主义交往观》，《新闻与传播评论》2021年第1期。

胡翼青、谌知翼：《超越传统，回归媒介：论传播政治经济学的三种新路径》，《湖南师范大学社会科学学报》2020年第6期。

黄骏：《虚实之间：城市传播的逻辑变迁与路径重构》，《学习与实践》2020年第6期。

黄雅兰：《以communication的汉译看传播研究在中文世界的知识旅行》，《新闻与传播研究》2019年第9期。

黄怡：《新城市社会学：1970年代以来西方城市社会学的范式转

变》,《同济大学学报(社会科学版)》2011年第6期。

季晓峰:《论梅洛-庞蒂的身体现象学对身心二元论的突破》,《东南学术》2010年第2期。

蒋晓丽、朱亚希:《联盟与超越:传播符号学的生成发展和应然指向》,《国际新闻界》2017年第8期。

李金铨:《传播研究的典范与认同》,《书城》2014年第2期。

刘海龙:《中国传播研究的史前史》,《新闻与传播研究》2014年第1期。

刘康:《西方理论在中国的命运——詹姆逊与詹姆逊主义》,《文艺理论研究》2018年第1期。

罗志田:《文化翻身:梁漱溟的憧憬与困窘》,《近代史研究》2016年第6期。

聂石重:《梁漱溟乡村建设实践的文化向度与社会基础》,《兰州学刊》2021年第5期。

潘斌:《"为了承认而承认":重审黑格尔主奴辩证法的神话》,《社会科学》2017年第11期。

潘霁:《城市意义网络的可沟通性——从空间与文化视角考察上海地方认同》,《新闻与传播研究》2015年第8期。

潘忠党:《城市传播研究的探索——"青年的数字生活与都市文化"专题研究的导言》,《新闻与传播研究》2016年第8期。

潘忠党:《走向反思、多元、对谈的传播学》,《国际新闻界》2018年第2期。

钱理群：《梁漱溟乡村建设思想及其当代价值》，《中国农业大学学报（社会科学版）》2016 年第 4 期。

强乃社：《空间转向及其意义》，《学习与探索》2011 年第 3 期。

沙垚：《可沟通关系：化解乡村振兴多元主体关系的内在张力——基于 A 县的田野观察》，《新闻与传播研究》2023 年第 8 期。

施爱东：《中国民俗学的学派、流派与门派》，《清华大学学报（哲学社会科学版）》2020 年第 6 期。

孙玮、潘霁：《空间争夺战——中国大城并区的媒介话语分析》，《探索与争鸣》2016 年第 10 期。

孙玮、谢静：《城市传播：传播研究的范式创新》，《中国社会科学报》，2015 年 9 月 10 日，第 3 版。

孙玮：《"上海再造"：传播视野中的中国城市研究》，《杭州师范大学学报（社会科学版）》2013 年第 2 期。

孙玮：《城市传播：重建传播与人的关系》，《新闻与传播研究》2015 年第 7 期。

孙玮：《城市传播的研究进路及理论创新》，《现代传播》2018 年第 12 期。

孙玮：《城市的媒介性——兼论数字时代的媒介观》，《南京社会科学》2022 年第 7 期。

孙玮：《传播：编织关系网络——基于城市研究的分析》，《新闻大学》2013 年第 3 期。

孙玮：《从再现到体验——移动网络时代的传播与城市文脉保护》，

《探索与争鸣》2017 年第 9 期。

孙玮：《作为媒介的城市：传播意义再阐释》，《新闻大学》2012 年第 2 期。

王金礼：《文本的细读与思想史的深描——首届中外新闻传播思想史高峰论坛综述》，《现代传播》2014 年第 3 期。

王志刚：《历史唯物主义与空间政治思想：以索亚为例》，《天津社会科学》2014 年第 4 期。

温铁军、（美）艾恺：《立足乡土 认识乡土 复兴社会》，《中国投资》2014 年第 1 期。

吴琼：《西方消费社会理论的批判与畸变：列斐伏尔与鲍德里亚之比较》，《深圳大学学报（人文社会科学版）》2019 年第 3 期。

吴予敏：《从"媒介化都市生存"到"可沟通的城市"——关于城市传播研究及其公共性问题的思考》，《新闻与传播研究》2014 年第 3 期。

谢晶：《法国社会哲学中的结构主义争论——从二元符号结构主义到三元话语结构主义》，《复旦学报（社会科学版）》2015 年第 5 期。

谢静：《连接城乡：作为中介的城市传播》，《南京社会科学》2016 年第 9 期。

颜炳罡：《人类文明的中国模式何以可能——梁漱溟乡村建设理论的实质及其当代意义》，《文史哲》2021 年第 4 期。

殷晓蓉：《城市冲突研究中的学科交融——以传播"关系"和"意

义"为导向》,《杭州师范大学学报(社会科学版)》2016 年第 2 期。

殷晓蓉:《传播学视野下的"城市空间"》,《复旦学报(社会科学版)》2013 年第 5 期。

於红梅:《数字媒体时代城市文化消费空间及其公共性——以苏州平江路为例》,《新闻与传播研究》2016 年第 8 期。

袁艳:《传播学研究的空间想象力》,《新闻与传播研究》2006 年第 1 期。

张碧:《论列斐伏尔文化批判的符号学维度》,《学习与探索》2010 年第 6 期。

张碧:《批判立场陈述与多元方法整合——论斯图亚特·霍尔的符号学观及符号学实践》,《社会科学》2013 年第 9 期。

张庭伟:《规划理论作为一种制度创新——论规划理论的多向性和理论发展轨迹的非线性》,《城市规划》2006 年第 8 期。

张雯宜:《搭建传播研究新理论,探讨城市传播新议题——传播与中国·复旦论坛(2011)会议综述》,《新闻大学》2012 年第 2 期。

张艳:《重释列斐伏尔的语言学理论——从符号学批判到空间批判的内在理路》,《外国文学》2020 年第 2 期。

张一兵:《符号政治经济学的"革命"——鲍德里亚〈符号政治经济学批判〉解读》,《现代哲学》2009 年第 4 期。

赵星植:《论皮尔斯符号学中的传播学思想》,《国际新闻界》2017

年第 6 期。

赵毅衡:《符号学文化研究：现状与未来趋势》,《西南民族大学学报（人文社科版）》2009 年第 12 期。

三、外文专著

André Jansson & Jesper Falkheimer, eds. *Geographies of Communication: The Spatial Turn in Media Studies*. Goteborg: Nordicom, 2006.

Andy Merrifield, *Henri Lefebvre: A Critical Introduction*. New York: Routledge, 2006.

Andy Merrifield, *Metromarxism*. New York: Routledge, 2002.

Bernard Stiegler, *Automatic Society: Vol. 1*. Translated by Daniel Ross. Cambridge: Polity Press, 2016.

Dale Herbeck & Susan J. Drucker, eds. *Communication and the Baseball Stadium*. New York: Peter Lang, 2017.

David Harvey, *Social Justice and the City*. Athens: The University of Geogia Press, 2009.

David R. Dickens & Andrea Fontana, eds. *Postmodernism and Social Inquiry*. Atheus: UCL Press, 1994.

Derek Gregory, *Geographical Imaginations*. Cambridge: Blackwell, 1994.

Douglas Kellner, *Critical Theory, Marxism, and Modernity*.

Oxford: Polity Press, 1989.

Erin Daina Mcclellan, Yongjun Shin & Curry Chandler, eds. *Urban Communication Reader IV*. New York: Peter Lang, 2021.

Gene Burd, Susan Drucker & Gary Gumpert, eds. *The Urban Communication Reader*. Cresskill: Hampton Press, 2007.

Giorgia Aiello, Matteo Tarantino & Kate Oakley, eds. *Communicating the City*. New York: Peter Lang, 2017.

Harvey Jassem & Susan J. Drucker, eds. *Urban Communication Regulation*. New York: Peter Lang, 2018.

Henri Lefebvre, *Dialectical Materialism*. Translated by John Sturrock. Minneapolis: University of Minnesota Press, 2009.

Henri Lefebvre, *Everyday Life in the Modern World*. Translated by Sacha Rabinovitch. New York: Harper & Row, 1971.

Henri Lefebvre, *Marxist Thought and the City*. Translated By Robert Bononno. *Minneapolis: University of Minnesota Press*, 2016.

Henri Lefebvre, *The Production of Space*. Translated by Donald Nicholson-Smith. Oxford: Blackwell, 1991.

Henri Lefebvre, *The Survival of Capitalism*. Translated by Frank Bryant. New York: St. Martin's Press, 1976.

James T. Andrews & Margaret R. LaWare, eds. *Art and the Global City*. New York: Peter Lang, 2022.

Manuel Castells, *The City and the Grassroots*. London: Edward Arnold, 1983.

Manuel Castells, *The Urban Question*. Translated by Alan Sheridan. London: Edward Arnold, 1977.

Mark Gottdiener & Alexandros Ph. Lagopoulos, eds. , *The City and the Sign: An Introduction to Urban Semiotics*, New York: Columbia University Press, 1986.

Mark Gottdiener, *Postmodern Semiotics*, Oxford: Blackwell, 1995.

Matthew D. Matsaganis, Victoria J. Gallagher & Susan J. Drucker, eds. *Communicative Cities in the 21st Century*. New York: Peter Lang, 2013.

Maurice Merleau-Ponty, *Humanism and Terror*. Translated by John O'neill. Boston: Beacon Press, 1969.

Paul Virilio, *The Lost Dimension*. Translated by Daniel Moshenberg. New York: Semiotext, 1991.

Ray Hutchison, ed. *Encyclopedia of Urban Studies*. Los Angeles: Sage, 2010.

Simmel, G. , *The Sociology of Georg Simmel*. Translated. by Kurt H. Wolf, Glencoe: The Free Press, 1950.

Spoiden, S. , ed. , *Régis Debray et la médiologie*, Amsterdam: Rodopi, 2007.

Timothy A. Gibson & Mark Lowes, ed. *Urban Communication: Production, Text, Context*. Lanham: Rowman & Littlefield, 2007.

Yong-Chan Kim, Matthew D. Matsaganis, Holley A. Wilkin & Joo-Young Jung, eds. *The Communication Ecology of 21st Century Urban Communities*. New York: Peter Lang, 2018.

四、外文论文

Cees J. Hamelink, "Urban Conflict and Communication," *The International Communication Gazette*, vol. 70, no. 3—4, 2008.

Christian Fuchs, "Henri Lefebvre's Theory of the Production of Space and the Critical Theory of Communication," *Communication Theory*, vol. 29, no. 2, 2019.

Eli Avraham, "Media Strategies for Improving an Unfavorable City Image," *Cities*, vol. 21, no. 6, 2004.

Gallia Burgel, Guy Burgel & M. G. Dezes, "An Interview with Henri Lefebvre," Translated by E. Kofman. *Environment and Planning D: Society and Space*, vol. 5, 1987.

Gary Gumpert & Susan Drucker, "The Urban Dilemma: A Communication Analysis and a Call for Papers," *Communication Research*, vol. 21, no. 2, 1994.

Gary Gumpert & Susan J. Drucker, "Communicative Cities," *The International Communication Gazette*, vol. 70, no. 3—4, 2008.

Gary Gumpert & Susan J. Drucker, "Introduction—The Urban Dilemma: A Communication Reality," *Communication Research*, vol. 22, no. 6, 1995.

Gene Burd, "The Mediated Metropolis as Medium and Message," *The International Communication Gazette*, vol. 70, no. 3 – 4, 2008.

Giorgia Aiello & Simone Tosoni, "Going About the City: Methods and Methodologies for Urban Communication Research," *International Journal of Communication*, vol. 10, 2016.

Greg Dickinson & Giorgia Aiello, "Being Through There Matters: Materiality, Bodies, and Movement in Urban Communication Research," *International Journal of Communication*, vol. 10, 2016.

Johan Lindell, "Communication as Spatial Production: Expanding the Research Agenda of Communication Geography," *Space and Culture*, vol. 19, no. 1, 2016.

John Durham Peters, "Genealogical Notes on 'The Field'," *Journal of Communication*, vol. 43, no. 4, 1993.

Leo W. Jeffres, "The Communicative City: Conceptualizing, Operationalizing, and Policy Making," *Journal of Planning Literature*, vol. 25, no. 2, 2010.

Mark Gottdiener, "A Marx for Our Time: Henri Lefebvre and the Production of Space," *Sociological Theory*, vol. 11, no. 1, 1993.

Pentti Maattanen. "Semiotics of space: Peirce and Lefebvre," *Semiotica*, vol. 166, no. 1—4, 2007.

Sandra J. Ball-Rokeach & Charles R. Berger, "Editors' Note," *Communication Research*, vol. 22, no. 6, 1995.

Seija Ridell & Frauke Zeller, "Mediated urbanism: Navigating an interdisciplinary terrain," *The International Communication Gazette*, vol. 75, no. 5—6, 2013.

Sharon Zukin, "A Decade of the New Urban Sociology," *Theory and Society*, vol. 9, no. 4, 1980.

Urban Communication Foundation, "About UCF," no date, https://urbancomm.org/about-ucf-1.

Woodward, W., "Triadic Communication: As Transactional Participation," *Critical Studies in Media Communication*, vol. 13, no. 2, 1996.

在 1985 年的一次访谈中，已过知命之年的斯图亚特·霍尔（Stuart Hall）谈及如何看待后现代理论崛起而弃"意义""表征""意识形态"问题于不顾时，坦诚回答道："也许我在这些方面守旧落伍、不合时宜，但是我认为如果放弃了这三个坐标点，就非常难以理解当代社会和社会实践。"①在此，霍尔自认"守旧落伍、不合时宜"，显然不是要急流勇退、为后现代让出阵地。相反，面对汹涌而至的后现代浪潮，"不合时宜"的霍尔仍然将那些"过时"的经典概念视为理解社会必不可少的基点，笃信它们支撑着 20 世纪变动不居的世界。

在传播学研究的畛域内，无论是从经验对象抑或是研究范式来看，传播观念研究或传播思想史研究在当下也都显得有些"不合时宜"。尤其如本书一般，将绝大部分精力放在爬梳经典、推究概念之间的潜在关联，便更容易与传播学研究的"主流"偏离。但一如霍尔当年的自证，本书也同样认为，对 21 世纪初兴起的"城市传播研究"观念渊源的回溯，即使"不合时宜"，甚至不免过分恋旧，但仍有助于为这一年轻的传播学研究分支寻找到一个可供依托的坐标点，以使其更充分地理解城市传播问题的复杂面向。

作为一项"不合时宜"的研究，本书由我的博士学位论文修改而成，原题《新马克思主义空间理论中的城市传播观念》。这一题目的确定和研究计划的顺利实施，最离不开的便是恩师蒋晓丽教授

---

① 黄卓越、（英）戴维·莫利主编：《斯图亚特·霍尔文集》，北京：中国社会科学出版社，2022 年，第 263 页。

多年来对我始终如一的指引、包容与支持。十年前，我在川大中文系读大三时，偶然聆听了一场蒋老师的讲座，从此便对传播学知识产生兴趣。而后，我在蒋老师门下继续攻读硕士、博士，对传播学研究的认识逐渐清晰。也正是在她的鼓励和指导下，我尝试在自己更熟悉、也更感兴趣的人文取径上寻找与"传播"概念相匹配的选题。这最终促成了这部博士学位论文/书稿的诞生。可以说，若非蒋老师一路以来为我提供广阔的学术成长空间，并数次在我迷茫时加以点拨、施以援手，我实在很难在这条"不合时宜"的道路上前行至今，在日积月累的摸索中发现其可贵之处。如今，即便我已年过而立，仍深感在学术和生活这两件人生大事上，要向蒋老师学习、请教的还是太多太多。

这项研究的顺利完成，也要感谢在博士论文写作过程中为我提供指导和帮助的各位老师。感谢朱至刚老师、王炎龙老师、黄顺铭老师、蒋忠波老师、陈华明老师、谢梅老师、肖尧中老师在参与我的论文开题、预答辩、答辩过程中提供的启发和建议。正是得益于此，这篇论文的体例和内容才得以最终完善，克服了选题之初因我欠缺经验而暴露的诸多弊病。尤难忘怀的是朱老师在繁忙工作之余，数度与我就论文内容进行交流，并提供了十分关键、具体的修改建议，他渊博的学识、对马克思主义原典的精深掌握，为我打开了思考问题的崭新视野。

这项研究如今能以著作形式出版，仰赖四川大学文学与新闻学院的支持和资助。感谢学院各位领导对青年学者的爱护与帮扶，并为青年学者的学术成长铺路搭桥。也要感谢学院行政老师帮助我完成著作出版的各项棘手工作。与川大文新相伴十余载光阴，学院对师生的关怀，以及自由、包容、严谨的学术氛围，无不让我切身受益。

感谢2019级川大新传博士生宋巧丽、甘浩辰、李俊欣、李书简、杨东伟，读博期间，我们经常互相勉励，交流学术收获，日后我们也将在工作和生活上继续见证彼此的成长；感谢曹漪那师姐、李倩师姐、杨珊师姐、朱亚希师兄、贾瑞琪师姐、王迪师姐、杨钊师弟等同门兄弟姐妹在我读博期间提供的各方面帮助，师门永远是连接我们的坚固纽带。

感谢四川大学出版社为本书立项和出版提供的支持。感谢侯宏虹社长的认可、提携，以及为推进本书出版给予的莫大帮助。感谢责任编辑刘一畅老师对书稿的细致校订，她的严谨、专业和耐心是本书得以顺利出版的重要保障。

最后，感谢我的家人。感谢爱人刘唱，我与她在硕士期间结缘于阎嘉老师的文艺学课堂，相伴至今，已近十年，现在想来，在学校读书的日子，我们一起走在校园里的无忧无虑的时光，是多么难得和宝贵。感谢父母，他们虽远在东北老家，却也时刻牵挂我在成都的工作生活，尽管对我所学专业无甚了解，但仍然默默关注、支持着我的生活与学业，希望在未来的日子里，我能以更好的成绩，回馈他们的期许，更重要的是，用更多的时间，陪伴他们。

郭旭东

2025年7月于成都